'9·11테러 시대'의 미국
미국사 산책
15

미국사 산책 15 : '9 · 11테러 시대'의 미국

ⓒ강준만, 2010

1판 1쇄 2010년 12월 31일 펴냄 1판 2쇄 2017년 11월 9일 펴냄

지은이 | 강준만 펴낸이 | 강준우 기획편집 | 박상문, 박효주, 김예진, 김환표
디자인 | 최진영, 최영원 마케팅 | 이태준 관리 | 최수향 펴낸곳 | 인물과사상사
출판등록 | 제17-204호 1998년 3월 11일 주소 | (121-839) 서울시 마포구 서교동 392-4 삼양빌딩 2층
전화 | 02-471-4439 팩스 | 02-474-1413 홈페이지 | www.inmul.co.kr | insa@inmul.co.kr
ISBN 978-89-5906-169-3 04900 ISBN 978-89-5906-139-6 (세트)
값 14,000원

이 저작물의 내용을 쓰고자 할 때는 저작자와 인물과사상사의 허락을 받아야 합니다.
파손된 책은 바꾸어 드립니다.

'9·11테러 시대'의 미국

미국사 산책 15

강준만 지음

제1장 조지 W. 부시의 등장

'미국 정치의 부패' 존 매케인의 도전 • 9
"가장 좋아하는 철학자는 예수 그리스도" 조지 W. 부시는 누구인가? • 28
2000년 대선 제43대 대통령 조지 W. 부시 • 44

제2장 미국적 리얼리티의 문화정치학

'민주주의의 최대 위협'인가? 타임워너-AOL 합병 • 69
과연 무엇이 리얼리티인가? 퀴즈쇼·리얼리티 쇼 열풍 • 79
"명문대에 입학하는 길은 우편번호에 달렸다" '인맥'과 보보스 • 95

제3장 9·11테러의 충격

"이제 우리는 모두 미국인이다!" 9·11테러 • 119
"이라크·이란·북한은 '악의 축'" 부시의 '이분법적 세계관' • 162
'철의 삼각구조' 엔론 사태와 로비 파워 • 188
'코리안 아메리칸'의 삶 한국인의 미국 이민 100년 • 204

제4장 9·11테러와 이라크전쟁

"미국은 기도의 나라" 이라크전쟁 •229
'사실과 동떨어진 뉴스' 9·11테러 시대의 미디어 •263
"이라크는 9·11테러와 무관하다" '미 정부의 9·11 사주론' •279

제5장 네오콘이 꿈꾸는 세계

네오콘은 "미친놈들"인가? 네오콘의 전성시대 •293
'이념의 공장' 인가? 싱크탱크 전쟁 •315
유럽은 '늙은 대륙' 인가? 미국-유럽 갈등 •327

참고문헌 •346
찾아보기 •362

• **일러두기**

외국인의 인명은 생존한 경우 괄호 안에 본래 이름만 넣었고, 사망한 경우 본래 이름과 생몰연도를 함께 실었다. 그 외에 인명과 연도를 괄호 안에 함께 묶은 것은 책의 끝에 있는 참고문헌의 길라잡이로 밝히고자 함이다.

제1장
조지 W. 부시의 등장

'미국 정치의 부패'
존 매케인의 도전

미국 정치의 부패

1990년대의 사회 분위기는 1920년대의 황금만능주의를 재현한 듯 보였으며, 이는 베스트셀러를 통해서도 드러났다. 『신은 당신이 부유하기를 원한다(God Wants You To Be Rich)』(1995)의 저자인 폴 제인 필저(Paul Zane Pilzer), 『용감하게 부자 되기(Dare to Prosper)』(1983)라는 책을 펴낸 전세계통합교회(Unity Church Worldwide)의 캐서린 폰더(Catherine Ponder), 『풍요로운 삶을 위한 일곱 가지 지혜(The Seven Spiritual Laws of Success)』(1994)의 저자인 디팩 초프라(Deepak Chopra) 등이 그런 흐름을 대변했다.

그런 상황에서 정치는 거의 공공연하게 값으로 흥정되는 시장터로 바뀌기 시작했다. 금권의 정치 통제력이 증대되면서 '대통령 매수하기(Buying the Presidency)'와 '의회 매수하기(Buying of Congress)'에 대한 새로운 연구와 책이 연이어 출간되었다. 엘리자베스 드루(Elizabeth

Drew)는 『미국 정치의 부패(The Corruption of American Politics)』(1999)라는 적나라한 제목의 책을 출간했다. 전문가들은 2000년 이전까지의 대통령 선거자금 모금에 "부의 예선(Wealth primary)"이라는 이름을 붙였는데, 이는 거액 기부자의 후원이라는 새로운 선거 요소를 압축한 표현이었다. 일부 인사들은 예비선거 자체를 '국가적 경매(national auction)'라고 조롱했다.(Phillips 2004)

2000년 대선에 녹색당 후보로 출마한 랠프 네이더(Ralph Nader)는 선거운동의 마지막 며칠 동안 "(공화, 민주) 양당은 서로 다른 모습을 한 두 개의 머리를 가진 하나의 기업 정당(corporate party)으로 변형되었다"고 비난했다. 또 그는 빌 게이츠(Bill Gates)의 재산이 미국 내 저소득층 1억 2000만 명의 재산을 합친 것과 같고, 최고경영자들의 월급은 보통 직장인들의 400배에 달하며, 어린아이들의 20퍼센트가 굶주리고 있다고 말했다.(Zinn 2008)

이와 관련, 하워드 진(Howard Zinn, 1922~2010)은 "2000년 대통령 선거운동 기간 중 (선거비용으로 220만 달러를 쓴) 조지 부시(George W. Bush)가 (겨우 170만 달러를 쓴) 앨 고어(Al Gore)를 '계급투쟁'에 의존하고 있다고 비난하면서 보기 드물게 흥미로운 장면이 연출되었다. 이 일은 1988년 대통령선거 당시 (집안 내력인지는 몰라도) 아버지 부시(George H. W. Bush)가 마이클 듀카키스(Michael Dukakis) 후보를 계급 간 적개심을 부추기고 있다며 비난했던 일을 상기시켰다. 비난을 당한 두 후보 중 그 누구도 '그렇다. 이 나라에는 계급이 존재한다'며 당당하게 맞서는 후보를 보지 못했다"며 다음과 같이 말했다.

"오직 랠프 네이더만이 이 나라는 부자, 가난한 자 그리고 그 사이

(위)로스앤젤레스의 부유층 마을인 홈비힐스의 저택. ⓒ Atwater Village Newbie
(아래)뉴욕 맨하탄 북부의 빈민층 마을인 할렘가. ⓒ Petri Krohn

에서 불안에 떨고 있는 자들로 나뉘어 있다고 주장했다. 이 같은 언사는 그의 텔레비전 토론회 참여를 금지할 만큼 용서받지 못할 무례로 간주되었다. 우리는 이 나라가 계급으로 나뉘어 있다는 사실을 입에 담아서는 안 된다고 배워왔다. 그런 말은 정치 지도자들의 비위를 상하게 한다. 우리는 모두가 나와 엑슨(Exxon)사, 당신과 마이크로소프트, 최고경영자의 자녀와 경비원의 자녀들이 가족이라고 믿어야만 한다. 우리는 공동의 이해를 추구한다. 그래서 마치 그것이 우리 모두의 이익인 양 '국가이익'을 위해 전쟁을 수행하고, 마치 핵무기가 단지 일부의 안보만이 아니라 모두의 안보를 강화하는 양 '국가안보'를 위해 어마어마한 군비 예산을 편성한다. 그 때문에 우리 문화는 초등학교 1학년 때부터 매일같이 '모두가 자유와 정의를 누리고, 하느님 아래 모두가 하나인 국가'라는 구절이 담긴 국기에 대한 맹세를 읊어대며 우리 의식 속에 깊이 뿌리박힌 애국심이라는 이념에 푹 젖어 있다. 나는 '모두가 하나인'이라는 어려운 구절에서 혀가 꼬이곤 했다."
(Zinn & Macedo 2008)

비단 네이더뿐만 아니라 2000년 대선을 전후로 부패가 합법적으로 이루어지고 있다는 한탄이 쏟아졌다. 부와 기업의 정치 지배는 직접적이고 기소 가능한 '경성' 부패와 뇌물이 베일을 쓰고 법과 규제가 의심스러운 목적으로 왜곡되는 '연성' 부패를 통해 계속되고 있으며 이는 1세기 전 기업의 상원 지배와 유사한 점이 있다는 것이다.

미국의 정치헌금은 통상 후보 개인에게 직접 기부하며 법의 규제를 따르는 하드머니(hard money)와 정당에 기부되며 금액에 제한이 없는 소프트머니(soft money)로 나뉜다. 소프트머니는 특정 후보의 이름을 직접 거론하지 않는 한 법적 규제를 받지 않으며 부유한 개인이나 특정 이익집단의 이익을 위해 얼마든지 기부할 수 있는 돈이다. 소프트머니로 길든 워싱턴의 정책 결정이 명백한 조세 특혜와 은행 구제금융, 알맹이 없는 규제, 연방선거법의 눈가림 집행으로 귀결되었다는 것이다. 이런 비난이 거세게 제기되면서 2002년 소프트머니를 불법화하는 매케인-페인골드 선거자금 개혁법(McCain-Feingold Campaign Finance Reform Act)이 통과된다. (Phillips 2004)

존 매케인은 누구인가?

랠프 네이더나 하워드 진이 '미국 정치의 부패'를 비난하는 일은 워낙 익숙한 풍경이지만, 공화당의 유력 대통령후보인 존 매케인(John S. McCain III)까지 그런 비난에 가담했다는 것은 예사롭지 않은 일이었다. 매케인은 미국의 선거자금 모금체제를 "국가를 가장 높은 가격을 제시하는 응찰자에게 팔아넘김으로써 공직을 유지하려는 양당 공모하의 정교한 직권남용체제(influence-peddling scheme)"라고 일축했다. (Phillips 2004) 매케인은 '베트남전쟁 영웅'으로서 매우 특이한 인물이다. 2008년 대선에서는 공화당 후보로 뛰게 되는데, 그에 대한 인물 탐구를 해보기로 하자.

매케인은 1936년 8월 29일 파나마운하 지역의 미군기지에서 태어

2008년 공화당 대선 후보로 출마한 존 매케인.

났다. 왜 하필 그런 곳에서 태어났을까? 아버지가 군인이었기 때문이다. 아니 집안이 아예 군인 집안이었다. 몇 대를 거슬러 올라가는 그의 할아버지는 미국 혁명 시 조지 워싱턴(George Washington, 1732~1799) 장군의 부관이었고, 할아버지는 2차 세계대전 당시 태평양함대 총지휘관이었다. 아버지도 베트남전쟁 당시 태평양함대 총지휘관이었는데, 미 해군 역사상 아버지와 아들이 모두 해군 대장이었던 경우는 매케인 집안이 유일했다.

2남 1녀 중 장남으로 태어난 매케인은 어린 시절을 주로 국내외 해군기지에서 보냈다. 그는 1954년 버지니아 주 알렉산드리아에 있는 성공회 고등학교를 졸업했다. 후일 "내가 자랄 때 주위에 마약이 없었던 것에 대해 매일 신께 감사드린다"고 말했을 정도로 거친 반항아였다. 해군사관학교 신입생 시절에도 링 한가운데로 돌격해 양쪽 중 한쪽이 쓰러질 때까지 죽기 살기 식으로 펀치를 퍼붓는 저돌적인 복서였다. 그러나 해사의 신입생 골탕먹이기 의식에 동참하지 않았으며 2학년 때 필리핀인 보이를 괴롭히는 4학년 선배에게 대들 정도로 약자를 위해서는 용감하게 나서는 인물이었다. 전기공학 전공으로 학업 성적은 좋았지만 수백 건의 사소한 학칙 위반으로 인한 벌점 때문에 해사 1958년 클래스에서 끝에서 다섯 번째로 졸업했다.

매케인은 해군 조종사가 되었지만, 유별난 행태는 여전했다. 그의 회고록에는 어떤 점잖은 파티에 맨살이 드러나는 복장의 파트너와 함께 나타났던 일에 대해서도 자세히 기록돼 있다. 이런 기질은 집안 내력이었다. 아버지 쪽은 말할 것도 없고 어머니 로버타(Roberta McCain) 역시 모험가로 80대의 나이에 쌍둥이 자매 로워나(Rowena)와 함께 자동차로 터키를 횡단했으며, 아들을 그렇게 자랑스럽게 생각하는 이유가 무엇이냐는 질문에 "지독한 장난꾸러기이기 때문"이라고 대답했다.

매케인은 베트남전쟁에 참전해 폭격기를 조종했다. 1967년 10월 26일은 그에게 운명의 날이었다. 해군 소령 매케인은 그날 23번째 출격이자 하노이 폭격 임무로는 처음인 비행을 하다가 월맹군의 지대공 미사일에 맞고 말았다. 비행기에서 탈출한 그는 하노이 시내에 있는 작은 호수에 떨어졌다. 성난 월맹 사람들에 의해 호숫가로 끌려나온 그가 정신을 차렸을 때 한쪽 다리는 부러져 있었고 어깨뼈는 소총 개머리판에 맞아 으스러져 있었다. 게다가 성난 군중이 몰려들어 그를 두들겨 팼고 심지어 누군가 두 번이나 칼로 찌르기까지 했다.

매케인은 월맹군에게 끌려갔지만 닷새 동안이나 아무런 치료를 받지 못했다. 월맹군은 그의 아버지가 해군의 고위 장성이라는 사실을 알아내고서야 뒤늦게 그를 병원으로 옮겨 치료해주었다. 그는 5개월 가량 치료를 받은 다음 이후 3년 반 동안 독방에 갇혀 지냈다.

그 사이에 이런 일이 있었다. 1968년 6월 월맹은 세계 여론을 상대로 한 선전 효과를 염두에 두고 매케인의 조기 석방식을 성대하게 치를 계획을 세웠지만, 그는 그런 식의 석방을 거부했다. 그 결과 실컷 두들겨 맞은데다 하루에 한 끼만 주는 학대를 당해 체중의 3분의 1이 줄 정도로 피골이 상접한 몰골이 되었다. 이와 관련, 『뉴스위크(Newsweek)』 기자 조너선 앨터(Jonathan Alter 1999)는 다음과 같이 말한다.

"옆방의 동료는 그에게 조기 석방을 받아들이라고 말했다. 미군 행동규칙은 중병에 걸리거나 중상을 입은 포로에게는 예외를 인정했다.

매케인은 고국으로 돌아가고 싶은 마음이 간절했지만 미군 장성의 아들이 남들보다 일찍 석방되는 것은 공산주의자들의 정치선전에는 승리를, 그의 가족에게는 불명예를 안겨줄 것임을 알고 있었기 때문에 거절했다. '고양이' 라고 알려진 교도소장은 그의 결심을 듣고는 '교육을 아주 잘 받았군. 지금부터 고생깨나 할 거야' 하고 소리쳤다. 그 말은 현실이 됐다. 매케인은 치아가 몽땅 부러지고 갈비뼈에 금이 가도록 고문을 당했다. 1주일 동안 팔이 등 뒤로 묶인 채 버티던 그는 마침내 간수들이 쓴 자술서에 서명했다. 감방으로 돌아온 매케인은 죄수복 윗도리를 로프처럼 늘어뜨려 놓고 자살을 기도했지만 동료 포로들의 도움으로 목숨을 구했다."

그러나 매케인의 기는 죽지 않았다. 1968년 크리스마스 때 교도소 간수들이 50명의 미군 전쟁포로를 감방에서 끌어내 임시 예배 장소에 밀어 넣었을 때 이런 일이 있었다. 월맹의 카메라맨들이 예배 장면을 찍는 동안 아홉 달 만에 처음 독방에서 나온 매케인은 다른 포로들과 농담 섞인 이야기를 주고받았다. 간수들이 그에게 '정숙!' 이라고 말하자 그는 욕을 퍼부었다. 간수들이 다시 한번 '정숙!' 이라고 외치자 그는 카메라를 향해 가운데손가락을 쳐들어 보이며 "이건 순 엉터리다. 크리스마스 예배가 아니라 정치선전 쇼"라고 외쳤다. 그는 다시 감방으로 끌려갔고 크리스마스 휴일 이튿날 모진 매질을 당했다.(Alter 1999)

1971년 매케인은 독방에서 전쟁포로 50명이 수용된 방으로 이감되었다. 대우가 너무 열악해 매케인을 포함한 일부 포로들이 폭동을 일으켰는데, 그 결과 매케인은 하노이 외곽의 훨씬 더 열악한 수용소로

이감되었다. 매케인이 석방된 날은 1973년 3월 17일로 그가 포로가 된 지 약 5년 5개월 만이었다.

"내가 가장 오래 산 지역은 하노이"

매케인은 석방되었을 때 36살이었는데, 머리카락이 백발로 변해버렸다. 160파운드(72.5킬로그램)의 체중은 100파운드(45.3킬로그램)로 줄었다. 학대받은데다 치료도 제대로 받지 못해 몸 일부가 불구가 되었다. 오른쪽 무릎을 굽힐 수도 없었고 왼쪽 어깨를 들 수도 없었고 오른팔은 45도 이상 들 수 없었다. 한마디로 몸이 엉망진창이 된 것이다.

매케인은 믿기지 않을 정도로 강한 정신력의 소유자였다. 후일 포로생활로 인해 악몽을 꾼 적도 없었고 불현듯 그때의 일을 회상한 적도 없다고 말했다. 4개월간 병원에 입원해 치료를 받은 다음 워싱턴에 있는 국립전쟁대학에 등록했으며 다시 비행기를 조종하기 원했다. 그는 비록 비행훈련 담당 장교의 자리이긴 했지만 강인한 의지와 노력으로 체력을 회복해 다시 조종을 할 수 있게 되었다.

매케인은 1977년 해군 대령으로 승진해 해군부에서 의회 관련 일을 맡았다. 4년간 의원들을 상대로 로비하는 일종의 연락 장교였던 그는 그 일을 하면서 의원들과 친분을 쌓았다. 그와 깊은 우정까지 나누게 된 상원의원은 존 타워(John Tower, 1925~1991, 공화당, 텍사스), 윌리엄 코헨(William Cohen, 공화당, 메인), 게리 하트(Gary Hart, 민주당, 콜로라도) 등이었다.

매케인은 1981년 항공모함 지휘관이 되고자 했던 자신의 꿈이 실현될 가능성이 희박하다는 점을 깨닫게 되자 해군을 떠나 애리조나 주

1973년 베트남 하노이의 포로 수용소에서 석방된 후 인터뷰하는 존 매케인.

피닉스에서 맥주 도매상을 하는 장인 짐 헨슬리(Jim Hensley, 1920~2000)에게 일자리를 제의받아 피닉스로 떠났다. 피닉스에 산 지 채 1년도 안 되었을 때 애리조나 주 제1선거구 하원의원 존 로즈(John Jacob Rhodes III)가 은퇴를 하자 매케인은 출마를 선언했다. 그러나 당시 그는 전혀 알려지지 않았다. 유권자를 상대로 한 초기 여론조사에서 전체의 97퍼센트가 매케인이라는 이름을 들어본 적도 없다고 답했다.

매케인은 발로 뛰었다. 매주 30시간 유권자들을 방문했는데, 방문한 가구 수는 1만 6000가구나 됐다. 경쟁자들은 그를 '떠돌잇군(carpetbagger)'이라고 비난했다. 앞서 보았듯이, 'carpetbagger'는 원래 남북전쟁 후의 재건(Reconstruction) 시대에 여행가방 하나만을 가지고 북부에서 남부로 옮겨와 정계에서 한몫 잡아보려던 사람을 가리킨다. 매케인은 군인으로서 국가에 봉사한 집안 내력과 자신의 과거를 이야기하며 당당하게 자신에게는 고향이 없다고 반격을 가했다. 그는 "내가 가장 오래 산 지역은 하노이였다"라며 웅변을 토했다.

'떠돌잇군' 이라는 비판은 미국 선거판에 잘 먹혀들어가는 것이지만, 적어도 애리조나에서는 큰 효과를 보기 어려웠다. 이 지역은 2차 세계대전 이후 다른 주에서 수백만 인구가 유입된 곳이었기 때문이다. 게다가 매케인의 애국적인 집안 내력과 과거는 매우 강력한 무기였다. 네 명의 후보가 출마한 선거에서 그는 3분의 1가량의 득표율로 승리를 거뒀으며 1984년 재선 때는 78퍼센트라고 하는 높은 득표율을 기록했다.

매케인은 하원에서의 4년간 보수주의 목소리를 내면서 대부분 레이건 행정부 노선을 따랐으나 레이건 행정부의 노선을 따르지 않은 때도 있었다. 1983년에는 레바논에서 미 해병대를 철수시켜야 한다고 주장했으며, 1986년에는 남아프리카공화국에 대한 경제제재를 지지했다. 니카라과의 반군을 지지하긴 했지만, 레이건 행정부가 니카라과 좌익 정부를 전복시키기보다는 스스로 민주화하도록 압력을 행사하는 것이 낫다는 태도를 보였다. 또 1987년에는 레이건 행정부가 무료 급식비로 책정된 예산 가운데 2800만 달러를 농무부 직원들의 봉급 인상분으로 전용하려 한다고 폭로해 그 시도를 좌절시키기도 했다.

매케인은 1985년 사이공 함락 10주년을 기념하는 CBS의 특별 프로그램 촬영차 앵커맨 월터 크롱카이트(Walter Cronkite, 1916~2009)와 함께 하노이를 방문했다. 그는 18년 전 자신이 떨어졌던 하노이 호수를 찾아갔는데, 거기서 기묘한 것을 발견했다. 자신이 떨어졌던 자리에 손을 들고 항복한 한 미군의 상이 세워져 있었고 그 앞에 "유명한 약탈자 조종사인 존 매케인이 격추당한 곳"이라는 안내문이 붙어 있지 않은가. 그곳에 몰려든 사람들은 매케인을 알아보고 그의 이름을 외쳤다. 물론 우호적인 분위기에서 나온 외침이었다. 매케인은 "오직 하노이에서만 내가 크롱카이트보다 더 유명하다"고 농담을 던졌다. (Current Biography 1989)

'나의 아버지들의 신념'

1986년, 애리조나 주의 상원의원이자 전 대통령후보로서 미국 보수파의 거두로 군림해온 배리 골드워터(Barry Goldwater, 1909~1998)가 은퇴함에 따라 골드워터의 빈자리는 매케인의 것이 되었다. 상원에 진출한 매케인은 국방, 외교정책 전문으로 명성을 얻었다. 그는 골드워터의 전통을 이어받은 보수파였지만, 사회적 약자에 관한 이슈에서는 민주당 뺨치는 진보성을 보였다. 공화당이 흑인과 빈곤층에 신경을 쓰지 않는다고 비판하기까지 했던 성향은 엄청난 수난을 겪은 포로생활에서 비롯된 것이었다. 1988년 대선 시 베트남전쟁과 관련된 대선후보들의 병역 문제가 거론되자 더 이상 전력을 들추는 것은 바람직하지 않다고 비판하기도 했다. 이제는 분열이 아닌 융화의 시대라는 것이었다. 아닌 게 아니라 1995년에 성사된 미국의 대 베트남 국교수립에 결정적 역할을 한 인물 가운데 하나가 바로 매케인이었다.

매케인은 1989년 한 인터뷰에서 자신의 정치적 경력은 베트남전쟁 덕을 보긴 했지만 그 자신은 'POW(전쟁포로) 상원의원'이 되고 싶지는 않다고 말했다. 이슈 중심의 심각한 상원의원이 되고 싶다는 것이었다. 그로부터 10년 후인 1999년 9월 27일 그는 뉴햄프셔 주의 내슈아(Nashua)에서 공화당 후보 지명전에 출마할 것을 공식 선언했다. "미국이 나로부터 받은 은혜보다 내가 미국으로부터 입은 은혜가 더 크기 때문에 출마한다"고 선언하고 "나는 신이 세상에 내린 최대의 축복인 위대한 자유의 꿈을 생명이 다할 때까지 보호하기 위해 대통령이 되고자 한다"고 말했다.(문화일보 1999)

출마 선언 직전에 나온 그의 회고록『나의 아버지들의 신념(Faith of My Fathers)』(1999)은『뉴욕타임스(The New York Times)』베스트셀러 1위,『로스엔젤레스타임스(Los Angeles Times)』베스트셀러 2위를 기록했다. 그는 그 책에서 해군 대장이었던 할아버지와 아버지의 뒤를 잇겠다고 말했다.

선거에 출마한 정치인으로서 매케인의 가장 큰 자산은 참전 경력에서 비롯된 '애국(愛國)'이라는 상징이었다. 그는 선거운동도 미 해군 사관학교에서 개시했다. 공화당과 민주당의 2위 주자를 부각한『뉴스위크』(한국판 1999년 11월 17일자) 표지 기사는 다음과 같이 보도했다.

"그는 자신이 한때 속했던 제2연대 5대대 17중대 생도들과 함께 식사하며 생도 시절과 베트남전에서 조종하던 전투기가 격추돼 투옥되고 고문당하던 당시를 회상했다. 그는 참전용사를 위한 웹사이트를 운영하고 있으며, 그의 선거홍보용 포스터에는 유니폼을 입은 생도 시절 사진이 등장한다. 또 텔레비전 스폿 광고에서는 '매케인은 누구보다 경험이 풍부하고 용기가 있다'는 내레이션과 함께 알링턴 국립묘지를 엄숙하게 걸어가는 그의 모습이 비친다. 그러나 매케인 진영은 그 이야기를 그럴듯하게 포장하는 데에만 열중한 나머지 관계 규정을 검토하지 않았다. 국립묘지 같은 신성한 장소에서 촬영할 때 필요한 사전 승인을 요청하지 않은 것이다."

매케인은 다른 많은 전쟁포로처럼 고문에 못 이겨 '자백서'에 사인을 했지만 명예에 대한 신념만은 잃지 않았다. 『뉴스위크』(한국판 1999년 11월 17일자)는 매케인이 자신의 인생 경험을 너무 우려먹는다는 인상을 주지 않으면서 그것을 효과적으로 이용하고 있다고 지적했다. 이 주간지는 "'나는 전쟁으로 고통을 받았으니 내게 표를 찍으라'고 말하는 것은 어리석은 일"이라고 말했다는 매케인의 말을 인용하면서 다음과 같이 말했다.

"그는 자신의 참전 경력을 암시적이고 고무적인 방법으로 선거운동에 이용하고 있다. 그는 연설 때마다 미국인들에게 '자신의 이익보다 더 중대한 것을 희생하라'고 요구한다. 공공 서비스에 대한 존 F. 케네디(John F. Kennedy, 1917~1963)식 이상의 부활을 꿈꾸면서도 너무 감상적인 쪽으로 치우치지 않도록 보수적인 경향을 덧붙이는 것이다. 매케인의 인생을 이끌어가는 원칙은 명예다. 전쟁포로 시절 월맹 측의 조기석방 제의를 뿌리치고 5년 반 동안 감옥에 남아 있었던 것도 바로 명예를 지키기 위해서였다. 정치를 정화하고 부패체제와 연결됐던 자신의 이미지를 쇄신하려는 그의 열정적인 노력도 명예에 바탕을 두고 있다."

매케인은 강경한 외교정책을 주장할 뿐만 아니라 낙태에 반대하고 총기소지 문제에 관대하고 핵실험 금지조약에 반대한다는 점에서 보수적인 정치인임이 틀림없었다. 그러나 그는 화끈하고 솔직했다. 눈치를 보지 않고 직설적이었다. 정치자금법 개정에 정열을 갖고 있던 그는 1999년 10월 뉴햄프셔 주에서 "미군에 불필요한 C130 수송기의 생산을 로비스트들이 앞장서 주장하고 있는 상황에서 어떻게 국방부를 개혁하느냐"고 목청을 높이면서 "특수 이익집단이 개인적 특혜를 계속 누리는 상황에서 어떻게 세법을 고치겠는가"라고 성토하기도 했다.(Alter 1999a)

매케인의 약점

매케인은 1965년 캐럴(Carol McCain)과 결혼했는데, 캐럴이 이전 결혼에서 낳은 두 아들 더글러스(Douglas)와 앤드루(Andrew)를 입양했다. 둘은 시드니 앤(Sidney Ann)이라는 딸을 두었으나 1980년에 이혼했다. 매케인이 베트남에 있는 동안 교통사고로 중상을 입은 부인을 배신한 것이다. 이혼한 바로 그해에 하와이에서 만난 애리조나 주의 부유한 맥주 도매업자의 딸 신디 헨슬리(Cindy L. Hensley)와 결혼해 메건(Meghan)과 잭(Jack Sidney)이라는 두 아이를 낳았다. 그러나 매케인은 일에 너무 몰두하느라 신디가 진통제에 중독된 것도 눈치채지 못했다. 남편의 선거운동을 열심히 도운 신디는 "약물 문제에 관해서도 내가 좋은 본보기가 될 수 있을 것이다. 나는 재활하고 있다. 내가 할 수 있으면 다른 사람도 할 수 있을 것이다"라고 말했다.(Alter 1999b)

어찌 됐건 매케인에게 가정생활은 결코 장점이 아니었다. 게다가 그는 후에 사기죄로 감옥에 간 개발업자이자 저축대부조합 간부인 찰스 키팅(Charles Keating)과 너무 가깝게 지냈다. 매케인이 베트남에서 겪었던 어떤 일보다 더 끔찍했다고 말하는 이 사건의 진상은 이렇다.

매케인은 키팅에게서 몇 년 동안 11만 2000달러의 선거자금을 받고 그가 제공한 경비로 바하마 군도를 아홉 차례 여행했다. 키팅은 매케인에게 자신을 대신해 연방 감시위원들에게 압력을 넣어 달라고 부탁했지만 매케인은 이를 거절했다. 그러나 매케인이 감시위원들과의 회합에 두 차례 참석했기 때문에 그에 대한 의혹은 완전히 가시지 않았다.(Alter 1999)

또 매케인은 화를 무섭게 내는 '폭발적인' 성격인데다 사람들을 비꼬고 얕보는 경향이 있었다. 그의 '폭발적인' 성격은 선천적이었다. 그는 회고록에서 두 살 때 "화가 나면 졸도할 때까지 숨을 참았다"고 썼다. 이사가 잦았던 해군 가정에서 자란 매케인은 학교를 옮길 때마다 주먹질로 적응해 나갔다. 그는 '똘마니', '심술쟁이 맥', '존 웨인 매케인' 그리고 나이보다 머리가 센 후에는 '하얀 토네이도'로 불렸다. 그의 경쟁자들은 매케인의 성격상의 문제를 물고 늘어졌다. 이와 관련,『뉴스위크』(한국판 1999년 11월 17일자)는 다음과 같이 말했다.

"그러나 이런 잘못들까지도 그의 인격의 깊이를 더해준 것으로 보인다. 매케인은 인생 경력을 지나치게 내세우지 않음으로써 정치적 효과를 거두고 있다. 그는 자신의 경력을 선거운동 광고에만 이용할 뿐 거리연설에서는 들먹이지 않는다. '베트남전 당시의 사진들을 볼 때면 언제나 약간 당황스럽고 향수가 느껴진다'고 그는 말했다. 포로 시절에 관한 질문을 받으면 그는 자신은 영웅이 아니었다고 힘주어 말한다. 그는 자기비하적인 농담으로 비난을 미리 잠재우고 언론의 호감을 산다."

그러나 매케인의 불같은 성격에 대한 지적은 그가 매사를 단순하게 선악(善惡)의 흑백논리로 보고 있다는 평가로 이어지면서 그것은 대통령의 자질에 치명적이라는 비판이 나오기 시작했다. 또 위선(僞善)에 대해 강한 혐오감을 보이고 있는 매케인 자신이 위선적이라는 비판도 나왔다. 그가 선거자금 제도의 개혁을 강하게 주장하면서도 상원의원의 업무와 관련된 대기업들로부터 거액의 선거자금을 받고 그들이 제공하는 전세 비행기를 이용하는 것은 위선적인 게 아니냐는 지적이었다. 매케인은 뉴햄프셔 주의 고프스타운(Goffstown)에서 열린 유권자들과의 토론회에서 한 청중으로부터 그 점을 지적받았는데, 그는 부시 후보의 이름을 거명하진 않았지만 자신의 경쟁자가 엄청난 돈을 쓰고 있는 마당에 그건 유감스럽지만 불가피하다고 답했다. (Dickerson 1999 · 1999a, Pooley 1999)

매케인과 언론의 일시적 밀월관계

그런 문제가 있음에도 매케인은 언론 보도의 특혜를 누렸다. 이와 관련, CNN의 브루스 모턴(Bruce Morton) 기자는 "우리 모두 매케인에게 호감을 느끼는 이유는 그가 실제로 원칙대로 국정을 운영할 것처럼 보이기 때문이다. 그렇게 되면 얼마나 이색적인 광경이 될까?"라고 말했다.

1999년 11월 조너선 앨터(Jonathan Alter 1999a)가 매케인과 언론의 관계에 대해 쓴 글은 비단 매케인만 아니라 미국 언론에 대해 많은 것을 시사해준다. 앨터는 "당 노선에 반기를 들기로 유명한 그에게 기자들이 호감을 느끼는 이유는 우선 그가 접근이 쉬운 인물이기 때문이다. 상대가 취재 편의를 조금만 제공해도 기뻐하는 게 기자들의 생리다.

매케인은 기자들의 논평 요구에 늘 한두 마디로 솔직한 답변을 제시해왔다. 또 대다수 정치인과 달리 실수로 궁지에 몰리면 주저하지 않고 이를 시인한다"며 다음과 같이 말했다.

"일부 분석가들은 언론이 그에게 호감을 보이는 것은 베트남전쟁에 참전하지 않은 베이비붐 세대의 죄책감 탓이라고 말하지만 사실 그것보다는 쓰라린 상처를 전혀 드러내지 않는 그에 대한 경외심 때문이다. 그는 베트남에 집착하지 않았을 뿐 아니라 1960년대의 구태의연한 싸움에 다시 나설 생각도 없다. 사실 그는 반전(反戰) 운동가들과 친하게 지내기 위해 많이 노력했다. 바로 이 점이 동료 보수파 의원 대다수가 그를 싫어하는 핵심적인 이유다. 자신의 영웅 시어도어 루스벨트(Theodore Roosevelt, 1858~1919) 대통령처럼 그는 대국적인 견지에서 공화당 내의 마찰도 불사하려 함으로써 좋은 기사거리를 제공한다. 그는 불편함이 따르더라도 자신의 소신을 밝히는 경향이 있다. 동료 의원들을 불안하게 만드는 그의 초당적이고 예측불가능한 면이 기자들의 흥미를 끄는 것은 당연하다. …… 매케인이 후보 지명전에서 패하더라도 그는 공화당에 큰 영향을 미칠 수 있을 것이다. 공화당에서 개혁가로 자처하는 묵직한 인물이 나온 것은 75년 만의 일이다. …… 그러나 그가 선거전에서 선두를 달리기 시작하면 그 같은 밀월관계도 끝장날 수밖에 없다. 기자들은 쉽게 현혹됐다가도 결국 공격으로 돌아서는 괴팍한 집단이다."

공화당 대통령후보 지명전에서 매케인이 뒤쫓은 선두 주자는 조지 W. 부시였다. 1999년 11월 초순에 시행된 뉴햄프셔 주에서의 한 여론조사에서 부시와 매케인은 38퍼센트 대 35퍼센트의 백중세인 것으로 나타났다. 기자들은 쉽게 현혹됐다가도 결국 공격으로 돌아서는 괴팍한 집단이라는 앨터의 예측은 적중했다. 2000년 대선의 공화당 후보 지명자는 매케인이 아니라 조지 W. 부시였다. 그렇다면 조지 W. 부시는 누구인가?

참고문헌 Alter 1999 · 1999a · 1999b, Carlson 1999, Current Biography 1989, Dickerson 1999 · 1999a, McCain 2000, Phillips 2004, Pooley 1999, Zinn 2008, Zinn & Macedo 2008, 강준만 외 1999~2003, 문화일보 1999, 유숙렬 1999

"가장 좋아하는 철학자는 예수 그리스도"
조지 W. 부시는 누구인가?

명문 정치 귀족 가문에서 태어난 부시

삶의 내용은 전혀 다르지만, 조지 W. 부시는 존 매케인만큼이나 이색적인 인물이었다. 아이오와 코커스(Caucus; 지방당원대회) 직전 공화당 대선후보 텔레비전 토론에서 사회자가 "정치철학에 영향을 미친 인물이 누구냐"고 묻자 부시는 주저 없이 "예수 그리스도"라고 답했다. 부시가 확신에 찬 표정으로 단답형 대답을 하자 사회자는 말문이 막혀 잠시 추가 질문을 하지 못하는 사태까지 발생했다.

이 대답 이상 부시를 더 잘 설명해줄 수 있는 것은 없다. 부시는 이전의 텍사스 주지사 선거에서는 "오직 하나님을 믿는 자만이 천국에 들어갈 수 있다"는 말로 지역의 모슬렘 등 비기독교인들로부터 원성을 산 적도 있었다. 부시는 텍사스 주지사가 된 뒤 측근들에게 "신은 내가 미국의 대통령이 되기를 원한다는 사실을 알게 됐다"면서 대통령 출마 의지를 피력했다.(이미숙 2004b)

조지 W. 부시는 제41대 대통령을 지낸 아버지 조지 H. W. 부시(George Herbert Walker Bush)와 이름이 같다. 일부 사람들은 조지 부시 2세라고 불렀지만 부시는 '2세'라는 말을 좋아하지 않았다. 그는 어렸을 때부터 아버지의 후광이 큰 부담으로 느껴져 자신을 아버지와 구별시키기 위해 이름을 쓸 때에는 꼭 이름 중간에 W를 넣었다. George Walker Bush라는 뜻이다. 아버지의 이름에도 W가 없는 건 아니지만 그가 워낙 W를 고집해 그를 그냥 W라고만 부르는 언론도 있었다. 부시의 할아버지는 코네티컷 주 상원의원을 지냈으며 아버지는 대통령을 지냈고 동생인 젭 부시(Jeb Bush)는 플로리다 주지사로, 부시 가문은 미국에서 둘째가라면 서러워할 명문 정치 가문이었다.

조지 W. 부시는 1946년 7월 6일 코네티컷 주 뉴헤이븐에서 당시 예일대 학생이던 조지 H. W. 부시의 장남으로 태어났다. 1948년 그의 부모는 텍사스 주 서부로 이주했다. 부시는 초등학교 2학년이던 1953년 여동생인 네 살 난 로빈(Robin)이 백혈병으로 죽자 큰 충격을 받았다. 어린 딸의 죽음은 그의 어머니인 바버라(Barbara Bush)와 장남 사이에 강력한 유대감을 만들어주었다. 남편이 석유 사업으로 집을 비우는 일이 잦아 장남인 부시가 그 빈자리를 메우는 역할을 하면서 어머니와 아들 사이에 특별한 유대감이 형성되었던 것이다.(이기동 1999)

부시는 휴스턴에 있는 중학교에 다니며 풋볼팀에서 쿼터백을 맡았고 반장도 했다. 그는 휴스턴 교외에 있는 부유층 자녀가 다니는 사립 킨케이드 고등학교에서도 줄곧 반장을 맡고 풋볼팀을 조직해 활약했다. 이때부터 친구를 사귀는 데에는 탁월한 재능을 발휘했다. 당시 아버지의 자식 교육은 어떤 것이었을까? 엘리자베스 미첼(Elizabeth

조지 H. W. 부시 가족사진.(앞줄 맨왼쪽부터)닐 부시, 마빈 부시, 젭 부시. (뒷줄 맨왼쪽부터)도로시 부시, 조지 W. 부시, 바버라 부시, 조지 H. W. 부시.

Mitchell 2001)은 다음과 같이 말한다.

"부시 가문의 전통을 이야기하면서도 종종 무시되거나 언급되지 않는 특질들이 있는데 저돌성, 과시, 이미지 구축, 때때로 내뱉는 욕설, 어릴 때부터 아버지에게 배우는 현실정치 같은 것들이다. 이런 모든 것의 교육은 휴스턴에서 시작되었다."

병역 특혜 의혹

1968년 6월에 예일대를 졸업한 부시는 텍사스로 돌아와 텍사스 주 소속 공군경비대에 입대해 조종사로 일했다. 부시의 병역 문제와 관련, 『워싱턴포스트(The Washington Post)』 1999년 9월 21일자는 부시가 베트남전쟁 징집 대신 텍사스 주 소속 공군경비대에 입대하는 과정에서 당시 주 의회 하원의장이던 벤 반스(Ben Barnes)의 입김이 작용했다고 보도했다. 이 신문에 따르면 반스 의장이 1967년 말 또는 1968년 초 부시 아버지의 친구에게 청탁을 받아 공군경비대 사령관과 접촉해 부시를 조종사로 추천했다는 사실을 친구에게 털어놓았다는 것이다.(홍은택 1999b)

부시는 입대 후에도 상식의 선을 벗어난 각종 특혜를 받았는데, 이는 물론 아버지의 후광 때문이었다. 1969년 봄에는 자신의 비행기를 몰고 위스콘신 주에서 있었던 대학 친구의 결혼식에 참석한 일도 있었고, 또 당시 대통령 리처드 닉슨(Richard M. Nixon, 1913~1994)이 자기의 딸 트리샤(Tricia Nixon Cox)와 데이트하라고 비행기를 보내 부시를 불러간 적도 있었다.(Mitchell 2001)

부시는 공군경비대 제대 후에도 대학 시절과 다를 바 없이 건달로 지내면서 술로 나날을 보냈다. 1972년 어느 날 술 먹고 소란을 피우다가 아버지와 크게 싸운 적이 있었는데, 아버지는 "세상을 좀 배우도록 해야겠다"며 1973년 아들을 하버드 경영대에 등록케 했다. 부시는 1975년 그곳에서 경영학 석사학위(MBA)를 딴 다음 텍사스로 돌아왔다.(대통령이 된 후 부시는 자신이 경영학 석사 학위를 받은 최초의 대통령이라고 자랑한다.)

부시는 텍사스에서 자신의 석유개발회사를 설립한 1977년 사립학교 교사 겸 사서로 일하고 있던 로라 웰치(Laura Welch Bush)와 만난 지 석 달 만에 결혼했는데, 로라의 친구들은 "조지 W가 로라에게 끌린 것은 로라가 매우 독립적이고 또한 쉽게 손에 잡히는 스타일이 아니었기 때문"이라고 분석했다. 로라는 결혼한 지 4년 만인 1981년 11월 25일 쌍둥이 딸인 바버라(Barbara), 제나(Jenna)를 낳았다. 로라는 매우 가정적인 여자였다. 언론은 로라가 남편이 대통령이 될 경우 "저녁거리 사러 갈 때도 경호원이 따라붙으면 어떻게 하느냐"고 겁내고 있다는 보도를 하기도 했다.(최규장 1999)

그들이 결혼하자 시어머니인 바버라가 며느리에게 부탁한 게 딱 한 가지였다는 점이 흥미롭다. "네 남편의 연설을 비평하지 마라"는 것이었다. 이에 대해 미첼(Mitchell 2001)은 다음과 같이 말한다. "로라는 시어머니 말씀대로 늘 따르려고 했지만 단 한 번 실수를 했고 거기에서 크게 배웠다. 1978년 유세기간 중의 어느 날 밤, 집에 돌아오는 길에 조지가 물었다. '솔직히 말해서 오늘 연설 어땠소?' 그녀는 썩 좋은 연설은 아니었다고 말했는데 그 순간 어찌 된 영문인지 조지가 차고 벽을 들이받고 말았다. 그 일로 그녀는 진실만이 전부는 아니라는 것을 배웠다."

석유개발업에 종사하는 동안 부시가 업계 친구들에게 얻은 별명은 '떠버리'였다. 그는 매사에 즉흥적이었고 성급했고 화끈했으며 자신을 과시하기를 좋아했다. 미첼(Mitchell 2001)에 따르면, "그들은(부시의 업계 친구들) 지금까지 살아오는 동안 조지 W보다 더 즉흥적이고 무엇을 빨리 결정하는 인물을 만나 보지 못했다. 그는 골프를 칠 때도 폴로 경기를 하듯이 했다. 티샷을 위해 준비동작을 한다든가 하는 것도 없이 획획 쳐대며 홀과 홀 사이를 날아다녔다. 어디 가서 무엇을 먹을까 하는 간단한 문제부터 관념적인 문제에 대해 선택을 해야 할 때조차 몇 초 이상 걸리는 적이 없었다. '아, 그 문제라면 이렇게 해야지'

라고 말을 하고 나면 조지 W는 친구들이 의자에서 일어서기도 전에 벌써 문밖에 나가 있었다. 그는 쾌활했고 불쑥불쑥 농담했다. 그 말을 듣는 사람이 어떻게 생각할지 조심스럽게 따져볼 줄을 몰랐다. 어떤 생각이 들면 그걸 바로 말로 옮기고 또 바로 행동으로 보였다."

'카우보이'·'거듭난 기독교인'으로의 변신

부시는 1978년 텍사스에서 하원의원 선거에 출마했지만 낙선했다. 패배의 가장 큰 이유는 그가 전혀 텍사스 사람 같지 않다는 것이었다. 그래서 그가 동부의 명문 사립대인 예일대, 하버드 대학원을 나왔다는 것도 큰 흠이 되었다. 물론 이는 예일이니 하버드니 하는 대학들이 부자 귀족들만 가는 대학이라는 평판이 텍사스 주민들에게 거부감을 준 결과였다. 경쟁자의 그런 공세에 시달린 부시는 학벌을 문제 삼지 말고 정책 대결을 하자고 호소했지만 먹혀들지 않았다.

부시는 선거에서 패배했지만 그때의 경험을 살려 자신의 영웅이라 할 아버지가 부통령으로 출마한 1980년 대선 지원유세에 뛰어들었다. 1978년 선거의 패배에서 큰 교훈을 얻은 부시는 이제 과거의 그가 아니었다. 미첼(Mitchell 2001)은 "조지 부시(아버지)의 선거운동원들은 조지 W의 차림새가 달라진 사실에 몹시 놀랐다. 2년 전 텍사스 서부 지역의 선거운동에서는 지나치게 아이비리그 출신의 면모를 풍겼다면, 이번 선거운동에서 뉴잉글랜드와 중서부 지역의 눈으로 뒤덮인 작은 마을들을 방문하는 조지 W는 텍사스인의 풍모를 보였다"며 다음과 같이 말한다.

"그는 카우보이 부츠를 신었는데, 덕분에 서부의 사나이라는 명칭을 얻게 되었다(이 부츠 덕분에 조지 W는 아버지보다 8센티미터나 작은데도 불구하고 아버지보다 더 커 보이게 되었다). 그가 얘기할 때면 입속에서 우물거리며 씹고 있는 담배에서 멀건 갈색 즙이 입술 양 가장자리에서 조금씩 새어나왔고, 사람들이 말을 알아듣지 못할 정도의 거리가 되면 그는 유정의 인부들처럼 상소리를 했다. 조지 W의 연설 스타일은 마치 연발권총을 쏘는 것과 같다. 탕! 탕! 탕! 논점을 향해 곧바로 연속발사를 하면 논쟁의 살점은 뭉텅 잘려나가 버리고 만다. 조지 W는 아버지보다 훨씬 보수적인 것 같아 보인다. 그는 총기의 자유 소지나 가족의 책임 따위의 문제는 열광적으로 찬성한 반면 낙태는 반대했다. 그의 연설에서는 미사여구나 재미있는 농담 따위는 찾아볼 수 없고, 단도직입적으로 논점을 얘기하면 그것으로 연설은 끝이었다."

부시는 선거가 끝난 후 다시 업계로 돌아와 활동했지만 여전히 놀기를 좋아해 사업은 영 신통치 않았다. 1986년 여름 부시의 인생은 한마디로 엉망진창이었다. 석유 사업은 빚더미에 올라 직원 봉급도 못 줄 형편이었으며 그는 술만 마시면 행패를 부리곤 했다. 그는 4B, 즉 비어, 버번위스키, B&B 칵테일이면 사족을 못 쓰는 것으로 알려졌으며 거의 알코올 중독 수준에 이르렀다. 바로 그해 40세 생일파티 날 아침 부시는 로키 산맥의 조깅길에 숙취로 쓰러졌으며, 그때 무슨 깨달음이 있었던지 그날로 술을 완전히 끊어버리고 새 출발을 하게 되었다. 이에 대해 부시(Bush 2001)는 자서전에서 다음과 같이 말하고 있다.

"사실 나의 결심의 씨앗은 지난해 빌리 그레이엄(Billy Graham) 목사에 의해서 뿌려졌다. 그가 여름 휴가차 메인에 있는 우리 가족을 방문한 것이다. …… 그 주말 동안 그레이엄 목사는 나의 영혼에 겨자씨 하나를 심어 주었고 다음 해에 그것이 자라나게 되었던 것으로 생각한다. …… 성경을 규칙적으로 읽게 되었고 돈 에번스(Donald Evans, 나중에 부시 행정부의 상무부 장관)가 1년 단위 성경 읽기 카드를 나에게 주었다. 그 카드에는 365일 동안 읽을 부분으로 나누어져 있었는데 매일 읽어야 할 부분은 신약과 구약과 시편 그리고 잠언이었다. 나는 그 프로그램을 2년에 한 번 완독했으며 개인적으로도 다른 부분을 몇 장씩 읽어나갔다. 기도의 능력도 또한 배웠다."

그렇게 부시는 기독교인으로 거듭났다. 오강남은 "미국의 종교문화적인 맥락에서 '거듭났다'는 고백은 은유적인 것이 아니라 대개 방언 등으로 예수의 존재를 '체험'했다는 의미"라며 "거듭난 기독교인의 특징은 예수를 마치 가족이나 친구처럼 실재하는 존재로 가까이 느끼며 근본주의적인 믿음을 유지하는 것"이라고 설명했다. 미국 개신교에서의 근본주의란, 성경을 문자 그대로 믿는 것을 핵심으로 한다. 예수의 동정녀 탄생, 죽은 뒤의 육체적 부활 등이 모두 은유가 아닌 사실이라는 것이다. 오강남은 "근본주의라는 말의 부정적 어감 때문에 흔히 복음주의자(Evangelical), 거듭난 기독교인(born-again Christian)이라고 부르며 이 원리주의적 태도에는 선과 악, 옳은 것과 그른 것이 분명하게 구분된다고 믿는 이분법이 특유의 사고방식"이라고 설명했다.(정은령 2003)

텍사스 레인저스를 이용한 재기

부시는 그렇게 심기일전하여 아버지의 대선 준비를 돕기 시작했다. 참모로서 연설문을 작성하는 데에 참여했으며, 1987년에는 아예 워싱턴으로 가서 본격적으로 선거운동에 뛰어들었다. 그는 아버지가 1988년 대선에서 대통령에 당선되자 텍사스로 돌아와 다시 사업에 전념했다.

부시는 1989년 말 컨소시엄을 구성해 한때 한국의 박찬호가 소속돼 있던 메이저리그 야구단 텍사스 레인저스를 4700만 달러에 사들였다. 지분은 5퍼센트 정도였지만 그는 야구단을 자신의 정치적 발판으로 이용할 생각을 품고 야구팬들과 적극적으로 어울리는가 하면 야구단의 홍보를 맡아 언론계에 발을 넓혔다. 부시(Bush 2001)는 당시의 활동에 대해 다음과 같이 말하고 있다.

"나는 텍사스 전 지역을 통해 시민단체와 상공회의소에 호소하면서 비즈니스 활동을 했다. 나는 방송사와 수천 회의 인터뷰를 통하여 야구를 가족 스포츠로 그리고 대단한 오락적인 가치로 추천했다. 나는 핫도그 상인들과 검표원들 그리고 수위들과 이름을 부르고 지낼 정도로 친숙하게 되었다. 그들은 팬들이 환영받고 편안하게 관전할 수 있게 만드는 중요한 담당자들이다. 나는 수천 명의 사람들에게 사인을 해주고 손님들을 구장으로 초대하기도 했으며, 야간에는 관중석에 앉아서 그들과 하나가 되려고 애를 썼다. 나는 구단주를 위한 특별 좌석이 아니라 일반석의 첫 줄에 앉곤 했다."

부시는 곧 야구단을 통해 1000만 달러가 넘는 부를 거머쥠으로써 자신의 인생에 대해 큰 자신감을 갖게 되었다. 그간 부시에 대한 텍사스 주민들의 생각은 이런 것이었다. "아버지를 잘 뒀고 작은 석유개발 회사를 경영했고 예일과 하버드에서 공부했다는 것은 알겠는데, 그런데 그 외에 뭐가 있느냐?" 이제 부시는 그런 물음에 항변할 수 있는 것을 갖게 된 것이다. 그게 바로 텍사스 레인저스였던 것이다.

텍사스 주 알링턴에 있는 텍사스 레인저스의 홈구장 레인저스볼파크의 모습. ⓒ Red3biggs

부시를 호의적으로 평가하는 책들은 부시의 '텍사스 레인저스' 사업을 성공으로 보지만, 비판적인 이들은 아버지의 영향력을 이용한, 교묘하면서도 상상을 초월하는 수준의 부정부패로 간주했다. 마이클 린드(Michael Lind 2003)에 따르면, "부시 가문에서 지금까지 가족이나 정치적인 연고가 아닌, 그들 자신만의 순수한 노력으로 번 돈을 단 한 푼이라도 찾으려면 2세대 이상을 거슬러 올라가야만 한다."

어찌 됐건 부시는 그런 사업 활동을 기반으로 삼아 1994년 텍사스 주지사 선거에 도전하여 당선했다. 주지사로 높은 인기를 누려 1998년 재선 당시 지지율이 69퍼센트였으며 대선에 뛰어들기 직전의 업무 수행에서도 80퍼센트라는 높은 지지율을 기록했다. 당시 공화당은 극심한 인물난을 겪고 있던 터라 그는 자연스럽게 차기 대통령 후보로 주목을 받았다. 공화당은 "12년이면 됐지 16년간 백악관을 민주당에 내줄 수는 없다"는 생각으로 부시에게 큰 기대를 걸었다. 미시간 주지사를 필두로 한 31명의 공화당 소속 주지사들이 앞장서서 그를 각 주의 모금행사 초청 연사로 모시는 등의 활동으로 부시는 적어도 선거자금 모금에서 타의 추종을 불허했다.

1999년 9월 21일 부시 선거운동본부는 부시의 정치자금 모금액이 5000만 달러를 돌파해 5200만 달러를 기록했다고 발표했다. 이는 역대 대통령후보가 연방 지원금을 포함해 사용했던 대선자금 중 최고치였는데, 1996년 대선의 경우 공화당의 밥 돌(Bob Dole) 후보는 4500만 달러, 빌 클린턴(Bill Clinton) 후보는 4300만 달러를 썼다. (김병찬 1999)

2000년 대선 도전

미국의 대통령후보는 공화당 후보든 민주당 후보든 이념적으로 다양한 유권자 집단을 가능한 한 많이 포섭하기 위해 아슬아슬한 줄타기를 해야만 한다. 부시도 예외일 수는 없었다. 이와 관련, 『뉴스위크』 (한국판 1999년 7월 28일자)는 "부시 후보는 1988년 부친의 대통령 선거 운동을 도우면서 '신 우익'의 신세대 지도자들과 친분을 맺었다. 그는 1993년 주지사 출마를 준비하면서 총기규제, 교내 기도, 사형제도 같은 이슈에서 우익으로 기울었다. 텍사스 주지사로서 그는 텍사스 주민들이 겉으로 보이지 않게 무기를 휴대하고 다닐 수 있도록 하는 법안에 서명함으로써 전미총기협회(NRA)의 환심을 샀다. '조세 정의를 위한 미국인(Citizens for Tax Justice)' 단체도 그를 좋아하고 있고 우익 시사평론가 러시 림보(Rush Limbaugh)도 그를 치켜세우고 있다. 림보는 '때로는 간단한 설명이 최상이다. 부시는 인기가 있다'고 말했다. 이제 부시는 조심스럽게 중도노선으로 기울고 있다"며 다음과 같이 말했다.

"일반 선거를 목표로 골수 우익을 교묘히 구슬릴 수 있다고 확신하기 때문이다. 그는 지난주 '총기를 보이지 않게 휴대하는 권리'는 텍사스 주민에게는 타당하지만 그 조치를 미국 전체에 시행할 시도는 하지 않겠다고 말했다. 그는 또 사회보장·메디케어·국방 부문의 예산을 삭감해야 한다면 감세를 추진하지 않을 것이라고 말했다. 뉴스위크 취재에 따르면 그는 워런 비티(Warren Beatty), 잭 밸런티(Jack Valenti, 1921~2007), 셰리 랜싱(Sherry Lansing) 등 할리우드의 주요 민주당 지지자들을 조용히 만나 자신의 매력과 교육 문제에 대한 헌신 약속으로 그들의 환영을 받았다. 그러자 일부 보수파들은 위기감을 느꼈다. (밥) 스미스 (상원의원)는 '레이건(Ronald Reagan, 1911~2004)은 그런 식으로 성공했지만 부시는 결코 레이건 같은 인물이 아니다'고 비난했다."

1999년 8월 15일 부시는 아이오와 주 공화당 대선후보 모의 선거에서 1위를 차지했다. 그때부터 부시에 대한 언론의 본격적인 '검증'이 시작되었다. 가장 큰 문제가 되었던 것은 아이러니하게도 마약 복용설이었다. 부시는 텍사스 주지사로 있는 동안 역대 지사 중 누구보다 마약 퇴치를 위해 노력했기 때문이다. 그는 '마약과의 전쟁'을 선포했는데, 그 결과로 텍사스 감옥 인구가 다섯 배나 늘고 투옥률이 전국 최고를 기록했다.

부시는 그간 자신의 마약 복용설에 대해 계속 얼버무리는 대응을 해왔다. "무분별했던 젊은 시절이 있었다"느니 "어린 시절 한때 실수한 것을 가지고 뭘 그러는가? 나의 대선 출마와 별 상관없는 일이다"

라느니 하는 따위의 답을 하곤 했다. 그는 1999년 9월 『댈러스 모닝 뉴스(The Dallas Morning News)』와 가진 회견에서 "과거 25년 동안 마약을 복용한 사실이 없다"고 처음으로 입을 열었는데, 언론에서 이 말은 25년 이전에는 '과거'가 있었다는 것을 시사하는 발언으로 해석되었다. 부시는 과거 마약을 복용했느냐는 질문에 대해서 "대통령후보 전력 검증 기간인 최근 7년은 물론, 지난 15년 동안에 대해서는 아니라고 확실히 답할 수 있다"고 대답했다.(변창섭 1999a)

인터넷 잡지 『살롱 뉴스(Salon.com)』(1999년 10월 19일자)는 전기 작가 제임스 햇필드(James H. Hatfield)가 쓴 『운 좋은 아들: 조지 W. 부시와 대통령 만들기(Fortunate Son: George W. Bush and the Making of an American President)』(1999)라는 책을 인용, 부시가 26세이던 1972년 코카인 소지 혐의로 체포됐으나 아버지의 연줄 덕택으로 텍사스 주 휴스턴에서 사회봉사 활동을 하는 것에 그쳤으며 그 범죄 기록이 말소됐다고 보도했다. 부시 진영은 "근거 없는 사실로 책을 팔기 위한 술책"이라고 부인했지만 세간의 의혹은 가시지 않았다. 다만 부시에게 불행 중 다행인 일이 일어났다. 얼마 지나지 않아 문제의 책을 쓴 햇필드라는 인물이 1988년 살인 음모죄로 15년형을 선고받아 5년간 복역한 다음 집행유예로 풀려났다는 사실이 폭로되면서 출판사 측이 책을 회수한 것이다.(국민일보 1999)

부시의 정치적 장점

1999년 10월 부시의 전기 『대통령의 아들(First Son)』과 아버지이자 전 대통령 부시의 서한집 『이제 안녕히(All the Best)』가 나란히 출판되었다. 『뉴욕타임스』는 두 책에 대한 서평을 통해 두 사람의 성격과 인생을 비교했는데, 두 사람은 놀랄 정도로 흡사한 길을 걸었다. 두 사람 모두 명문인 예일대를 나오고 조종사로 군 복무를 마쳤으며 석유채굴업에 종사하다 정치에 뛰어들었다. 그러나 성격은 판이하였다. 부시 주지사는 아버지보다 서민적이면서 보스 기질이 있어 어머니 바버라 여사를 닮았다.

무엇보다도 부시는 지식인인 체하는 태도를 경멸했다. 그는 거창한 아이디어란 존재하지 않는다고 믿었다. 직관적으로 자신이 옳다고 판단한 것에 대해서는 추호도 의심도 하지 않았다. 『뉴욕타임스』의 분석에 따르면, 이 때문에 부시는 정치 경력이 일천함에도 불구하고 선거운동을 하면서 손쉽게 놀라운 지지와 천문학적인 정치자금을 거머쥘 수 있었다.(홍은택 1999c) 아닌 게 아니라 많은 사람이 아버지와는 다른 부시만의 장점을 지적했다. "그는 부친이 못 가진 훌륭한 자질이 있다. 배짱 좋고 매사에 활기 넘치는 태도, 뛰어난 정치 감각, 사람을 푸근하게 만드는 유머 감각 등"이라는 평가도 나왔다.(이기동 1999)

부시는 1999년 11월 5일 작은 망신을 당했다. 보스턴 WHDH 텔레비전과의 회견 도중 인도, 파키스탄, 체첸, 대만 등 4개 분쟁 지역의 국가원수 이름을 대보라는 '기습 퀴즈'에 모두 정답을 내놓지 못한 것이다. 부시는 대만의 경우에도 리덩후이(Lǐ dēnghuī) 대신 '리'라고 성만 댔다. 당시 대통령 빌 클린턴은 ABC 방송의 〈굿모닝 아메리카(Good Morning America)〉에 출연, "미 대통령은 세계정세를 잘 알고 정책을 세워야 하는 자리"라며 "부시는 하루빨리 분쟁 지역 지도자 이름쯤은 알아둬야 할 것"이라고 충고하기도 했다.(이현상 1999)

부시는 무언가 억울하다는 생각이 들었던지 스스로 자신이 똑똑하다는 주장을 내놓았다. 그는 『타임(Time)』과의 인터뷰에서 "나는 천재는 아니지만 지도자가 될 정도의 총기는 있는 사람"이며 "나는 건전한 상식과 훌륭한 직관력을 지녔으며 이것이 바로 미국인이 바라는 지도자의 덕목"이라고 주장했다.(김태윤 1999b)

일리 있는 말이긴 하다. 부시는 시사 상식은 엉망이었지만 자신과 직접적인 관련이 있는 사람 이름은 귀신같이 잘 외웠다. 거의 천재 수준이었다. 리더십이라는 게 뭔가? 그건 바로 '사람 장사'다. 그러니 사람 이름 잘 외우는 것 이상 중요한 게 어디에 있겠는가? 사실 부시가 부모에게서 배운 최대의 가르침은 바로 '사람 장사'에 관한 것이었다. 부시 가문의 '취미'는 사람들에게 간단한 메모나 편지를 보내는 것이었다고 해도 과언이 아닐 정도였다. 부시 가문의 독특한 취미에 대해 미첼(Mitchell 2001)은 다음과 같이 말한다.

"조지 W의 아버지는 중독이라고 할 정도로 간단한 메모를 즐겨 하는 사람이었다. 그는 평생 자신의 이름이 박힌 메모지를 가지고 다니면서, 틈만 나면 간단한 인사나 상처받은 자존심을 달래주는 메모를 보냈다. …… 조지 부시는 늘 편지지와 필기구를 지니고 다니면서 어느 곳에서든지 틈만 나면 새로 알게 된 사람들에게 편지를 썼다. 그는 두 아들 젭과 조지 W에게도 그렇게 하도록 가르쳤는데, 그래서 그런지 조지 W는 1978년 자신의 첫 의원 선거전 때 엄청난 카드를 써서 발송했다."

조지 W. 부시는 처음 대선출마 선언을 하고 선거자금 모금을 할 때에도 5000명에 이르는 각계 인사에게 편지를 보냈는데, 부시의 모금

편지 리스트는 바로 어머니인 바버라의 크리스마스카드 발송자 리스트였다.(최규장 1999) 이 정도면 부창부수(夫唱婦隨)라 아니할 수 없겠다. 조지 W. 부시는 아버지 부시의 선거전 개입에 관한 추측과 언급이 나오자 "그분은 정치 컨설턴트가 아닙니다. 그분은 제 아버지입니다"라고 말했다.(Dole 2007)

"나는 진정한 리더십은 더하기를 하는 과정이고, 나누기하는 행동은 아니라고 믿습니다. 나는 이 나라의 한 부분을 공격하지 않을 것입니다. 이 나라 전체를 이끌고 싶기 때문입니다." 2000년 8월 3일 부시(Bush 2000)가 필라델피아에서 열린 공화당 전당대회의 대통령후보 수락연설에서 한 말이다. 참으로 아름다운 말이다. 그러나 곧 이후 역사가 말해주겠지만, 그는 '더하기' 보다는 '나누기'에 더 능한 지도자였다.

참고문헌 Bush 2000·2001, Dole 2007, Lind 2003, Miller 2003, Mitchell 2001, 강준만 외 1999~2003, 국민일보 1999, 김병찬 1999, 김태윤 1999b, 변창섭 1999a, 이기동 1999, 이미숙 2004b, 이현상 1999, 정은령 2003, 최규장 1999, 홍은택 1999b·1999c

2000년 대선
제43대 대통령 조지 W. 부시

부시즘과 '유대인 이슈'

"우리가 승리하면 클린턴의 4년 통치를 종식시키는 것이다." 대선 유세에서 나온 조지 W. 부시의 주장이다. 그런데 클린턴은 8년째 집권 중이었다. 또 부시는 농민들에게 각국의 관세 및 무역장벽 철폐를 약속하면서 관세(tariffs) 대신 테러(terrors)라는 단어를 사용하는 실수를 저질렀다. 관세 철폐가 아니라 농민들을 위해 테러를 철폐하겠다는 꼴이 되어버렸다.(김경홍 2002)

이런 실언이 잦아 부시즘(Bushism)이란 말까지 생겨났다. 대선 기간 중 특히 유권자들의 질문에 일관성 없이 헛소리를 해대는 부시를 두고 만들어진 말이다. 부시즘은 부시의 틀린 문법부터 일관성 없는 말에 이르기까지 다양한 것을 묘사하는 개념이다.

2000년 9월 4일에는 부시가 자신을 취재하는 『뉴욕타임스』 기자에 대해 상소리를 섞어 험담해 구설에 올랐다. 그는 일리노이 주 네이퍼

연설 중인 조지 W. 부시.

빌(Naperville)에서의 연설에 앞서 『뉴욕타임스』의 애덤 클라이머(Adam Clymer) 기자가 취재 온 것을 보고 옆에 있던 딕 체니(Dick Cheney) 부통령 후보에게 "저기 『뉴욕타임스』에서 온 지겹게 싫은 놈이 있다"고 말을 건넸고 체니 후보는 이에 맞장구를 쳤는데, 마이크가 꺼진 것으로 생각하고 나눈 이들의 대화는 청중에 그대로 전달됐다는 것이다.

파문이 일자 부시 후보의 공보 책임자인 캐런 휴스(Karen Hughes)는 "두 분이 사적인 대화를 나눈 것으로 공식적인 논평은 아니며 부시 후보가 그동안 불공정하다고 여긴 기사를 쓴 기자에 대해 말한 것일 뿐"이라고 해명했다. 이에 『뉴욕타임스』 측은 "클라이머 기자의 기사는 공정하고 정확했다"며 "기사에 문제가 있다고 생각하면 우리에게 직접 연락하라"고 반박했다. 당사자인 클라이머 기자는 "부시 후보의 언행에 매우 실망했다"고 밝혔다. 부시의 발언은 그동안 누적된 감정이 표출된 것으로 해석되었다. 『뉴욕타임스』는 공화당 예비선거 당시 부시 대신에 존 매케인 상원의원에 대한 지지를 표명했으며 이후에도 사설을 통해 부시가 텔레비전 토론에 소극적인 태도를 보이는 것 등을 비판했다.(한기흥 2000)

전반적으로 보아 부시즘은 부시에게 아무런 타격을 입히지 않았다. 아니 오히려 정반대 결과가 나타났다. 언론은 부시즘보다는 현학적인 기질이 농후한 민주당 대통령 후보 앨 고어(Al Gore)의 어법을 더 싫어했다. 마크 크리스핀 밀러(Mark Crispin Miller 2003)는 "저널리스트들은 광고 내용, 텔레비전 뉴스, 아주 간단한 선전광고보다 복잡한 내용으로 시청자를 끌어당기려는 고어에게 분개한 것처럼 보였다"며 다음과 같이 말했다.

"그들은 사안에 대해 많이 알고 길게 답변한다는 이유로 클린턴에게 했듯이 고어에게 냉소적이 되었다. 한편 서툴고 조리 없는 부시는 문자 그대로 자신들의 스타일이었다. 끝없이 캐치프레이즈를 반복하고 쉽게 웃음을 자아내는 실수를 하는 부시는 언론인 눈에는 대통령에 적합한 텔레비전 언어로 말을 하는 것처럼 보였다."

2000년 대선에서 에너지 · 철강 · 항공우주업계 등 실물산업은 공화당 후보 부시를, 골드만 삭스 등 유대계 금융자본은 민주당 후보 고어를 지원했다. 클린턴 행정부에서 유대인들은 열 명의 상원의원과 다섯 명의 행정부 각료, 두 명의 대법관을 배출했다. 재무장관 로버트 루빈(Robert Rubin), 그의 후임 로렌스 서머스(Lawrence Summers), 국방장관 윌리엄 코언(William Cohen), 국무장관 매들린 올브라이트(Madeleine Albright) 등은 모두 유대인이었다. 그런 분위기 때문이었는지 고어는 2000년 8월 7일 러닝메이트로 유대인인 코네티컷 상원의원

조지프 리버먼(Joseph Lieberman)을 택했다.

리버먼은 빌 클린턴 대통령의 르윈스키 스캔들을 민주당에서 가장 먼저 비판한 인물이기도 했다. ABC 여론조사에서는 유권자들의 70퍼센트가 리버먼에 대해 호감을 보인 반면 그가 유대교인이라는 점에 대해서는 17퍼센트만이 부정적인 반응을 보였다. 고어는 리버먼을 지명하면서 "지난 1960년 존 F. 케네디 대통령 당선에 이어 또 하나의 혁명을 이루자"고 했지만, 간발의 차로 그 혁명은 불발로 끝나고 만다. 대선에서 승리한 조지 부시는 초대 행정부 각료진에 유대인을 단 한 명도 포함시키지 않는다.(강효상 2002, 유승우 2002c, 주용중 2000)

플로리다 주의 대혼란

2000년 11월 7일 선거 당일 늦은 밤, 네트워크 방송사들은 대통령 당선에 필요한 선거인단을 확보했다며 플로리다 주에서 앨 고어의 승리를 선언했지만, 곧 그 발표를 철회했다. 플로리다 주 개표 혼란 때문이었다. 플로리다 주지사는 부시의 동생 젭 부시인지라 화제성을 더했다. 플로리다 주의 개표 결과가 아직 나오지 않은 상태에서 고어는 부시에 일반 득표율도 앞섰고 선거인단 수에서도 255대 246으로 앞서고 있었다. 당선에 필요한 선거인단 수는 270명이었기에 선거 결과는 선거인단 25명이 걸려 있는 플로리다에 달려 있었다.

11월 8일 새벽 2시 CNN 등 미국의 주요 방송들은 부시 후보가 플로리다 주에서 승리, 선거인단 271명을 확보해 당선이 확정됐다고 긴급 보도했으며, 고어 후보도 부시 후보에게 당선 축하전화를 건네 21세기 미국의 첫 대통령이 결정되는 듯했다.

그러나 플로리다 주에서 두 후보의 표 차이가 자동 재검표 요건인 총 투표의 0.5퍼센트 내로 줄어들자 CNN은 2시간여 만에 당선 보도를 취소하는 등 혼란이 빚어졌고 대선의 향방이 불투명해지기 시작했다. 플로리다 주 선거관리위원회는 8일 두 후보의 표 차이가 1784표밖에 나지 않자 주법에 따라 자동 재검표를 실시하며, 재검표 결과를 17일 완료되는 해외 부재자투표의 개표 결과와 합산, 승자를 발표하겠다고 밝혔다.

고어는 플로리다 주의 상황이 혼전이라는 말을 듣자 패배 인정 결정을 철회했다. 고어 후보 측은 9일 민주당의 강세 지역이자 '나비형' 투표용지 문제로 개표 논란을 빚고 있는 팜비치, 마이애미-데이드 등 4개 카운티에서 수작업 재검표를 할 것을 요구했다. 투표지에 펀치로 구멍을 뚫는 투표 방식 때문에 투표용지에 혼선을 일으켜 엉뚱한 곳에 투표를 한 사람들, 실수해놓고 투표용지를 바꾸지 않은 채 구멍을 두 번 뚫은 사람들이 많았기 때문이다.

코미디언들 사이에서는 이른바 '구멍 개그'가 유행했다. NBC의 〈투나잇 쇼(Tonight Show)〉 진행자 제이 레노(Jay Leno)는 "왜 고어 지지표 가운데 구멍이 제대로 안 뚫린 표가 이렇게 많은지 모르겠다. 클린턴이 후보였다면 이런 (구멍이 안 뚫리는) 일은 없었을 것"이라며 클린턴의 난잡한 여성 행각을 꼬집었다. 한 라디오 코미디쇼에서는 기자와 한 여성 유권자 사이의 대화가 연출되었다. "당신은 투표용지에 구멍을 잘못 뚫었다고 했는데, 당신 남편도 구멍을 잘못 뚫었습니까?" "물론이죠. 그 인간은 지난 30년간 내 구멍을 한 번도 제대로 뚫은 적이 없다구요!" (김연광 2001, 조화유 2001).

시청취자들은 이런 개그에 박장대소(拍掌大笑)했겠지만, 당사자들에게는 '구멍'이 당락(當落)을 뒤바꿀 수 있는 중대 사안이었다. 부시 후보 측은 11일 수작업 재검표를 금지해줄 것을 마이애미 연방법원에 제소, 지루한 법정공방전을 예고했다. 팜비치 선관위는 12일 공화당의 제소에도 불구, 카운티 전역에 수작업 재검표를 실시할 것을 명령했으며 볼루시아 등 나머지 세 개 카운티에서도 수작업 재검표가 시작됐다. 게다가 마이애미 연방지법은 13일 부시 후보 측의 수작업 재검표 금지 소송을 기각, 고어에게 수작업 재검표를 통한 역전의 꿈을 심어줬다.

재검표가 진행되고 있는 가운데 캐서린 해리스(Katherine Harris) 플로리다 주 국무장관은 13일 오전 각 카운티의 개표결과를 예정대로 14일 오후 5시까지 준수하라고 전격 지시했다. 이에 대해 민주당 측은 즉각 수작업 재검표 마감 연기 소송을 제기했으나 리언 카운티 순회법원의 테리 루이스(Terry Lewis) 판사는 14일 마감시한을 지키라고 판결했다. 루이스 판사는 그러나 해리스 장관이 건전한 재량권을 발휘, 마감시한 이후의 정정보고를 받아들일 수 있다고 덧붙여 추후 수작업 재검표결과 수용 여지를 열어뒀다.

고어 후보는 15일 오후 워싱턴에서 세 개 카운티의 수작업 재검표 결과를 수용하든지 아니면 수작업 재검표를 주 전체로 확대해 실시하자며 부시 후보 측에 정치적 타결을 제안했으나 부시 후보는 이를 거절했다. 해리스 장관은 15일 수작업 재검표를 반영치 않겠다고 발표했으며, 리언 카운티 순회법원도 17일 주 국무장관의 수작업 재검표 수용거부 결정은 정당하다며 고어 후보 측의 소송을 기각, 해외 부재자투표가 대선 당락의 향배를 결정하게 됐다. 부시 후보는 해외 부재자투표 개표를 포함해 고어 후보에 930표 앞선 것으로 나타났다.(최기수 2000)

연방대법원이 결정한 대선

그러나 주 대법원은 11월 17일 고어 측의 긴급 상고를 받아들여 최종판결이 날 때까지 선거결과를 발표하지 말도록 주 선거 당국에 명령, 승자 선언이 또다시 연기됐다. 주 대법원은 21일 심리에서 만장일치로 수작업 재검표 결과를 26일 오후 5시까지 최종집계에 포함하라고 판결, 고어 후보에 희망을 주었다. 부시 후보는 22일 주 대법원의 판결에 대해 연방대법원에 상고했다.

 마감시한 연장 판결에도 불구하고, 마이애미-데이드의 선관위는 22일 시한 내에 수작업 재검표를 완료하지 못한다며 수작업 재검표를 전격 중단했으며, 고어 후보 측은 주 대법원에 마이애미-데이드에서 수검표를 재개토록 명령해달라고 소송을 제기했으나 주 대법원은 23일 이를 기각했다.

 고어 후보 측은 수작업 재검표에서 기대만큼 몰표가 나오지 않자 천공 자국만 난 딤플(dimple) 표에 대해 소송을 제기했으며 팜비치 카운티 순회법원은 22일 딤플 표를 수작업 재검표에 포함하라고 판결했다. 주 선관위는 26일 최종개표 결과 부시 후보가 537표 차로 고어 후보를 물리치고 선거인단 25명을 차지했다고 발표했다. 해리스 장관은 이날 마감시한까지 수작업 재검표를 완료치 못한 팜비치의 마감시한 연장 요청을 거부하고 기존의 기계 검표결과만을 최종집계에 포함했다. 부시 후보는 이날 주 선관위의 발표 후 대선 승리를 선언하며 정권 인수 작업에 들어간다고 밝혔다. 이에 고어 후보 측은 주 선관위의 최종개표결과는 팜비치의 수작업 재검표 결과를 반영치 않아 불복한다고 밝히며 27일 리언 카운티 순회법원에 주 선관위 인증 선거결과에 대해 이의를 제기, 법원이 다시 대선 당락의 판정자로 나서게 됐다.

리언 카운티 순회법원의 샌더스 솔즈(N. Sanders Sauls) 판사는 12월 4일 마이애미-데이드와 팜비치의 1만 4000여 논란 표에 대한 수작업 재검표를 촉구한 고어 측의 소송을 기각했으며, 고어 후보는 판결 직후 즉각 주 대법원에 상고했다. 연방대법원도 같은 날 수작업 재검표를 위해 마감시한을 연장한 주 대법원의 판결을 파기 환송했다.

주 대법원은 8일 4대 3으로 모든 카운티의 논란표에 대해 수작업 재검표를 즉각 실시하고, 보고시한을 넘긴 팜비치 카운티 등의 개표 결과도 최종집계에 포함하라고 판결, 두 후보 측의 희비가 엇갈렸다. 그러나 연방대법원은 12월 9일 부시 후보 측의 긴급 청원을 받아들여 5대 4로 수작업 재검표 중지명령을 내려 하루 만에 다시 희비가 교차했다.(최기수 2000)

12월 12일 오전 10시 35일간의 격렬한 쟁투 끝에 연방대법원은 마침내 재검표를 명령한 플로리다 주 대법원의 판결을 취소하는 판결을 내렸다. 미국 역사상 처음으로 연방대법원이 대선 결과에 결정적인 역할을 한 것이다. 12월 13일 텔레비전으로 생중계된 연설에서 앨 고어는 부시에게 또 한번 패배를 인정했다. 이로써 존 퀸시 애덤스(John Quincy Adams, 1767~1848) 이래 처음으로 부자(父子) 대통령이 탄생했다. 같은 날 부시는 연설에서 "우리의 표는 다를지 몰라도 희망은 다

르지 않습니다. 나는 미국이 융화와 단합을 원한다는 것을 압니다"라고 말했다.(Donaldson 2007)

샌드라 데이 오코너가 결정한 대선

그러나 뒷맛은 영 개운치 않았다. 연방대법원 내에서도 양측 이견이 좁혀지지 않은 채 깊은 감정의 골을 드러내 최고 권위를 지닌 사법부의 명예에 흠을 내고 말았다. 일단 대법관들은 플로리다 주 수작업 재검표에 헌법적으로 문제가 있다는 데는 모두 동의했지만 구체적인 해결책과 다음 단계의 조치에 대해서는 의견이 첨예하게 엇갈렸다.

연방대법원은 보수와 진보 성향이 엇비슷하게 섞인 아홉 명으로 구성돼 있었다. 윌리엄 렌퀴스트(William Rehnquist) 대법원장과 앤터닌 스캘리아(Antonin Scalia), 클래런스 토머스(Clarence Thomas), 앤서니 케네디(Anthony Kennedy) 등 네 명의 보수 진영은 부시의 손을 들어줄 것이 확실시됐다. 반면 루스 베이더 긴즈버그(Ruth Bader Ginsburg), 스티븐 브레이어(Stephen Breyer), 데이비드 수터(David Souter), 존 폴 스티븐스(John Paul Stevens) 등 진보 성향의 네 명은 이에 반대할 것이 뻔했다.

문제는 캐스팅 보트를 쥔 샌드라 데이 오코너(Sandra Day O' Connor) 대법관이었다. 그는 보수 성향으로 분류되는 인물이었지만 낙태・사형제도 등 중요한 사회적 이슈에서 한쪽에 쏠리지 않는 중도적 태도를 보이며 대법원 판결에서 결정적인 스윙보트 역할을 해왔다. 오코너는 이 '세기의 판결'에서 보수의 편에 섰고 부시는 5대 4의 대법원 결정으로 대통령이 될 수 있었다.(유신모 2008a)

소수의견을 냈던 스티븐스 대법관은 판결 후 개인적인 성명을 통해 이 결정에 대해 개탄하고 나섰다. "올해 대통령선거 승자의 신원은 확언할 수 없을지 모르지만 패자의 신원은 명백하다. 패자는 바로 우리들이자 불편부당한 법률의 수호자인 재판관에 대한 국가의 신뢰다. 또 일부에서는 평소 주 정부 권한 확대를 주창하던 보수계 대법관들이 이번에는 주 대법원의 결정을 뒤엎었을 뿐 아니라 스스로 정치화하는 잘못을 저질렀다는 비난을 피하기 어렵다고 지적하고 있다."(최진환 2000)

1년여가 지난 2001년 1월 27일 『워싱턴포스트』는 고어가 패배한 것은 플로리다 주에서의 혼란스러운 투표방법과 유권자들의 기표 착오가 주요 요인이었다고 보도했다. 플로리다 주의 전체 투표수 약 600만 표 중 개표 결과가 컴퓨터로 처리된 270만 표를 분석해 보니 두 명 이상의 후보에게 기표해 무효 처리된 오버 보트(over vote) 수에서 고어 후보의 이름이 포함된 수가 조지 W. 부시 공화당 후보의 이름이 포함된 수보다 3배 정도 많았다는 것이다.

고어 후보는 플로리다 주의 공식 개표 결과 537표 차로 졌는데, 전체 오버 보트 중 고어 후보의 이름이 포함된 수는 4만 5608표, 부시 후보의 이름이 포함된 수는 1만 7098표로 유권자들의 기표 착오 등으로 인해 고어 후보가 부시 후보보다 큰 피해를 보았음이 확인됐다. 가장 대표적인 오버 보트의 유형은 고어 후보와 진보당의 해리 브라운(Harry Browne, 1933~2006) 후보에게 함께 기표한 것으로, 그 수가 6864표나 됐다. 또 고어 후보와 개혁당의 패트릭 뷰캐넌(Patrick J. Buchanan) 후보에게 함께 기표한 무효표는 6300표였다. 이는 이른바 나비형 투표용지로 논란을 빚은 팜비치 카운티에서 특히 많이 나왔다.

민주당 지지자들의 기표 실수가 많았던 것은 미국에 온 지 얼마 안 된 이민자들과 처음 투표하는 유권자가 많았기 때문으로 분석됐다. 또 공화당 성향의 선거구에서는 유권자가 정확히 기표했는지를 확인하는 투표방식이 많이 사용됐으나 민주당 지지자들은 그런 투표방식이 없는 선거구에 주로 거주하는 것으로 나타났다.

민주당은 어느 후보에게 투표했는지를 개표기가 판독하지 못해 무효처리된 언더 보트(under vote)의 재검표만을 요구했을 뿐 오버 보트에 대해서는 문제 삼지 않았었는데, 『워싱턴포스트』는 "플로리다 주의 선거문제는 채드(chad; 펀치형 투표지의 천공 조각)로 인한 무효표 발생보다는 수만 명의 유권자가 기표방법에 혼란을 느낀 것"이라고 지적했다.(한기홍 2001a)

"엘리안 곤살레스가 앨 고어를 패배시켰다"

2000년 대선 결과에 대해 "엘리안 곤살레스가 앨 고어를 패배시켰다"는 말도 나왔다. 이른바 '곤살레스 사건'은 엘리안 곤살레스(Elian Gonzales)라는 여섯 살 먹은 쿠바 소년이 어머니와 함께 부서지기 직전의 배를 타고 미국에 정치적 망명을 하기 위해 쿠바를 탈출한 1999년 11월로 거슬러 올라간다.

곤살레스가 탄 배는 플로리다 해안에 닿기 전에 가라앉았고 어머니는 익사했다. 곤살레스는 기적적으로 살아남았는데, 바로 여기서 외교정책상의 딜레마가 발생했다. 플로리다까지 도달하지 못한 쿠바의 난민들은 대개 미국 해안경비대에 발견돼 되돌려 보내진다. 그러나 당시 고아로 보였던 곤살레스는 되돌려 보내지는 대신 플로리다에 사는 친척의 손에 맡겨졌다. 카스트로(Fidel Castro)를 증오하는 마이애미의 쿠바인들은 곤살레스를 탄압으로부터의 해방이라는 강력한 상징으로 받아들였다.

그런데 쿠바에 살고 있던 곤살레스의 아버지가 나타나 아이를 돌려달라고 요구하고 나섰다. 여론조사에서 미국인들이 압도적으로 이 아이의 송환을 원하고 있는 것으로 나타났다. 고어는 2000년 4월 4일 오전 "어느 누구도 아버지의 양육권을 부정하지 않는다"며 송환을 지지했다. 그러나 점심 식사를 하면서 마이애미의 쿠바인들이 강력한 표밭이라는 데에 생각이 미친 그는 곧 다른 태도를 보였다. 고어는 그날 오후에 "이 아이에게 무엇이 최선인가에 초점을 맞춰보자. 그리고 피델 카스트로가 아이의 아버지를 대변하고 위협하며, 아들을 만나기 위해 이리로 오는 것을 막으면서 상황을 이용하게 하지 말자"고 주장했다.

미국에 정치적 망명을 하기 위해 쿠바를 탈출한 곤살레스를 체포하는 미군 연방요원. © aveoree

고어는 심지어 곤살레스에게 영주권을 주어야 한다고 주장하기까지 했다.

그러나 마이애미의 쿠바인들은 고어의 변심을 믿지 않았다. 결국 무장한 연방요원들이 곤살레스를 체포하여 쿠바에 돌려보낸 후 마이애미의 쿠바인들 사이에서는 고어에 대한 강한 반감이 일어났다. 반면 조지 부시는 일관되게 곤살레스가 미국에 남아야 한다고 주장했기에, 쿠바인들은 고어에 대한 '응징 투표'를 주장하며 표를 부시에게 몰아준 것이다.(Zonis 외 2004)

정치를 대체한 종교

고어의 패인(敗因)이 무엇이든 2000년 대선은 1888년 이래 일반 득표율에서 앞선 후보가 선거인단 투표에서 패배한 최초의 사례가 되었다. 최종적인 공식 투표 결과는 고어가 5100만 3894표(48.4퍼센트), 부시가 5049만 5211표(47.89퍼센트)로 양측의 표차는 불과 50만 8683표, 비율로는 약 0.5퍼센트의 차이였다. 그러나 공식적인 선거인단 수는 부시가 271명, 고어가 266명이었다. 녹색당 후보 랠프 네이더는 전국 투표율의 3퍼센트에도 미치지 못하는 283만 4410표를 얻었지만, 플로리다에서만 9만 7488표를 얻었다. 그래서 고어가 네이더 때문에 졌다는 말도 나왔다.(Davis 2004)

다수가 선호함에도 대통령이 되지 못하는 나라. 미국의 독특한 선거인단제도 문제가 다시 불거졌다. 직접투표 다수 득표자와 대통령 당선자가 다르게 나타나는 '분리투표'가 1824년과 1876년, 1888년에 이어 네 차례 발생했으니, 어찌 말이 없으랴. 제3당을 무시하는 제도라는 비판도 제기되었다. 1992년 선거에 출마했던 로스 페로(Ross Perot)는 전체 투표의 19퍼센트를 얻었지만 선거인단은 단 한 명도 확보하지 못했다.(윤국한 2000)

문제의 핵심은 선거인단이 갖는 표의 불평등성이었다. 예컨대, 선거인단에서 와이오밍 주민의 표는 캘리포니아 주민의 표와 비교할 때 4배의 가치를 가졌다. 가장 작은 10개의 주는 엄격하게 인구에 비례해서 할당되는 경우에 비해 두세 배나 많은 선거인단을 뽑고 있는 셈이었다. 미국인 다수가 선거인단 제도의 개혁을 지지했기 때문에 1989년 선거인단 제도를 폐지하고 그 대신 국민의 직접투표를 통해 대통령을 선출하도록 하는 헌법 개정안이 하원에서 338대 70, 즉 83퍼센트의 압도적 지지로 통과되었지만, 1년 뒤 상원에서 무산되고 말았다.(Dahl 2004) 이에 대해 정태익(2000)은 다음과 같이 말한다.

"그러나 현 제도는 연방제라는 미국 국가체제와 미국 헌법에 따른 것. 선거제도를 바꾸자는 것은 곧 헌법을 개정하고 국가체제를 뒤흔드는 것으로 받아들여진다. 정치인들로서는 큰 부담이 아닐 수 없다. 총 득표에서 앞선 고어가 선거인단 수에서 지더라도 이를 받아들이겠다고 밝힌 것도 헌법제도를 지켜야 한다는 부담 때문으로 보인다."

정치에 대한 혐오와 불신도 심각했다. 2000년 12월 갤럽 여론조사에 따르면, 미국인의 42퍼센트가 "민주·공화 양당을 모두 지지하지 않는다"고 대답했다. 그런 상황에서 종교가 투표의 주요 변수가 되었다. 훗날(2004년 8월), 시사 월간 『애틀랜틱(Atlantic Monthly)』은 2000년 대선 분석결과를 근거로 어떤 종교를 믿고 신앙이 어느 정도 깊으냐에 따라 지지 정당이 갈리는 등의 '종교 격차(religion gap)'가 심화되고 있다고 보도했다.

이 기사에 따르면, 미국인들은 교회를 다니는 횟수가 많을수록 공화당 지지 성향이 강한 반면 종교를 갖지 않거나 교회에 나가는 횟수가 적은 사람일수록 민주당 성향을 지닌 것으로 조사됐다. 1주일에 한 번 교회를 나가는 사람 중에서 부시를 지지한 사람은 57퍼센트였지만 고어에게 표를 던진 사람은 40퍼센트에 그쳤다. 더욱이 교회를 1주일에 한 번 이상 가는 사람 중에서는 63퍼센트 대 36퍼센트의 비율로 공화당 지지율이 높게 나타났다. 또 교회를 전혀 나가지 않는 사람들은 압도적으로 민주당 후보를 밀고 있는 것으로 조사됐다.(국기연 2004)

이와 관련, 마이클 린드(Michael Lind 2003)는 2000년 대선 직전 '공화당의 남부화'가 완료돼 있었다는 사실에 주목했다. 다른 지역에서 민주당과 무소속 후보들에게 의석을 빼앗기며 위축되어가는 공화당을 마침내 남부 우파가 장악함으로써 '링컨 당'이 '제퍼슨 데이비스 당'으로 뒤바뀌었다는 것이다.(제퍼슨 데이비스는 남북전쟁 당시 남부연합의 대통령이었다.)

린드는 "부시는 1844년 제임스 녹스 포크(James K. Polk, 1795~1849) 이래 남부 보수주의자로서는 최초로 대통령에 당선된 인물이다. 물론 그동안 남부 출신의 대통령이나 보수주의자 대통령들은 있었다. 하지만 그동안의 남부 출신 대통령들은 보수주의자가 아니었고, 보수주의자 대통령은 남부 출신이 아니었다"며 다음과 같이 말한다.

"남북전쟁 후 남부에서 태어나고 자라난 윌슨(Woodrow Wilson, 1856~1924)과 중서부 지방의 남부 토박이인 트루먼(Harry Truman, 1884~1872) 그리고 존슨(Lyndon Johnson, 1908~1973), 카터(Jimmy Carter),

클린턴 등 여러 남부 출신 대통령이 배출되었다. 하지만 윌슨부터 클린턴에 이르기까지 20세기 남부 출신 대통령들은 전국적인 기준에서는 항상 그렇진 않았지만, 적어도 남부의 기준에서 볼 때는 모두 진보적이거나 자유주의적이었다. 반면 비록 코네티컷 주 뉴헤이븐 태생이지만, 서부 텍사스의 반동적인 남부 백인 문화 속에서 성장한 부시는 이전의 대통령들과 그 성격을 달리한다. 부시는 최근 남부에서 배출된 대통령들보다 훨씬 보수적인 한편, 최근의 보수주의자 대통령들에 비해 훨씬 남부적이다."

부시의 이런 특성은 1980년대부터 이루어져 온 종교적 우파들과 신보수주의자들 간의 동맹을 견고하게 만들어주었다. 백인 남부 프로테스탄트 근본주의자들과 유대인 신보수주의자들 간의 동맹은 상호이익 증진을 위해 이루어진 편의적인 것이었지만, 점차 신념의 동맹으로 성장하는 모습을 보여주기도 했다. 반(反)유대주의가 꼭 반(反)이스라엘주의는 아니었다. 2002년 미국의 시오니스트 기구(Christian Zionism)는 반(反)유태인 발언으로 악명 높은 팻 로버트슨(Pat Robertson) 목사에게 상을 수여하는데, 그가 '열렬한 친(親)이스라엘파'라는 게 그 이유였다.(Lind 2003) 부시 시대에 꽃을 피울 종교적 우파들과 신보수주의자들 간 동맹의 작동 메커니즘을 시사해주는 사례라 할 수 있겠다.

온정적 보수주의

부시는 대선 유세에서 공화당의 보수주의에 신앙심을 결합시켜 약자와 소외계층을 보호하는 따뜻한 국가를 건설하겠다면서 이른바 '온정적 보수주의(Compassionate Conservatism)'를 제시했다. 이는 '대중을 포용하는 보수주의'라는 슬로건 아래 민주당의 전통적 이슈인 빈곤과 교육 문제를 선점하겠다는 것으로, "보수주의적 정책을 내세워 진보주의적 목적을 달성한다"는 클린턴 전략을 역이용하는 전략이었다.(Halstead & Lind 2002)

부시는 이미 1999년 인디애나 주에서 열린 최초의 정책설명회 자리에서 '온정적 보수주의'를 처음으로 언급했다. 20분 동안의 연설에서 그는 '온정(compassion)'이라는 단어를 15번이나 사용하면서 넓은 마음을 가진 작은 정부에 대해 역설했다. 1970년 노벨경제학상 수상자인 폴 사무엘슨(Paul Samuelson, 1915~2009)은 '온정적 보수주의'라는 구호가 유권자들에게 먹혀들어간 것을 부시의 승인(勝因)으로 꼽았다.(강효상 2002)

'온정적 보수주의'라는 용어를 만들어낸 사람은 부시의 국내 정책의 스승으로 불리는 텍사스대학의 언론학 교수 마빈 올라스키(Marvin Olasky)였다. 보스턴의 히브리어 교사의 아들로서 순수한 유대인인 올라스키는 프로테스탄트 근본주의로 개종하기 전에는 마르크스주의자였다. 예일대학 시절 반전 데모에 참석하면서부터 좌익에 경도돼 미국 공산당의 당원이 되었던 그는 어느 날 밤 레닌의 책을 읽다가 레닌이 틀리고 하느님이 존재할지도 모른다는 의문을 품게 돼 마르크스주의를 버리고 개종했다고 한다. 뉴트 깅리치(Newt Gingrich) 전 하원의장에 의해 처음으로 발탁된 올라스키는 1994년 텍사스 주지사 선거에서 부시 후보의 고문으로 활약했다.(Lind 2003, 김충남 2000)

부시의 대통령 취임 후, 백악관의 홈페이지는 '온정적 보수주의'를 다음과 같이 설명했다. "대통령은 취임 이후 온정적 보수주의를 자신의 통치 철학으로 사용해왔다. 행정부는 어린이 교육, 가정 내 빈곤 퇴치, 세계 빈국 지원 등 사회의 몹시 어려운 과제 가운데 일부와 맞서기 위해 움직여왔다. 어려운 우리의 시민을 적극적으로 돕는 것은 온정적이다. 대통령은 '큰 정부' 대 '무관심한 정부'라는 낡은 담론을 거부한다. 정부는 사람들에게 집중적이고 효과적이고 가까워야 한다. …… 가장 진실한 온정은 좀 더 많은 정부 지출에서가 아니라 시민들이 자신의 삶을 구축하도록 돕는 것에서 나온다. 이 철학의 목표는 돈을 더 적게 또는 더 많이 쓰는 게 아니라 효과가 있는 곳에만 쓰는 것이다."

부시는 한 연설에서 온정과 보수를 정책과 연관시켜 설명했다. 이 연설에 따르면, "감세는 보수적이고, 사람들에게 쓸 돈을 더 많이 주는 것은 온정적이다. 교육에서 학교, 높은 기준, 결과에 대한 통제를 주장하는 것은 보수적이고, 모든 어린이가 일기를 배우고 아무도 뒤처지지 않도록 확실히 하는 것은 온정적이다. 일하는 것을 주장함으로써 복지체계를 개혁하는 것은 보수적이고, 사람들을 정부에 대한 의존으로부터 해방시키는 것은 온정적이다. 잘못된 행동의 결과를 반영하도록 청소년법 조항을 개정하는 것은 보수적이고, 그런 원칙을 인정하면서 사랑을 함께하는 것은 온정적이다."

김지석(2004)은 "보수주의에 '온정적'이라는 형용사를 붙인 이유는 개인의 책임과 시장 원리를 강조하면서도 주로 종교단체를 통해 사회적 약자에 대한 지원을 계속하겠다고 하기 때문이다. 복지, 빈곤 퇴치, 교육 등 사회정책의 주도권을 이른바 '신앙에 기초한 기구'로 대폭 이전한다는 것이다. 기독교 우파의 주류가 이를 환영하는 것은 당연하다. 하지만 상당수 보수파는 종교단체의 자율성이 위협받는다며 반대하고 있으며, 리버럴 쪽에서는 사회복지를 해체하기 위한 중간 단계라고 비판한다"고 말했다.

온정적 보수주의는 어떤 결과를 낳았는가? 김지석은 "우선 복지예산이 삭감됐다. 아울러 부시 행정부와 종교단체가 지속적으로 동반자 관계를 유지해나갈 수 있는 틀이 만들어졌다. '종교적 성격이 강한 보수'를 제도화한 것이다"라고 지적했다.

클린턴 집권 8년의 결산

조지 W. 부시의 시대를 맞아 클린턴의 집권 8년을 어떻게 평가할 것인가? 클린턴은 대통령 자리에서 물러나기 직전 기회가 있을 때마다 116개월간의 사상 최장기 경제호황, 재정흑자와 재정부채 상환, 30년래의 최저 실업률, 2200만 개의 신규 일자리 창출, 26년래 최저 범죄율 등에 대해 얘기했다. 이승철(2001)은 "클린턴이 이 같은 업적을 쌓을 수 있는 계기는 1993년 앨런 그린스펀(Alan Greenspan) 연방준비제도이사회(FRB) 의장의 요청에 따라 재정부채 감소 정책을 채택하면서 마련됐다"며 다음과 같이 말했다.

"국방 및 복지예산 삭감을 내용으로 한 클린턴의 예산안은 여당인 민주당 의원 중에서도 이탈자가 있을 정도로 반발이 심해 간신히 1표 차이로 통과됐다. 당시 의석 분포는 상원 57석 대 43석, 하원 258석 대 176석(무소속 1석)으로 민주당이 절대 우세한 상태였다. 재정부채 감소 정책은 월스트리트에 심리적 안정을 주어 주가상승으로 나타났다. 이 때문에 경제호황은 그린스펀 덕이라는 주장도 있지만 그렇다고 해

1994년 1월 13일 정상회담을 위해 모스크바를 방문한 빌 클린턴 미국 대통령이 보리스 옐친 러시아 대통령 앞에서 색소폰을 연주하고 있다.

서 그린스펀의 제안을 수용하고 그의 금리정책에 전혀 간섭하지 않았던 클린턴의 업적을 부인하는 사람은 거의 없다."

이어 이승철은 "재정부채를 삭감하려는 노력은 이른바 '디지털 혁명'으로 뒷받침되면서 클린턴의 신경제는 사상 최장의 호황을 가져왔다. 이러한 경제호황은 개인 소득의 증가와 함께 범죄율 감소, 극빈층 700만 명 감소 등으로 이어져 사회분야에서도 클린턴은 좋은 점수를 얻고 있다"며 다음과 같이 말했다.

"여기서 관심을 끄는 것은 클린턴이 국내정책에서 보여준 이른바 중도적인 '제3의 길'이다. 대표적 제3의 길이 1996년 실업자들과 극빈자들에게 주는 수당을 축소하는 것을 주요 내용으로 한 복지정책 개혁이다. 이로 인해 사회복지기금 수혜자 숫자가 1410만 명에서 630만 명으로 줄어들어 재정부채 감소에 크게 도움을 받았지만, 로버트 라이시(Robert Reich) 당시 노동부 장관 등 민주당 본류로부터 많은 비판을 받았다. 긴축재정, 연방정부 축소 등도 클린턴이 취한 중도적 정책이다. 이사벨 소힐(Isabel Sawhill) 브루킹스 연구소 선임연구원은 '클린턴이 패러다임 이동을 잘 해냈다'면서 '이에 따라 유럽 등 다른 나라의 모델이 됐다'고 밝혔다."

클린턴에 대해 미국 언론은 어떤 평가를 내렸을까? 그의 집권 8년을 결산하는 대표적 단어는 '상충', '모순', '복잡' 등이었다. CNN 등의 여론조사에 따르면 미국민은 클린턴의 직무수행에 대해 61퍼센트가 '잘했다'고 응답했지만 그의 퇴임과 관련해서도 51퍼센트가 '기쁘다'고 답변했다. 『USA 투데이(USA Today)』의 정치분석가 빌 니콜스(Bill Nichols)는 "클린턴은 미 정치의 음과 양"이라며 "정치적 능력과 지성에서는 그 세대의 (농구 황제) 마이클 조던이면서 동시에 엄청난 결함투성이 인간"이라고 평가했다.

2009년 9월 퓰리처상 수상 작가인 테일러 브랜치(Taylor Branch)는 1993년부터 8년간 클린턴과 79차례 인터뷰를 한 내용을 담은 『더 클린턴 테이프(The Clinton Tapes)』를 발간했다. 브랜치는 클린턴과 앨 고어의 불화에 대해, "클린턴과 고어 전 부통령은 고어가 2000년 대선에서 진 후 2시간 동안 말다툼을 한 적이 있다"고 소개했다. 당시 클린턴은 자신이 아칸소와 뉴햄프셔 주 유세에 투입됐다면 민주당이 승리했을 것이라고 말했다. 이에 대해 고어는 "당신의 (르윈스키) 스캔들이 선거 내내 발목을 잡았다"고 반박했고, 이후 두 사람의 대화는 상호 비방전으로 격화됐다.(이혜운 2009)

고어가 클린턴을 배척하지 않았다면, 제43대 대통령은 부시가 아니라 고어가 될 수 있었을까? 모를 일이다. '상충', '모순', '복잡'은 클린턴의 집권 8년을 결산하는 대표적 단어들일 뿐만 아니라 미국 정치와 시스템을 말해주는 특성이기도 했다. 이 특성은 미국의 대기업들에겐 그들의 영토를 넓혀갈 수 있는 터전이기도 했다. 대기업 간의 합병 붐이 '민주주의의 최대 위협'이라는 말까지 나오게 되지만, 그 위협에 대처할 방법은 없었다. 그것이 미국이 숭배하는 '자유'의 영역이기도 했으니 말이다.

참고문헌 Dahl 2004, Davis 2004, Donaldson 2007, Halstead & Lind 2002, Kaplan 2001, Lind 2003, Miller 2003, Sloan 2004, Zonis 외 2004, 강효상 2002, 국기연 2004, 김경홍 2002, 김연광 2001, 김지석 2004, 김충남 2000, 유승우 2002c, 유신모 2008a, 윤국한 2000, 이승철 2001, 이혜운 2009, 장학만 2005a, 정태익 2000, 조화유 2001, 주용중 2000, 최기수 2000, 최진환 2000, 한기흥 2000 · 2001a

제2장
미국적 리얼리티의 문화정치학

'민주주의의 최대 위협' 인가?
타임워너-AOL 합병

종교가 된 '닷컴 광풍(狂風)'

2000년 대선의 대혼란은 미국 선거의 후진성을 폭로하는 세계적인 망신거리가 되었지만, 망신거리를 먹고 사는 미디어에는 호재였다. CNN의 경우 이 대선 소동 기간에 시청률이 2배 이상 증가하는 등 큰 재미를 보았다. 그러나 새 천 년을 맞아 미디어 세계에도 거대한 지각 변동이 일어나고 있었으니, 그것은 바로 인터넷을 중심으로 한 이른 바 '닷컴 광풍(狂風)'이었다.

뉴스광들이 CNN 대신 인터넷을 찾기 시작하면서 CNN 시청률은 1995년부터 하강곡선을 그리기 시작했다. CNN은 대선의 대혼란 기간에 재미를 보기는 했지만, 그 소동이 끝난 직후 '평화'가 찾아오자 기존의 주요 시간대 뉴스를 폐지하고 토크쇼를 편성하는 등 생존을 위한 몸부림을 쳐야만 했다.(Tyre 2001)

인터넷의 도전을 어떻게 넘어설 것인가? 그러나 어렵게 생각할 필요가 없는 일이었다. CNN도 인터넷과 같은 식구가 되면 될 것 아닌가. 그게 바로 2000년 1월에 발표된 CNN을 소유한 복합 미디어 그룹 타임워너(Time-Warner)와 최대의 인터넷 그룹 아메리카 온라인(AOL) 합병이다. 놀라운 것은 타임워너와 비교하면 5분의 1의 수입과 15퍼센트의 노동력을 지닌 AOL이 타임워너를 인수했다는 사실이다. 다른 닷컴 기업들처럼 새로운 인터넷 세상에서 엄청난 이윤을 창출해낼 수 있다는 기대 덕분에 AOL의 주가가 급등한 탓이었다.(Tabb 2001)

당시 미국을 강타한 '닷컴 광풍'은 어느 정도였던가? 박혜기(2000)에 따르면, "불과 몇 해 전만 해도 '또라이'로 무시당했을 황당한 공상가들의 아이디어가 소프트웨어라는 무형의 괴물을 창출해내고 날마다 미친 듯이 뭔가 만들어내기 때문에 이를 주도해온 미국의 주머니도 날마다 두둑해지고 있다. 컴퓨터, 웹사이트, 인터넷의 번성과 그에 따른 각종 하이테크 산업이 부수적인 판권(版權)과 더불어 뛰는 놈 위에 나는 놈 형태로 수 초마다 새롭게 개진(改進)된다. 새로 만들어지는 신종 언어(New Term)를 기억하는 것도 벅찰 정도다."

'닷컴 광풍'은 종교의 수준으로까지 나아갔다. 2000년 1월 샌프란시스코 모스코 컨벤션센터에서 열린 맥월드 엑스포에서 애플의 스티브 잡스(Steve Jobs)가 연설했다. 자신이 세운 회사에서 쫓겨난 후 15년 만에 복귀했기에 지지자들의 기대감도 컸을 것이다. 어떤 일이 벌어졌던가? 종교집회를 방불케 하는 한 장면을 감상해보자.

"청중은 벌떡 일어나 '스티브! 스티브! 스티브!'를 외치기 시작했다. 처음에 환호를 시작한 것은 애플의 소수 핵심 신도들이었다. 그들의 환호성에 강당 중앙에서 사방으로 퍼져나갔다. 박수 소리가 점점 빨라지더니, 어느 순간 청중은 발로 박자를 맞추기 시작했고 마침내 스티브 잡스에게 기립박수를 보냈다. '스티브! 스티브! 스티브!' 강당을 가득 메운 소음에 다른 소리는 모두 묻혔다. 무대에 있던 왕자 자신도 처음에는 무슨 일인지 몰라 어리둥절했다. 소리를 더 잘 듣기 위해 귀를 손으로 감싼 후에야 그는 무슨 일이 벌어지고 있는지 깨달았다. 수천 명의 애플 애호가들, 주주들, 개발자들, 신도들이 그가 듣고 싶어 하는 말을 하고 있었다. 청중 전부가 그에게 애정을 쏟아 붓고 있었다."(Young & Simon 2005)

타임워너-AOL-EMI 합병의 경제학

타임워너-AOL 합병으로 탄생할 새 회사의 자산 가치는 3500억 달러, 연간 매출액 규모는 300억 달러로 추산되었다. 합병으로 두 회사가 얻게 될 구체적인 이득과 소비자들에게 일어날 변화에 대해 김현기 · 김준술(2000)은 다음과 같이 말했다.

"AOL로서는 가입자 수 130만 명, 보급률 20퍼센트로 AT&T에 이어 미국 내 2위의 케이블 TV 네트워크를 자랑하는 타임워너의 케이블망을 통해 초고속 인터넷 서비스를 제공할 수 있다. 타임워너로서는 AOL의 막강한 온라인망을 이용해 서비스망을 확충하게 된다. 합병을 통한 비용절감 효과는 매년 10억 달러에 이를 것으로 보인다. …… (소비자들은) 인터넷을 통해 뉴스 · 엔터테인먼트를 동시에 제공받게 된다. AOL 가입자들은 타임워너의 케이블망을 통해 다양한 정보를 엄청나게 빨리 얻게 된다. 한 예로 AOL 가입자들은 세계 제2위의 음반 매출을 기록하는 타임워너의 콘텐츠를 이용해 자신이 원하는 노래를 언제든지 클릭 하나로 다운로드받아 들을 수 있게 된다."

당시까지 정보통신업계 5대 M&A는(괄호 속은 합병 규모와 일시) ① 타임워너-AOL(1820억 달러, 2000년 1월) ②AT&T-텔리커뮤니케이션 (699억 달러, 1998년 6월) ③AT&T-미디어원(631억 달러, 1999년 4월) ④ VIA-CBS(409억 달러, 1999년 9월) ⑤US웨스트그룹 분리매각(317억 달러, 1997년 10월) 등이고, 세계 5대 M&A는 ①타임워너-AOL(1820억 달러, 2000년 1월) ②VOD-만네스만(1486억 달러, 1999년 11월) ③MCI 월드컴-스피릿(1273억 달러, 1999년 10월) ④파이저-워너램버트(879억 달러, 1999년 11월) ⑤엑슨-모빌(864억 달러, 1998년 12월) 등이었다.

타임워너는 아메리카온라인(AOL)과의 통합을 발표한 지 2주 만에 영국의 거대 음반업체인 EMI와 200억 달러 규모의 합병에 합의했다. 이에 대해 『한겨레』(2000a)는 "두 회사의 합병으로 탄생할 '워너EMI 뮤직'은 1998년 말 폴리그램을 인수한 유니버설을 제치고 한 해 매출액 83억 달러의 세계 최대 음반업체가 될 전망이다. 또 이 회사는 AOL 망을 통해 음악파일 및 음반 판매에 적극적으로 나설 것으로 보여, 이미 빠르게 확산되고 있는 인터넷 음악 판매는 한결 가속도가 붙게 됐다"며 다음과 같이 말했다.

"매출 면에서 세계 4위인 워너뮤직그룹과 5위인 EMI의 합병으로 세계 음반시장은 워너EMI뮤직, 유니버설, 소니, 베르텔스만 등 4강 체제로 굳어지게 됐다. 음반업계 전문가들은 세 합병회사의 탄생으로 앞으로 음악은 인터넷을 통해 다운로드받는 형식으로 판매될 것이며, 이 같은 인터넷 음반 판매로 음반 업체들은 큰 이익을 얻을 수 있을 것이라고 전망했다. 워너뮤직은 현재 세계 음반 판매량의 15퍼센트를 점유하고 있으며 산하 음반 상표로 애틀랜틱, 엘렉트라, 워너브라더스레코즈, 워너뮤직 인터내셔널, 리노 등을 갖고 있다. 워너뮤직은 에릭 클랩튼(Eric Clapton), 셰어(Cher), 필 콜린스(Phil Collins), 마돈나(Madonna) 등을 전속 가수로 확보하고 있다. EMI도 산하에 버진, 프라이오티, 캐피털 레코드 등의 유명 상표를 갖고 있으며 비틀스(Beetles), 스파이스 걸스(Spice Girls), 롤링스톤스(The Rolling Stones), 프랭크 시나트라(Francis A. Sinatra, 1915~1998), 조지 마이클(George Michael), 티나 터너(Tina Turner), 재닛 잭슨(Janet Jackson) 등 유명 스타들과 계약을 맺고 있다."

'하이퍼 자본주의(hyper-capitalism) 시대'

2000년 2월 제러미 리프킨(Jeremy Rifkin 2000)은 『로스앤젤레스타임스(Los Angeles Times)』에 기고한 「새로운 자본주의가 문화를 상품으로 전락시킨다」라는 칼럼에서 아메리카온라인(AOL)과 타임워너의 합병 발표에 대해 "자본주의가 이제 인간문화를 상품화하는 초자본주의로 이행하고 있다"고 진단했다. 그는 "전 세계를 연결하는 커뮤니케이션 네트워크를 갖추고 있는 초국가적 미디어 회사들은 세계 곳곳의 문화자원을 캐내어 문화상품과 오락으로 재포장하고 있다. AOL-타임워너 같은 기업들은 사람들의 커뮤니케이션 통로를 통제하는 한편 영화·방송·인터넷을 통해 유통되는 문화콘텐츠를 형성함으로써 세계 모든 곳의 인간 경험에 영향을 미칠 수 있다. 인간 커뮤니케이션을 이처럼 장악한 경우는 역사상 전례가 없다"며 다음과 같이 주장했다.

"문화 자본주의의 새로운 세력은 전통음악과 춤, 지역 축제, 스포츠

행사에서부터 음식 문화에 이르기까지 남아 있는 모든 문화적 자원을 집어삼킨 뒤 재가공을 거쳐 수명이 짧은 상업성 오락, 흥미, 볼거리로 전락시킬 가능성이 크다. 인간이 축적한 문화적 다양성에 접근할 기회를 잃는다는 것은 인간의 미래에 재앙이 될 수도 있다. 세계 주민의 20퍼센트가 사이버 공간으로 이주하고 있는 반면 나머지 인류는 여전히 물질적인 궁핍에 허덕이고 있다. 세계 인구의 절반 이상은 인터넷은커녕 전화 한 통화도 건 경험이 없다. 인간의 상업 및 사회생활이 사이버 공간의 영역으로 옮겨가는 새로운 현상은 지구상의 주민들을 서로 격리시키고 있다. 사회학자 대니얼 벨(Daniel Bell)은 커뮤니케이션에 대한 지배가 힘의 근원이 될 것이고, 커뮤니케이션에 대한 접근이 자유의 조건이 될 것이라고 지적했다. AOL과 타임워너의 합병은 우리를 바로 그런 세계로 이끌고 있다."

이어 리프킨은 2000년 7월 『크리스천사이언스모니터(CSM; The Christian Science Monitor)』와의 인터뷰를 통해 '소비자(consumers)의 시대'에서 '고객(clients)의 시대'로 이행하고 있는 '하이퍼 자본주의(hyper-capitalism) 시대'가 도래했다고 주장했다. 그는 "사람들은 더 이상 우리 부모세대처럼 자동차나 집, 가전집기 등 물건을 구매한 것에 대해 말하지 않는다. 이제 그들은 여행이나 음식 음악 등 최근의 새로운 경험에 대해서 말한다"고 지적하고 "오늘날 상품(goods)은 경험을 제공하는 서비스로 변신하고 있다"고 분석했다.

리프킨에 따르면 컴퓨터, 로봇, 통신기기, 생명공학기술 등이 모든 산업 분야와 근무처에서 인간을 대치하고 있으며 이로 인해 도입된 첨단 기술은 인간의 삶에서 '재산'이나 '소유권'의 개념까지 변화시키고 있었다. 이 신시대의 인간들이 사는 것은 정신적인 각성이나 놀이 등이며 제한된 가족관계를 제외한 모든 활동이 경험의 구매행위로 나타난다는 것이다.

이러한 소유권의 극적인 전이 현상은 기업체뿐만 아니라 소비자들까지 변화시키고 있었다. 거대기업들은 속속 공장이나 그 외 각종 형태로 소유하고 있던 무거운 재산을 벗어던지며 변신을 꾀했다. 물건 양도에 따른 종래의 상호적 의무와 기대는 회원, 구독, 입장료나 회비 등의 계약에 의한 유료 서비스로 전환되었다. 거대한 규모의 다양한 서비스와 경험을 제공하는 기업들이 인간 존재의 모든 분야에 관여하며 이윤을 남기게 되고 소비자는 아무것도 소유하지 않은 소모품으로 전락할 위험이 있다는 것이다.

통계에 따르면 지구상에 있는 인간의 62퍼센트는 전화를 사용한 적이 없으며 40퍼센트는 전기를 쓰지도 못했다. 리프킨은 "이 새로운 시대를 가르는 연결자(회원)와 비 연결자(비회원) 사이의 간극은 양자 간의 교류가 불가능하기 때문에 무산계급과 유산계급과의 분리보다도 더 나쁘다"고 경고했다. 그러나 그는 인간을 차별하는 것은 기술이 아니라며 기술을 거부해서는 안 된다고 말했다. 아직까지 신기술의 논란은 소프트웨어와 하드웨어에 관한 논란이었으나 이제는 '인간이 기술혁명에서 원하는 것이 무엇이며 어떻게 대처해야 하는가'로 옮겨져야 한다는 것이다.(유숙렬 2000)

'권력의 집중은 민주주의의 최대 위협'

아메리카 온라인(AOL)과 타임워너의 합병에 대해 우려한 이들은 비단

리프킨과 같은 진보파만은 아니었다. 2000년 5월 『뉴욕타임스』의 보수적인 칼럼니스트 윌리엄 새파이어(William Safire 2000)조차 회의적이었다. 그는 "지난 10년간 탐욕스런 거대 미디어 업체들은 미디어 통합이야말로 '미래의 물결'이라고 선전해왔다. 이들은 다국적 미디어들의 통합을 통해서만 미국 기업들이 유럽 및 아시아의 독점 미디어들과 경쟁할 수 있다고 주장했다. 규모를 키움으로써 효율성을 높이고 소비자들의 비용을 줄이며 서비스를 향상시킨다는 논리다. 그러나 이는 실없는 얘기에 불과했다. 규모만 키운다고 시너지 효과가 발생하는 것은 아니다"라며 다음과 같이 비판했다.

"세계시장 장악을 꿈꾸는 미디어들에게 시청자를 얼마나 끌어들이느냐 하는 문제는 더 이상 의미가 없다. 오직 경쟁업체를 쓰러뜨리는 것만이 중요하다. …… 지속적으로 미디어 업체들의 통합을 승인해왔다는 점에서 의회나 규제를 담당하는 연방통상위원회(FTC; Federal Trade Commission) 등 정부기구는 이를 해결할 능력이 없는 것으로 보인다. 유일한 해결책은 강력한 반(反)독점 규제일 뿐이다. 공정거래위원회의 반독점 단속관들은 그동안 마이크로소프트(MS)에만 너무 매달려 AT&T와 미디어원, MCI와 월드컴 및 스프린트 등의 합병계획에 관심을 쏟지 못했다. 우리는 이 같은 거대합병이 이뤄지기 전에 그리고 이것들이 다시 분할되면서 엄청난 부작용을 야기하기 전에 이를 막아야 한다. …… 시청자들이 뉴스 시간에 보는 프로그램을 결정하는 권력의 집중이야말로 민주주의의 최대 위협이다."

그러나 그러한 '민주주의의 최대 위협'은 전 세계적으로 열풍처럼 번져나갔다. 2000년 6월 말, 프랑스 엔지니어링 업체인 비방디가 위스키 시바스 리갈로 유명하거니와 미국 유니버설 스튜디오를 거느린 캐나다 시그램을 인수했다. 인수 가격은 340억 달러였지만, 양사의 합병을 통해 태어날 비방디 유니버설은 유니버설 스튜디오, 세계 최대 음반업체인 폴리그램, 프랑스 2위의 이동통신업체인 시게텔, 유럽 최대의 유료 텔레비전인 카날플뤼스 등을 거느리고 있어 시가 총액 1000억 달러, 매출 550억 달러를 넘어설 것으로 전망되었다. 아메리칸온라인(AOL)과 타임워너의 합병에 대해 쏟아지는 비난에 대한 최대의 방어 논리가 다른 나라들에서 일어나는 합병이었다는 것은 이만저만한 아이러니가 아니었다. 사실 미국에서도 한동안 AOL-타임워너의 합병 승인이 가능하겠느냐는 의문이 대두되었다. 특히 미 연방통신위원회(FCC; Federal Communications Commission)와 미 연방공정거래위원회(FTC), 유럽연합(EU; European Union) 등이 자유경쟁 침해 가능성과 관련한 의문을 제기했는데, 타임워너는 AOL과 함께 인터넷 접속 시장의 40퍼센트, 케이블이 깔린 가정의 20퍼센트를 장악하게 된다는 게 문제 제기의 핵심이었다. 그러나 그런 문제 제기는 '미국의 국제 경쟁력 확보'라는 논리에 밀리고 말았다. 그리하여 2001년 1월 11일, 미 연방통신위원회는 미 연방거래위원회와 유럽연합의 승인에 이어 AOL-타임워너의 합병을 최종 승인했다.

뉴욕대학 신문방송학과 교수 클레이 서키(Clay Shirky)는 2001년 전 국무장관 콜린 파월(Colin Powell)의 아들인 신임 FCC 위원장 마이클 파월(Michael K. Powell)의 막중한 책임을 거론하면서 "FCC는 21세기의 환경보호청(EPA; Environmental Protection Agency)입니다. 미국인들은 평생에 걸쳐 자연환경보다는 미디어 환경에서 더 많은 시간을 보내고 있기 때문에, FCC는 우리 대부분이 실제로 살고 있는 환경을 책임지고 있는 셈입니다"라고 주장했다.(Current Biography 2003b)

　권력의 집중이야말로 민주주의의 최대 위협이라는 새파이어의 말이 가슴에 와 닿는다. 그런데 이 논리를 연장시키자면, 그 어떤 선의에도 불구하고 지구촌 권력이 미국에 집중되는 것도 민주주의의 최대 위협일 수 있다는 게 아닌가. 문제는 그런 잠재적 위협을 감지할 수 있는 능력일 텐데, 날이 갈수록 미디어가 리얼리티를 대체하는 세상에서 그건 결코 쉬운 일은 아니었다. 과연 무엇이 리얼리티인가 하는 의문이 강하게 대두되고 있었다.

참고문헌 Current Biography 2003b, Rifkin 2000, Safire 2000, Tabb 2001, Tyre 2001, Young & Simon 2005, 김현기·김준술 2000, 박혜기 2000, 유숙렬 2000, 한겨레 2000a

과연 무엇이 리얼리티인가?
퀴즈쇼 · 리얼리티 쇼 열풍

'백만장자가 되고 싶은 사람'

2000년 미국 텔레비전의 최대 히트작은 퀴즈쇼와 리얼리티 프로그램이었다. 먼저 퀴즈쇼부터 살펴보자. 100만 달러의 상금을 내건 ABC의 〈백만장자가 되고 싶은 사람(Who Wants to Be a Millionaire)〉은 5년간 거의 시청률 밑바닥을 헤매던 ABC를 업계 정상으로 끌어올릴 만큼 많은 시청자를 끌어모으며 ABC의 면모를 일거에 바꿔놓았다. 미국 인구 2억 6000만 명 가운데 무려 1억 9400만 명이라는 어마어마한 수가 이 프로그램을 시청한 적이 있으며, 2000년 1월 이후 이 프로그램의 수익 증가에 일부 힘입어 ABC의 모회사인 디즈니의 주식 시가 총액이 60억 달러 가까이 늘어났다. 다른 방송사들에도 유사 퀴즈 프로그램이 난무해 40년 전의 퀴즈쇼 열풍을 재현한 것 같았다.(Roberts 2000)

이에 대해 이진(2000)은 "모든 게 새로 시작되고 인류 구원의 시대가 될 것이라고 온 세계가 떠들어댔던 2000년 1월에 미국인들을 가장 흥분케 하는 프로그램이 왜 하필 구태의연한 퀴즈쇼 몇 편일까. 지금 미국은 소비자 만족도가 사상 최대치를 기록하고, 지난해 한 가구당 평균 수익 상승액은 1만 달러에 달했으며 벼락부자들 이야기가 곳곳에서 들리고 있다. '나도 부자가 아닌 게 황당한' 때인 것이다. 바로 얼마 전 AOL과의 합병으로 인해 타임워너사 직원들 중에서 신흥 백만장자가 된 사람만도 2000여 명을 헤아린다. 사정이 이렇다 보니 일확천금이나 횡재수를 노린다는 게 뭐가 잘못됐느냐는 사람들을 탓할 수만은 없다"며 다음과 같이 말했다.

"그런데 이상한 일이 하나 있다. 돈이 그토록 넘쳐나는 미국이지만 일인당 부채액은 사상 최고치를 기록하고 있다는 점이다. 많이 벌긴 하지만 그보다 훨씬 많이 쓰는 탓에 파산하는 이들의 수효도 급증하는 것. 그뿐만 아니다. 직장인들의 일일 업무량과 그로 인한 스트레스는 증가일로에 있으며, 미국인들의 성격이 공격적이고 점점 더 거칠어져 가고 있다는 연구 보고서도 나온다. 빈곤에 의한 분노가 아니라 물질만능주의의 사생아처럼 나오는 분노가 커져간다는 이야기다. 그러나 그 같은 현상에 대한 비판은 설 자리를 찾기 힘든 것 같다. 퀴즈쇼의 성공에서 볼 수 있듯이 요즘 미국인들이 가장 관심을 갖는 것은 일확천금이기 때문이다."

미국의 그런 이상 증후군은 광고에도 그대로 반영되었다. 단 1초 광고에 9000만 원이라니! 2000년 1월 29일자 『중앙일보』에 따르면, "오는 31일 오전 8시(한국시간) 미국 애틀랜타 주 조지아돔에서 테네시 타이탄스와 세인트루이스 램스가 맞붙는 미국 프로풋볼(NFL) 슈퍼볼을

중계하는 미국 ABC 방송은 30초 광고비로 무려 220만 달러(약 26억 5000만 원)를 챙겼다. 지난해보다 무려 38퍼센트나 인상된 가격이다. 미국 경기가 호황인데다 인터넷 관련 사업체들이 광고전에 뛰어들어 광고 단가가 치솟았다."(정제원 2000)

'누가 백만장자와 결혼하고 싶어하는가'

리얼리티 쇼(reality show)는 보통사람들을 출연시켜 그들의 사생활을 그대로 보여줄 수 있는 장치를 통해 시청자의 엿보기 심리를 충족시켜주는 형식의 텔레비전 프로그램이다. 리얼리티 쇼의 원조는 네덜란드에서 1999년 가을에 방영된 〈빅 브라더(Big Brother)〉다. 이 프로그램은 아홉 명의 사람이 100일 동안 한집에 사는 모습을 24대의 카메라와 59개의 마이크로 촬영해 시시콜콜 방영한 것이었는데, 일주일에 여섯 번씩 모두 114회 방영되면서 최고의 시청률을 기록했다.

유럽에서 인기를 끈 이른바 '리얼리티 프로그램'이 미국에 상륙한 것은 폭스 TV의 간부 마이크 다넬(Mike Darnell)이 2000년 2월 16일에 선보인 〈누가 백만장자와 결혼하고 싶어 하는가(Who Wants to Marry a Multi-Millionaire)〉였다. 백만장자와 결혼하겠다는 여성들을 공개 모집해 한 시간 만에 결혼을 성사시키는 내용이었다. 상대인 백만장자는 방송 전까지 신원이 공개되지 않았다. 얼굴도 모르지만 백만장자니까 무조건 결혼하겠다는 여자들의 신청이 줄을 이었다. 폭스 TV는 그 가운데 50명을 후보로 선정했다. 여성단체 등에서 "여성을 비하하고 결혼제도를 모욕하다"고 비난을 퍼부었지만 인간의 나약하고 얄팍한 심성에 편승한 이 프로그램은 엄청난 시청률을 기록했다.

체코의 방송사인 TV Nova에서 방영하는 TV 리얼리티 쇼 〈빅 브라더〉의 광고판. ⓒ Jan Kubik

이 프로그램은 캘리포니아 부동산 개발업자 릭 록웰(Rick Rockwell, 42)이 '나와 결혼해달라'고 목을 빼고 있는 여자들 가운데 응급실 간호사 다바 콩거(Darva Conger, 34)를 골라 결혼식을 올리는 대목에서 절정을 이뤘다. 두 사람은 곧바로 카리브해로 신혼여행을 떠났다. 신부에게는 또 3만 5000달러의 다이아몬드 반지와 자동차 한 대가 부상으로 지급됐다. 재미를 붙인 폭스는 이 프로그램을 22일 재방송할 계획이었다. 게다가 5월엔 여성 백만장자에게 구애하는 남성 후보들을 출연시키려는 구상까지 하고 있었다. 그러나 특정인이나 정부기관에 대한 뒷조사로 유명한 한 웹사이트(TheSmokingGun.com)가 백만장자 록웰의 전과기록을 공개하면서 문제가 생겼다. 게다가 신혼부부의 관계도 1주일 만에 심상찮은 기미를 보였다.(신중돈·이현상 2000)

이후 이야기는 한마디로 엉망진창이었다. 신랑 신부 둘 다 여기저기 텔레비전 프로그램에 출연해 파경에 관한 이야기를 해댐으로써 두 사람의 원래 목적이 과연 무엇이었는지 의심케 하기에 충분했다. 신부는 시청자들 앞에서 한 신랑의 키스가 질퍽해 역겨웠다고 그러질 않나, 신랑은 라디오 쇼에 출연해 '마치 지옥에서 살고 있는 느낌'이라고 울질 않나. 결국 폭스는 그 프로그램의 재방송을 취소했고 유사 프로그램을 두 번 다시 방영하지 않기로 결정했다.(Peyser 2000)

'서바이버'

2000년 8월 23일 CBS는 5100만 명의 시청자를 끌어모아 사상 최고 시청률을 기록했는데, 이는 〈서바이버(Survivor)〉라는 프로그램의, 최종 승자를 가리는 제13편 방영 덕분이었다. CBS는 2시간짜리 프로그램이 나가는 동안 30초에 60만 달러씩 하는 광고를 80개나 내보내 고작 8만 달러 제작비로 엄청난 수입을 올렸다. 이 프로그램은 한 무인도에서 16명의 사람이 생존 투쟁을 벌이는 게임으로 최종 승자는 100만 달러를 차지하게끔 돼 있었다. 혹독한 악조건과의 싸움은 물론 인간들 간의 배신, 음모, 질투, 권모술수가 그대로 적나라하게 드러나는 것을 몰래 엿보는 재미 덕분에 폭발적인 인기를 누릴 수 있었던 것이다.(변창섭 2000)

마크 페이저(Marc Peyser 2001)에 따르면, "이 프로그램은 배우가 아닌 일반인들이 대본 없이 그냥 보여주는 모습이 대다수 시트콤이나 드라마보다 훨씬 흥미진진할 수 있다는 것을 보여주었다. 리얼리티 텔레비전에서는 어떤 상황도 벌어질 수 있다. 생전 처음 보는 두 사람이 결혼하는가 하면 사람들이 무인도에서 들쥐를 잡아먹고 해변에서 나체로 돌아다니기도 한다. …… 리얼리티 프로그램 덕분에 다채널 케이블 방송과 인터넷 등으로 뒷전에 밀려난 네트워크 방송사가 세간의 화젯거리로 다시 등장했다."

이 프로그램의 성공 원인에 대해 『워싱턴포스트』는 저렴한 제작비 결과의 예측 불가성 젊은 층의 흡입력 등을 이유로 꼽았다. 〈서바이버〉의 편당 제작비는 8만 달러(9600만 원). 최고의 인기를 누린 NBC 시트콤 〈프렌즈(Friends)〉의 주인공 제니퍼 애니스턴(Jennifer Aniston)의 출연료(4000만 달러)의 500분의 1에 불과했다. 반면 CBS 시청자의 평균 연령이 53세에서 47세로 낮아질 정도로 젊은 시청자가 폭증하는 바람에 광고 요청이 급증, 30초짜리 CF가 60만 달러로 치솟았다.

시청자들이 성공한 직업과 가공된 흥분보다는 보통 사람들의 이야기와 일상적 재미에 끌리기 시작했다는 분석도 나왔다. ABC의 마이클 데이비스는 "프라임 타임(황금시간)은 〈프렌즈〉처럼 성형 미인들로 가득 찬 할리우드 영화산업의 판타지였다"면서 "〈서바이버〉는 이런 고정관념을 바꿨다"고 지적했다. 사전 제작한 작품이었지만 마지막 회까지 우승자를 숨긴 전략도 주효했다. 제작진들은 비밀을 유출한 게 입증되면 100만 달러의 벌금을 물겠다는 각오로 방송에 임했던 것이다. (이종훈 2000)

'빅 브라더'와 '유혹의 섬'

CBS는 〈서바이버〉가 끝나기도 전인 2000년 7월 초부터 여름 특집으로 네덜란드에서 히트를 친 〈빅 브라더〉의 미국판을 방영했다. 같은 시간대 시청률 1위를 기록한 이 프로그램은 생전 처음 보는 남녀 10명이 사방 높은 벽으로 둘러쳐진 침실 두 개짜리 작은 집에서 90일간 생활하는 모습을 21세기 첨단 장비를 총동원해 낱낱이 보여주었다. 일반 공중파 방송은 하루 30분씩 주 5일 방영했지만 AOL은 인터넷을 통해 이를 24시간 생중계했다. CBS는 시청자의 흥미를 돋우기 위해 〈빅 브라더〉를 단순하고 수동적인 과학적 관찰 프로그램에서 경쟁 요소와 박진감을 가미한 시청자 참여형 게임 프로그램으로 바꾸었다. 2주마다 시청자들의 투표로 거주자 중 한 명씩을 퇴출시키도록 한 것이다.

김종수(2000)는 "〈백만장자〉가 현대 미국인의 탐욕을, 〈서바이버〉가 처절한 적자생존의 본능을 각각 보여줬다면 〈빅 브라더〉는 출연진의 노출증과 익명성을 가장한 시청자들의 집단 관음증(觀淫症)을 적나라하게 드러냈다. 어쩌면 미국의 상업방송이 이제 인간 본성의 밑바닥을 파헤치는 대규모 사회적 실험을 벌이는 것은 아닌가 하는 착각마저 들 정도다"며 다음과 같이 말했다.

"이 같은 리얼리티 프로그램은 미국인들의 독창적인 산물이 아니다. 이들 프로그램은 모두 유럽에서 한물간 것을 미국의 상업 방송사들이 거액의 판권료를 주고 수입해 미국식으로 확대 가공한 것이다. 특히 유럽에서 스웨덴판 서바이버 프로그램에서 탈락한 한 출연자가 결국 자살에 이른 것을 계기로 이 같은 종류의 리얼리티 프로그램이 정치권과 언론의 거센 비판을 받고 대부분 간판을 내린 지 오래다. 그러나 미국에선 저속한 리얼리티 프로그램에 대한 사회 일각의 비판이 아직은 거대 상업방송의 위력 앞에 맥을 못 추는 형국이다."

미국 리얼리티쇼의 원조인 폭스 TV가 가만있을 리는 만무했다.

2001년 1월 폭스는 섹스가 가미된 〈유혹의 섬(Temptation Island)〉을 내보냈다. 예비 신랑신부 4쌍을 매력적인 독신 남녀 26명과 함께 외딴 섬에서 2주간 생활하도록 하는 프로그램이었다. 아슬아슬한 속옷만을 걸친 독신 남녀가 예비부부에게 성적 충동을 유발시켜 누가 유혹에 넘어가면서 미래의 배우자와 헤어지는지를 보여준다는 것이다. 6회 분량인 이 프로그램은 예고편부터 적도 근처 벨리즈 해변에서 일부 예비 신랑 신부가 재미로 참여했다가 결국은 약혼자를 뺏기고 후회하는 모습을 방영했다. 예고편 방송 직후 미 가족협의회와 시청부모 모임 등은 '성적 쾌감을 위해 가정 평화를 파괴하는 결과를 가져온다'며 방영금지를 요구했지만 폭스 측은 '성적 관계의 다이내믹함을 탐색하는 프로그램'라며 강변했다.(세계일보 2001)

스티븐 존슨(Steven Johnson 2006)은 "리얼리티 쇼의 전율은 '정말로 일어나고 있구나'라는 데서 생기는 것이다. 좀 심하게 말하자면 포르노가 거대 사업으로 성장하기 전, 실제 성행위를 보고 있다고 생각하는 데서 오는 떨림처럼 말이다"라면서 "거짓으로 가득 찬 세상에서, 감정들이 밀려와 얼굴에 드러나는 단 0.5초의 시간일지라도 지금 텔레비전에 나오는 사람의 표정은 연기가 아니라는 생각"이 시청자들을 열광케 하는 이유라고 했다.

과연 무엇이 리얼리티인가? '리얼리티 프로그램'은 현실 도피주의를 기본 이념으로 삼고 있는 듯이 보이는 미국 텔레비전, 더 나아가서는 서방 텔레비전의 그로테스크한 면을 보여주고 있다고 해도 과언이 아니었다. 미국인들은 '리얼'한 것마저도 텔레비전에서 찾아야 할 만큼 외부 세계와 단절된 가상현실에서 살아가고 있는 건 아니었을까?

'미디어톤(미디어+마라톤)'

물론 텔레비전 속의 '리얼'은 결코 '리얼'하지 않았다. 뉴스조차 그랬다. 1999년 11월 『뉴욕타임스』의 칼럼니스트 프랭크 리치(Frank Rich)는 빌 클린턴 대통령의 성 추문 사건인 '모니카 게이트'와 전 영국 왕세자비 다이애나(Diana Spencer, 1961~1997) 사망 등의 보도에서 "할리우드적 오락 가치가 뉴스를 지배하고 있다"며 "이제 뉴스는 오락과 동의어"라고 주장했다.

리치는 "미디어는 뉴스의 가면을 쓰고 사실을 오락으로 둔갑시킨다. 이런 태도는 '모니카 게이트' 같은 국가적 쟁점을 사소한 일로 전락시켰다. 냉전이 끝난 뒤 시작된 뉴스의 선정성 경쟁 와중에서 텔레비전은 뉴스를 스토리로 가공했다. 공공 서비스 영역이었던 뉴스는 돈벌이를 위한 오락의 출구로 바뀌었다"며 다음과 같이 말했다.

"일례로 유대인 대학살 관련 미니시리즈가 시청자를 열광시키자 기자는 뉴스에서 그 같은 미니시리즈를 '창작'하기 시작했다. 그 작업은 스타와 작가, 세트가 필요 없었다. 로고와 주제가로 포장하면 뉴스가 근사한 오락이 돼버렸다. 비행기 추락사고를 현미경처럼 보도하는 것도 그런 사례다. 추락사고는 늘 발생하는데 카메라를 현장에 가까이 들이댈수록 시청률이 올라간다. 이 상황에서 기자는 '햄버거 가게의 조수'에 불과하다. 흥미를 부추기는 사실들을 모자이크 하는 데 전문성을 사용하기 때문이다. 술잔치 같은 '뉴스의 진창'에 빠지지 않아야 한다. '저질 뉴스'를 비판하든지 아니면 텔레비전 전원을 꺼라."(허엽 1999)

2000년 11월 리치(Rich 2000)는 과장·선정보도를 근간으로 한 '미디어톤(미디어+마라톤)'의 난무를 지적했다. 그는 "걸프전이 끝난 지 거의 10년이 지난 지금, 이 전쟁은 이미 미국 역사 속에서 일어난 부수적인 사건쯤으로 치부되고 있다. 그러나 CNN이 이 전쟁을 재료로 만들어냈던 그 화려한 보도 프로그램들은 미국 오락물 역사의 이정표로서 커다란 그림자를 드리우고 있다. 걸프전은 로고와 테마음악을 가진 최초의 전쟁이었고 콜린 파월이나 피터 아넷(Peter Arnett)처럼 텔레비전에 잘 맞는 사람들을 하루아침에 스타로 만들어주었다. 이 새로운 장르는 가히 미디어톤(미디어와 마라톤의 합성어)이라고 불릴 만하다"며 다음과 같이 말했다.

"TV의 멜로드라마, 선정적인 신문들의 과장된 어조, 떠들썩한 보도 등이 한데 합쳐진 이런 식의 뉴스 보도는 걸프전 이후에도 계속 이어졌다. O. J. 심슨 사건, 다이애나 왕세자비의 죽음, 존 케네디 2세(John F. Kennedy Jr., 1960~1999)의 실종과 죽음, 컬럼바인 고교에서의 총기 난사 사건, 백악관의 스캔들 등에 대한 보도가 그런 것이었다. 그리고 이 중에서 무엇보다도 많은 사람을 즐겁게 해주었던 것은 바로 백악관의 스캔들이었다. 이처럼 정보와 오락이 합쳐진 새로운 형태의 뉴스 보도는 전통적으로 뉴스 보도를 지배해왔던 주제들까지도 가려버리는 것 같다. 예를 들어, 올해의 대통령 선거전은 40년 만에 가장 치열한 것인데도 불구하고 종일 텔레비전의 방송시간을 점령할 수 있을 만큼 전 국민의 관심을 사로잡지는 못하고 있다. 미디어톤은 단순히 방송을 본 사람들이 다음날 직장에서 가벼운 잡담의 소재로 삼는 그런 프로그램이 아니다. 미디어톤은 전 국민이 보도 내용에 흠뻑 빠져들도록 제작되기 때문에 이 프로그램에 다른 사람들처럼 열중하지 않는 사람들은 자신이 왜 그 프로그램에 관심이 없는지 변명하는 데 상당한 시간을 할애해야 한다."

'리스트 저널리즘'

이른바 '리스트 저널리즘'도 비판의 대상이 되었다. 『USA 투데이』 1999년 12월 28일자는 시사주간지 『타임』이 '금세기의 인물'(아인슈타인)을 선정하는 프로젝트로 1억 달러의 추가 수입을 올렸다고 보도했다. 출판사상 가장 성공적인 프로젝트로 평가받은 이 프로젝트는 1997년 8월 '금세기의 인물' 선정계획이 발표됐을 때부터 시작되었다. 독자와 광고주들이 비상한 관심을 기울이면서, 그 후 분야별 거인들의 명단이 실린 6차례의 특별호가 나올 때마다 『타임』은 평소 발행호보다 배나 많은 광고를 실을 수 있었다. 추가 광고는 무려 750쪽 분량이었다.

『타임』은 이 시리즈를 위해 따로 이렇다 할 광고비를 들이지는 않았지만, 절묘한 마케팅 비법과 현명한 홍보 및 '진짜 뻔뻔스러움'의 기묘한 배합으로 이런 대성공을 가져왔다고 이 신문은 말했다. 우선 100대 인물 선정계획을 될 수 있는 대로 널리 알리기 위해 신문, 방송, 서점 등 모든 매체가 동원됐다. 『타임』 웹사이트에서는 즉각 온라인 여론조사가 실시되어 수천만 명의 인터넷 방문객들을 맞이했다. 2년 동안 CBS와 PBS를 통해 특별방송을 실시했다.

『타임』은 또한 유명인사 이야기가 잘 팔린다는 것을 너무 잘 알고 있었다. 그래서 인도의 비폭력주의 개혁가 모한다스 간디(Mohandas Karamchand Gandhi, 1869~1948)가 선정돼야 한다는 논설은 넬슨 만델라(Nelson Mandela)에게 집필토록 했고, 비행기를 발명한 라이트 형제에 대해서는 빌 게이츠가 논리를 펴보이도록 했다. 우여곡절도 있었다. 온라인 여론조사에서 가수 엘비스 프레슬리(Elvis A. Presley, 1935~1977)가 1위, 아돌프 히틀러(Adolf Hitler, 1889~1945)가 3위로 나오자 『타임』 편집진은 이들의 순위를 낮추기 위한 논리를 개발하느라 진땀을 빼야 했다. 그러나 이런 효과적 상술은 언론계와 학계로부터 '유명인사 팔아먹기' 라거나 '리스트(명부, 순위표) 저널리즘' 이라는 혹독한 비판을 듣고 있다고 『USA 투데이』는 지적했다.(임항 1999)

그러나 『USA 투데이』도 '리스트 저널리즘' 의 선두 주자 중 하나였다. 이 신문은 '금세기의 범죄 리스트' 를 판매했다. 때는 바야흐로 세기말이었으니, '리스트 저널리즘' 은 불가피할 뿐만 아니라 필요한 것이기도 했다. 문제는 과도한 '리스트 저널리즘' 이었는데, 『워싱턴포스트』는 세기말을 맞아 미국 언론, 특히 잡지들이 벌이는 '리스트 저널리즘' 에 대해 "최고, 또는 최악의 리스트를 작성하는 것도 바보스러운 짓인데 그 내용을 보면 더욱 한심스럽다"고 혹평했다.

스키 잡지인 『스키(Ski)』는 '금세기 가장 영향력 있는 스키어 100인' 을, 시가 애호가 잡지인 『시가 오피시오나도(Cigar Aficionado)』는 '20세기 가장 멋진 시가 흡연자 100인' 을 선정해 발표했고, 인물 잡지인 『바이오그래피(Biography)』의 경우 '지난 10년간 최고 미인', '금세기 가장 저명한 50인', '밀레니엄 100대 인물' 등을 선정해 발표했다는 것이다.

그런가 하면 어린이 텔레비전 워크숍 잡지인 『키드 시티(Kid City)』는 "발에 짓밟히는 것을 제외하고 어떤 난관도 뚫고 생명력을 유지한

일간신문 『USA 투데이』를 창간한 엘 노이하스가 직원들과 함께 신문의 성공적 발행을 축하하고 있다.

다"는 이유를 들어 바퀴벌레를 '2000년 공식 벌레'로 지정해 어린이들이 생존력의 상징인 바퀴벌레를 공식적으로(?) 좋아해야 하게 만들었다. 계간 군사잡지인 『MHQ(The Quarterly Journal of Military)』는 원자폭탄을 지난 천 년 동안 '가장 효과적인 무기'로 선정, 더 이상 할 말을 못하게 했다.

동물 관련 '최고'의 밀레니엄 기사는 애완용 개 애호가들을 위한 잡지인 『도그 팬시(Dog Fancy)』의 '애완용 개의 금세기 100대 중대 사건'이 뽑혔다. 『워싱턴포스트』는 이 기사에 "애완용 개를 위한 비스킷의 개발 등 개와 관련한 사건이 연대순으로 기술돼 있다"며 "이 기사를 읽으면 독자들은 강아지가 지난 100년 동안 인간보다 훨씬 나은 삶을 누렸다는 결론을 내릴 수밖에 없다"고 비꼬았다.(김도연 1999)

'기사 연계 광고 유치' 스캔들

일간지들의 문제도 심각했다. 이미 1998년 7월 『로스앤젤레스타임스』의 기자 데이비드 쇼(David Shaw)는 "독자와 수입을 증가시킬 새로운 방도들을 찾고 있으며, 이윤만을 신경 쓰는 경영주의 끊임없는 압력에 놓인 신문들은 편집과 광고의 전통적인 분리를 지칭하는 단어인 '장벽'을 낮추거나 없애버렸다"고 말했다.(Ramonet 2000)

쇼의 그런 주장을 입증이라도 하겠다는 듯, 『로스앤젤레스타임스』는 1999년 10월 '기사 연계 광고 유치' 스캔들에 휘말렸다. 이 신문의 발행인 캐스린 다우닝(Kathryn M. Downing) 사장은 로스앤젤레스 중심가의 새로운 경기장인 스테이플스 센터와 200만 달러(약 24억 원)짜리 광고 계약을 한 후에 『로스앤젤레스타임스 매거진(Los Angeles Times Magazine)』에 스테이플스 센터에 관한 특집 기사를 싣도록 했다. 뒤늦게 이 사실을 알게 된 편집국 기자 여섯 명이 마이클 파크스(Michael Parks) 편집국장실로 몰려가 자체 조사를 요구하자, 다우닝 사장은 간부회의를 갖고 편집국에 공식으로 사과했다. 『로스앤젤레스타임스』는 12월 19일자 1면에 "일요판인 『로스앤젤레스타임스 매거진』이 스테이플스 센터 개관에 관해 보도하면서 이의 발간에 따른 수익을 이 센터와 공유키로 한 사실을 독자들과 편집국에 알리지 않은 것은 '실수'였다"는 공개 사과문을 게재했다.

이 사건을 보도한 『워싱턴포스트』는 이번 사태의 본질이 1999년 6월 취임한 다우닝 발행인뿐 아니라 그녀를 후원하는 타임미러 그룹 최고경영자 마크 윌스(Mark H. Willes)의 경영 방식 때문이라고 전했다. 윌스 최고경영자는 1995년 타임미러 그룹으로 오면서 편집과 영업을 엄격히 구분하는 전통적 장벽을 해체하고 비용절감 노력을 통해 이익을 창출하겠다고 공언했다. 이 같은 수익성에 편중된 경영 논리 때문에 언제든 이번과 같은 사건이 벌어질 위험성이 있다는 것이다.(김의구 1999a · 1999b)

그러나 『로스앤젤레스타임스』만 문제가 있는 게 아니었다. 2000년 4월 『컬럼비아 저널리즘 리뷰(Columbia Journalism Review)』의 조사에 따르면, 미국 언론인의 약 40퍼센트가 소속 언론사의 이익을 위해 보도 가치가 있는 기사를 고의적으로 회피하거나 기사의 강도를 낮춘 경험이 있는 것으로 밝혀졌다.(경향신문 2000)

유력지들의 '보도 담합'도 문제가 되었다. 2000년 5월 미국 유수의 항공사인 유나이티드항공(United Airlines)과 유에스 에어웨이(US Airways)는 두 회사의 50억 달러 규모의 합병에 대한 자세한 내용을 『뉴욕타임스』, 『워싱턴포스트』, 『월스트리트저널(Wall Street Journal)』 등 세 언론에만 제공하겠다는 제안을 했다. 단, 조건이 있었다. 이 합병에 대한 외부 전문가의 코멘트 없이 두 회사에서 알려준 정보만으로 기사를 작성한다는 것이었다. 세 언론은 특종을 미끼로 사실상의 사전 검열에 해당하는 이 조건을 받아들였다. 하지만 두 회사와 세 언론의 담합은 무산됐다. 영국 『파이낸셜 타임스』가 인터넷 웹사이트에 합병 소식을 한발 앞서 보도했기 때문이다.(조준상 2000a)

각종 미디어들의 현실이 이런 만큼, "과연 무엇이 리얼리티인가?"라는 질문을 새삼 던지지 않을 수 없게 되었다. 대중이 미디어를 통해 리얼리티를 접하고 흡수하는 한, 그들의 나아갈 길은 미디어의 틀에 갇혀 있을 가능성이 크다는 것을 의미하는 게 아닌가. 이게 어찌 미국인들만의 문제이랴. 미디어의 안팎을 막론하고 변치 않는 리얼리티는 '학력 · 학벌 자본'의 파워였고, 그 파워의 형성 메커니즘은 "명문대에 입학하는 길은 우편번호에 달렸다"는 금언의 지배를 받고 있었다.

참고문헌 Johnson 2006, Peyser 2000 · 2001, Rich 2000, Ramonet 2000, Roberts 2000, 강준만 2001, 경향신문 2000, 김도연 1999, 김의구 1999a · 1999b, 김종수 2000, 변창섭 2000, 세계일보 2001, 신중돈 · 이현상 2000, 이종훈 2000, 이진 2000, 임항 1999, 정제원 2000, 조준상 2000a, 허엽 1999

"명문대에 입학하는 길은 우편번호에 달렸다"
'인맥'과 보보스

인맥과 부정부패 사이의 거리

예일대학 사회학 교수 스탠리 밀그램(Stanley Milgram, 1933~1984)은 1960년대에 일종의 연쇄 편지 형식의 소포를 네브래스카 주의 오마하에 살고 있는 160명에게 무작위로 보내는 실험을 실시했다. 그 소포에는 보스턴에서 일하는 한 증권 중개인의 이름이 들어 있었는데, 밀그램은 이 소포를 받은 사람들에게, 그 소포를 중개인과 가까운 사람에게 전달할 수 있다고 생각하는 사람에게 보내달라고 부탁했다. 그 소포를 받은 사람은 자기 생각에 중개인과 더 가까운 위치에 있을 것 같은 사람들에게 계속 소포를 보내면서 이 소포는 미국 전역 여기저기를 돌아다니게 되었다. 마침내 소포가 그 중개인에게 도착했는데 절반 정도는 여섯 단계를 거친 것으로 나타나 이른바 '여섯 단계의 분리(six degrees of separation)'라는 용어가 만들어지게 되었다.

경제학자 로버트 라이시(Robert B. Reich 2001)는 2000년에 출간한

『부유한 노예(The Future of Success)』를 통해 미국에서 인맥(人脈)의 중요성은 과거보다 훨씬 증대되고 있다고 말하면서 밀그램의 실험 결과를 소개했다. 라이시는 영업직에 종사하는 사람이라면 아는 내용이지만 인맥이라고 다 같은 것은 아니며, 밀그램의 실험에서도 사람마다 가지고 있는 인맥이 달라 중개인에게 도착한 소포의 절반 정도는 단지 세 사람만 거친 경우였다고 지적했다. 즉, 성공을 위해 자신의 판매에 관심 있는 사람에게 필요한 교훈은 평상시 많은 사람을 알고 있는 사람을 찾아내야만 한다는 것이다.

라이시는 미국의 전문 로비스트 중 128명이 국회의원 출신이라는 점을 들어 미국의 의원과 장관들을 '인맥 장사꾼'으로 보았다. 재선에 실패한 다음에 로비 활동을 시작하는 사람도 있지만, 점점 더 많은 의원이 자신의 인맥을 가지고 돈을 벌기 위해 자발적으로 의회를 떠나고 있다는 것이다. 한 조사에 의하면 1990년대에 의회를 떠난 전직 의원 중 20퍼센트 이상이 로비스트의 길을 걸었으며, 의원 보좌관들 역시 자신들의 인맥을 활용해 점점 더 많은 돈을 벌고 있었다. 고위 보좌관의 평균 재직 수명이 계속 떨어지고 있는 것이 이런 이유 때문이었다. 라이시는 다음과 같이 말했다.

"전·현직 의원의 친척까지도 역시 같은 이유로 꽤 바쁜 생활을 보내고 있다. 이것을 도덕적 부패 현상으로 보기보다는 실력자에게 접근하기 위한 치열한 경쟁이 낳은 결과라고 보는 것이 더 정확할 것이다. 의원, 보좌관, 친척 등이 로비스트가 되지 않을 때 잃게 되는 수입을 생각해보면, 로비스트가 아닌 다른 길을 택한다는 것은 매우 값비싼 결정이라고 할 수 있다."

인맥과 부정부패 사이의 거리는 어느 정도일까? 그게 참 애매하다. 우리는 한국의 부정부패를 규탄하면서 마치 미국은 부정부패가 거의 없는 나라인 것처럼 생각하는 경향이 있는데, 그건 착각이다. 얼마나 세련됐느냐 하는 방식의 차이일 뿐, 미국의 부정부패도 매우 심각했다.

미국식 부정부패의 특성

미국식 부정부패는 어떤 것인가? 눈에 드러나는 뇌물의 형태를 띠거나, 심지어 특정 표와 관련 있는 정치 헌금의 형태를 띠는 경우는 비교적 없으며 훨씬 복잡한 모습을 보인다는 게 라이시의 주장이다. 아무 더러운 거래 관계 없이 정치인과 기업인이 그냥 만나서 어울려 지내는 것 자체가 고도의 부정부패로 이어질 수 있다는 것이다.

양쪽이 어울려 지내다 보면 초청장도 받게 될 것이고 행사장에서 사진도 같이 찍게 될 것이 아닌가. 그게 어떻게 해서 부정부패로 이어질 수 있단 말인가? 라이시는 "이로 인해 이 부자가 얻는 것은 감히 계산하기가 불가능할 정도다. 실력자의 귀에 접근할 수 있는 영향력 있는 인사의 대열에 갑자기 오르게 된다. 이런 명성은 사회적으로나 경제적으로 그리고 여러 가지 면에서 그 사람에게는 매우 중요하다"고 했다.

라이시는 "이렇게 힘 있다는 모습을 보이면, 그 순간부터 그의 고객이나 공급업체, 채권자, 투자자, 계약업체가 과거보다 더 적극적으로 함께 일하고 싶어 한다는 것이다. 정치인은 그 대가로 직접 그 사람으로부터 선거자금을 받을 수도 있지만, 그렇지 않은 경우도 있다. 그러나 정치인에게 있어서 선거자금이 이 거래의 핵심은 아니다. 이 부자를 통해서 정치인은 다른 여러 부자들의 네트워크에 접근할 수 있는 것이다"라며 다음과 같이 말했다.

"정책이 바뀐 것은 없다. 어떤 법안이 통과되거나 표심에 변화를 준 것도 없다. 그러나 그 정치인이 사업가 네트워크에 속한 많은 사람과 커피를 마시고 식사를 하면서, 필연적으로 정치인의 세계관에는 변화가 오게 마련이다. 서로가 서로를 유혹하는 셈이다. …… 미국은 이러한 자신의 모습은 숨긴 채 특정 국가에 대해 '정실 자본주의(crony capitalism)'에서 빠져나오지 못하고 있다고 정기적으로 비난한다. 자유시장으로의 경제 발전을 이루고 있지만, 유명인사들이 친구나 친지에게 경제적으로 중요한 특혜를 주고 있다는 주장이다. 그러나 미국 역시 그러한 비난을 받을 수 있다. 다른 곳과 마찬가지로 미국에서도 개인적 인맥이 점점 더 중요해지면서, 거미줄 같은 강력한 인맥의 세계에 속해 있는 사람은 확실하게 유리한 위치를 차지하고 있다."

좋은 인맥을 갖기 위해서는 좋은 학교를 나오는 것이 꼭 필요하다. 앞서 지적했듯이, 현대의 미국 대통령 중 린든 존슨과 리처드 닉슨은 학벌 때문에 피해를 많이 본 대통령으로 알려져 있다. 존슨은 텍사스의 사우스웨스트 주립사범대학 출신이었고, 닉슨은 휘티어대학 출신이었다. 이 두 사람은 늘 아이비리그 대학 출신자들에 대한 강한 열등감을 느끼고 있었으며, 또 그들의 피해의식에는 그럴만한 근거가 있었다.

이미 1999년 6월 12일 『뉴욕타임스』는 '지식 사회'의 본격 도래를 앞두고 미국 내에 대학진학 열풍이 불고 있다고 보도했다. 펜실베이니아대학 고등교육연구소 로버트 젬스키(Robert Zemsky) 소장은 "고교 내 직업교육 이수자가 절반으로 줄었으며 교외 지역 고교는 졸업생의 70~80퍼센트가 대학에 진학하고 있다"면서 "대학 진학 열풍은 무엇보다 세계화의 영향"이라고 분석했다. 호황으로 형편이 좋아져 자식을 대학에 보내려는 부모가 늘어난 탓도 있지만 '국경 없는 세계 경제전쟁'에서 이기려면 고급지식을 갖추어야 하기 때문이라는 분석이다.(홍은택 1999a)

아이비리그 대학의 정치경제학

그러나 라이시는 대학도 인맥의 관점에서 분석했다. 1960년만 해도 미국 성인 중 대졸자는 8퍼센트에 불과했으나 이젠 25퍼센트가 대졸자이고 빠른 속도로 늘어나고 있었다. 가장 큰 이유는 무엇일까? 그게 바로 인맥과 무관치 않다는 게 라이시의 주장이다.

"진실을 말하자면, 직장을 구하는 데에 있어 대학 교육이 갖는 진정한 가치는 대학에서 배운 것보다는 대학에서 만난 사람과 더 큰 관계가 있다. 재학 중에 여름방학 아르바이트를 구할 때나 첫 직장을 얻을 때 그리고 나중에 사업상 고객을 만들 때 친구의 부모는 그 부모의 친구들이 필요한 사람을 소개해줄 것이다. 동창회가 잘 조직된 학교에 다니면 더 앞서나갈 수 있다. 명문대학이라면 인맥의 가치는 더 높을 것이다. 아이비리그 대학의 교육이 다른 곳보다 뛰어난 점이 있다면, 웅장한 도서관이나 교수들의 능력보다는 대학에서 얻게 되는 인맥 쪽일 것이다."

아이비리그 대학의 학비가 하늘 높은 줄 모르고 치솟아도 계속 학생이 몰리는 것도 바로 그런 이유 때문이었다. 그 결과 끼리끼리 어울리는 분류가 이루어졌다. 허버트 실러(Herbert I. Schiller 2001)는 미국에서는 "명문대에 입학하는 길은 우편번호에 달렸다"는 말이 나오고 있다며 이렇게 말했다.

"명문 캘리포니아 대학의 분교에 입학 허가를 받은 사람들을 조사한 결과, 당락을 좌우하는 데 우편번호가 평균 성적만큼이나 중요할지도 모른다는 사실이 드러났다. 이는 시스템 자체가 소수 부자에게 유리하다는 사실을 보여준다. 캘리포니아대학의 각 분교에 100명 이상의 학생을 보낸 고등학교들의 명단은 사교계 명단을 방불케 한다. 전부는 아니지만 압도적인 수가 백인 부유층 거주지의 학교들이다."

그래서 미국에서도 좋은 학교가 있는 지역으로 이사하려는 전쟁이 치열하게 벌어졌다. 좋은 학군에 집을 사려고 거액을 대출받는 무리를 저지르다 파산을 하는 사람들도 나왔다. 2004년 9월 워싱턴의 정책연구소인 센추리 재단(The Century Foundation)의 조사에 따르면, 미국 가정을 사회경제적인 등급에 따라 4등분했을 때 전국 146개 명문대 학생 중 3퍼센트만이 가장 낮은 등급에 속해 있으며 최상위 등급에 속하는 학생은 74퍼센트인 것으로 나타났다.(최형두 2004)

명문대에 입학하는 길은 우편번호에 달린 현실 앞에서 좌우, 진보-보수, 민주당-공화당의 차이는 무의미했다. 좋은 학벌과 인맥으로 권력과 금력을 누리게 된 진보주의자들은 당연히 고급 승용차를 타고 다녔다. 그래서 이들을 가리켜 '리무진 진보주의자(limousine liberals)'라고 했다. 이는 새로운 현상은 아니었다. 오래전부터 '리무진 진보주의자'는 존재해왔지만 수는 많지 않았다. 그러나 2000년대 들어서 그런 사람들이 무시할 수 없는 큰 규모의 집단으로 등장했다.

이주영(2003)에 따르면, "그러한 현상은 특히 1993년부터 2000년까지에 이르는 클린턴 행정부에서 두드러졌다. 이들 진보-좌파 엘리트는 대부분이 명문대학을 나오고 유복한 생활을 하는 중상류층 사람들이었다. 그러면서도 그들은 사회적 약자나 소수 세력의 대변자로 행세했다. 그 때문에 그들은 '좌파처럼 생각하고 우파처럼 생활한다(live right, think left)'는 비난을 받기도 했다. …… 이들은 인종과 성을 초월하여 '오버클래스(the overclass)'로 불리는 새로운 상류층을 형성하게 되었다."

'보보스: 디지털 시대의 엘리트'

저널리스트 데이비드 브룩스(David Brooks 2001)는 2000년에 출간한 『보보스: 디지털 시대의 엘리트(Bobos in Paradise: The New Upper Class And How They Got There)』에서 그런 '오버클래스'의 일부를 가리켜 '보보스(Bobos)'라고 불렀다. '부르주아 보헤미안(Bourgeois Bohemians)'을 줄여서 만든 말이다. 그는 "보보스는 히피의 정신세계와 여피의 돈벌이 실력이라는 두 가지 상반된 스타일을 동시에 갖고 있다"고 했다. 앞서도 보았듯이, 여피(yuppie)는 'young urban professional'의 머리글자에 hippie의 뒷부분을 붙여 만든 단어로 고등교육을 받은 젊은 도시 전문직 고소득층을 말한다.(Current Biography 2004)

보헤미안이란 무엇인가? 보헤미안을 이해하기 위해선 중산층의 행태에 대한 이해가 선행되어야 할 것이다. 브룩스는 프랑스 지식인들이 부르주아(중산층)의 물질주의를 경멸했다는 점을 지적하면서 다음과 같이 말한다.

"성공에 대한 부르주아의 개념은 모두가 돈과 생산성에 관련된 것처럼 보였다. 반면에 예술가들은 창의성·상상력·정신을 존중했다. 그래서 그들 지식인은 부르주아가 상스럽게 병적인 계층이라고 생각했다. 그들은 부르주아가 지루하고, 재미없고, 비 상상적이고, 기회주의적인 계층이라고 비난했다. 특히 무엇보다 부르주아는 비 영웅적이었다. 과거의 귀족들은 적어도 나름대로 원대함을 동경했다. 농부 계층에는 그리스도적인 성스러움이 있었다. 하지만 중산층은 초월적인 것이 전혀 없었다. 그들은 지루하고 평범했다. 그들에게는 상상력을 자극하는 어떤 것도 없었고, 다만 실용주의·정확성·단조로움·생산성 그리고 일상성 같은 진부한 것만으로 보여 주었다."

부르주아에 대한 비난엔 당대의 유명 문인들이 총동원되었다. 스탕달(Stendhal, 1783~1842)은 부르주아가 "자기들의 작은 계획을 실현하는 데만 관심이 있다"고 비난하면서 자신은 그들을 볼 때마다 "'울고 싶은 동시에 토하고 싶은" 기분을 느낀다고 토로했다. 플로베르(Gustave Flaubert, 1821~1880)는 부르주아를 "까다롭고 탐욕적인 사람들"이라고 욕했으며, 에밀 졸라(Émmile Zola, 1840~1902)는 "프랑스의 부르주아는 천생 가게 주인이다. 오로지 이윤만을 생각한다"고 비난했다.

부르주아 대 보헤미안의 갈등은 '시장(市場)' 대 '예술'의 대결 구도였다. 둘은 늘 충돌할 수밖에 없었다. 각자 더 잘하는 게 달랐으니 충돌은 불가피한 것이었다. 브룩스는 구체적으로 부르주아와 보헤미안의 차이를 다음과 같이 비교했다.

"부르주아는 숫자적이고 기계적인 사고방식을 더 좋아했음에 비해 보헤미안은 직관적이고 유기적인 사고방식을 더 선호했다. 부르주아는 조직을 좋아했다. 보헤미안은 자율성을 소중하게 여겼고, 부르주아가 순치된 한 무리의 동물들 같다고 생각했다. 부르주아는 기계를 사랑했고, 보헤미안은 산업화 이전 시대의 더 인간적인 장인 정신을 선호했다. 매너와 소비에 있어서 부르주아는 형식과 사회성을 중요시했고, 보헤미안은 19세기에 출현해 한 시절을 풍미한 댄디(Dandy)들을 예외로 하면 대체로 순수성과 자연스러움을 중시했다. 부르주아는 성공을 숭배한 반면, 보헤미안은 반(反)성공을 중심으로 일련의 지위 상징을 만들었다. 부르주아는 가시적인 개선을 추구했지만, 보헤미안의 위대한 목표는 자아의 확장이었다."

예술가와 지식인들에게 더욱 역겨웠던 것은 부르주아의 그런 특성이 그들의 엄청난 세속적 성공을 가능케 한 반면 자기들은 변방으로 몰려나게 되었다는 사실이었다. 그래서 그들은 자신들만의 세상을 만들기로 작정하게 되었다.

"그 세상은 경제적인 측면에서는 허약하기 짝이 없겠지만, 적어도 정신과 상상력의 영역에서는 강할 수 있었다. 그들은 풍요로운 벌레가 되기보다 고상한 이단자가 되는 것이 더 낫다고 생각했다. 이렇게 해서 '보헤미안'이 탄생했다. 엄밀히 말하면, 보헤미안은 낭만적 정신의 사회적 표현일 뿐이다. …… 보헤미안은 가난한 사람들과 범죄자 그리고 인종적인 이방인을 부르주아 질서의 희생자라 생각했고, 그들과 자신을 동일시했다. 보헤미안은 부르주아 시스템의 영향을 받지 않은 것 같은 이국적인 문화를 좋아했다."

'이상(理想)의 상품화'

서로 영원히 만날 것 같지 않은 부르주아와 보헤미안은 디지털 시대에 이르러 그 경계가 흐려지게 되었다. 보헤미안 기질을 갖고 있는 유능한 젊은이들이 권력과 부의 영역으로 진입했기 때문이다. 그들이 바로 '보보스'다. 좌파처럼 생각하고 우파처럼 생활하는 보보스의 '양다리 걸치기'는 일종의 퓨전 현상이었다. 보보스는 부르주아의 영역에 들어가 보헤미안의 특성을 발휘하면서도 부르주아적인 제도와 관행을 받아들였기 때문이다. 그래서 자본주의의 축복을 한껏 즐기면서도 혁명 투사 체 게바라(Ché Guevara, 1928~1967)를 좋아하는 게 아무런 문제가 되지 않았다. 위선인가, 균형 추구인가? 보보스는 '균형'이라고 주장했다.

"우리들 교육받은 엘리트는 우리가 살지 않기로 선택한 삶의 표현물들로 우리 주위를 장식하는 경향이 있다. 우리는 바쁘게 사는 인재 계층이지만, 우리가 선택하는 물건들은 우리 시대 이전의 한가함을 나타낸다. 우리는 노트북 컴퓨터와 휴대전화를 사용하며 미래로 전진하지만, 우리 주위를 장식하는 물건들은 고풍스럽고 반동적이며 역사적인 것들이다. 우리는 미안함을 느끼며 우리의 특권을 향유하지만, 우리 주위를 장식하는 물건들은 특권이 없는 계층의 물건들이다. 그렇다고 우리가 위선자인 것은 아니다. 다만 우리는 균형을 추구할 뿐이다. 우리는 풍요롭지만 물질주의자가 되지 않으려 한다."

위선이든 균형이든, 보보스의 그런 노력은 소비 행위에서도 드러났다. "돈 많은 엘리트는 요트나 보석 등과 같은 거창한 사치품에 자원을 쏟아붓는다. 그들은 지위가 낮은 계층이 절대로 구입할 수 없는 것들을 산다. 하지만 우리들 교육받은 엘리트는 돈 많은 계층이 절대로 살 수 없는 것들을 산다. 우리는 프롤레타리아가 사는 것과 같은 품목을 사려 한다. 다만 우리는 근로 계층의 구성원들이라면 터무니없다고 생각할 수 있는 그런 드문 품목을 더 좋아할 뿐이다. …… 그런 식의 구매를 통해 우리는 평등주의와 우월주의를 동시에 보여주려 한다. 그래서 우리는 예전에는 값이 쌌던 온갖 물건들에 엄청나게 높은 비용을 지불한다."

보보스는 구입하는 방식에서도 어떻게 해서든 차별화를 시도했다. 커피와 맥주 주문도 복잡하게 특이한 걸로 하려고 애썼다. 왜 그런 걸까? "이것은 교육받은 사람들이 대량 소비사회에서 단순히 장기판의 졸이 되는 것을 거부하기 때문이다. 다른 사람들은 기계로 찍어낸 제품을 사며, 똑같은 모양의 교외 주택 단지나 예전의 저속한 저택을 모방한 집에서 살고, 누구나 다 먹는 사과를 먹는다. 하지만 교육받은 엘리트 계층의 구성원들은 그냥 또 하나의 소비자가 되기를 원하지 않는다. 우리는 남의 것을 표절하는 구매를 하지 않는다. 우리에게 쇼핑은 그냥 가게에서 무언가를 고르는 것이 아니다. 대신에 우리는 바로 우리가 원하는 물건과 도구들을 구매함으로써 우리 자신의 취향을 섬세하게 개발한다."

보보스의 그런 묘한 이중전략은 광고에도 적용되었다. 보보스에게는 의미 부여까지 시도하는 광고라야 먹혔다. 그래서 보보스를 겨냥한 광고전략은 반드시 '이상(理想)의 상품화'를 수반해야만 했다. 제품에 대한 정보만 제공하지 말고 무언가 철학적인 냄새를 풍겨야만 했다. 보보스들이 즐겨 찾는 스타벅스 같은 커피숍들이 에머슨(Ralph Emerson, 1803~1882)의 금언이나 나폴레옹의 반어적인 경구 같은 글로 벽을 장식하는 것은 바로 그런 냄새를 풍기기 위해서였다. 실용성만 강조하는 회사나 상점이나 광고는 보보스들을 화나게 할 것이기에, 반드시 보보스의 이상주의적인 희망에 호소해야만 그들에게 환영을 받을 수 있었다.

예컨대, 이런 식으로 광고해야 했다. 볼보 자동차는 "당신의 생명을 구할 뿐 아니라 당신의 영혼도 구해주는 자동차", 도요타 트럭은 "콘크리트를 나르자, 잡동사니를 치우자, 세상을 구하자", 조니워커 위스키는 "저속하고 불성실한 세상에서 그렇지 않은 그 무엇"이라고 광고했다. 미국의 한 카펫 회사는 "내가 확신하는 것은 우리들 마음의 성스러움과 상상력의 진실뿐이다"라고 광고했다. 그게 무슨 뜻인지 그건 중요치 않았다. 그건 존 키츠의 시구라는 사실이 중요했다. 보보스들은 바로 이런 광고를 좋아한 것이다.

"잘 사는 것이 최상의 복수다"

보보스는 상징적 수준에서나마 진보적 참여를 하려고 애썼는데, 이는 소비 행위를 통해서 이루어졌다. 그들은 쇼핑하면서도 자기들의 개인적인 관심을 넘어 물질적인 것으로 사회의 긍정적인 변화에 조금이라도 영향을 주고 싶어 했다. 자기들의 소비력으로 세상을 조금이라도 개선하겠다는 것이다. 그래서 환경보호 운동이나 소비자보호 운동과 같은 공공적인 운동을 지원하는 회사의 제품이나 가게를 이용함으로써 그 뜻을 이루겠다는 것이다.

보보스는 허풍도 대단했다. 자긍심이 강하기 때문이었을 것이다. 물론 브룩스가 재미있게 표현해 보겠다고 익살을 떠는 것이긴 하지만, 보보스 소비 철학(?)의 핵심을 건드리고 있다는 것은 분명하다.

"카를 마르크스(Karl H. Marx, 1818~1883)는 부르주아는 신성한 모든 것을 경박한 것으로 바꾼다고 썼다. 그러나 우리 보보들은 경박한 모든 것을 신성한 것으로 바꾼다. 우리는 더럽고 물질주의적일 수도 있는 것들을 고상한 것으로 바꾸었다. 우리는 부르주아의 핵심적 행위인 쇼핑을 보헤미안의 핵심적 행위로 바꾸고 있다. 우리는 그것을 예술, 철학 그리고 사회적 행동으로 바꾸고 있다. 보보들은 미다스의 역(逆)방향의 힘을 갖고 있다. 즉 우리가 만지는 것은 무엇이든 영혼을 갖게 된다."

과연 그렇게 볼 수 있는 걸까? 자신들의 변질에 대한 자기 정당화 논리는 아닐까? 브룩스는 책을 낸 뒤 보보스가 어떤 종류의 아이들을 키우고 있는지 알아보기 위해 프린스턴대학의 학생들을 방문했다. 그는 그들이 지독한 공부벌레에 지나치게 출세 지향적이며, 출세에 도움이 될 어떤 권위에 대해서도 고분고분하다는 것을 알아냈다.(Florida 2002)

'이상(理想)의 상품화'는 기업에만 국한되지 않았다. 바로 이것이야말로 정치의 주요 업무라고 해도 과언이 아니었다. 브룩스는 "이 새로운 시대에서 성공하는 정치인들은 보헤미안의 1960년대와 부르주아의 1980년대를 결합시켰고, 양쪽의 가치 체계를 조화시켰다. 그들은 과거 문화 전쟁 당시의 수사법을 사용하지 않는 경향이 있다. 또한 대결의 시절에 유행했던 것처럼 연단을 주먹으로 치면서 '확신을 강조하는' 정치인들이 아니다"며 다음과 같이 말한다.

"대신에 그들은 서로 다른 접근법을 한데 엮는다. 그들은 삼각 측량을 한다. 그들은 조화를 이룬다. 그들은 다양한 집단에 호소해야 함을 잘 알며, 좌파와 우파의 오래된 구분을 넘어 '제3의 길'을 추구한다. 그들은 인정 넘치는 보수주의, 실용적인 이상주의, 지속 가능한 개발, 성장과 배분, 목적이 있는 번영 등과 같이 조화를 강조하는 깃발을 들고 행진한다. 클린턴·고어 행정부의 가장 큰 특성은 보보 문화의 핵심에 있는 타협 정신을 잘 구현한 데 있다 해도 과언이 아니다. 우선 클린턴 행정부의 인사들은 1960년대의 반전 시위자들이면서, 동시에 1980년대의 선물 거래인들이다. 그들은 보헤미안의 이상과 부르주아의 야망을 고루 갖춘 채 백악관에 입성했다. 그들은 '좌파와 우파의 고루한 구분'에 반대하는 캠페인을 벌였다."

이어 브룩스는 "한편 과격하고 극단적인 정치를 갈망하는 좌파와 우파의 정치인들은 미적지근한 보보 정치 때문에 머리가 돌 지경이다. 그들은 사회의 중차대한 문제들을 보고 있으며, 그래서 그들은 근본적인 변화를 촉구한다. 그런데 새로운 중도적 기득권층은 그들의 과격한 아이디어를 무시하고 억누른다. 그럼에도 불구하고 그들은 새로운 파워 엘리트와 맞서 싸우기가 쉽지 않다"며 다음과 같이 말한다.

"보보 기득권층은 좀처럼 공격할 빈틈을 보이지 않는다. 무엇보다 그들은 공격할 구실을 제공하지 않는다. 그들은 상대방이 논쟁하고 반박할 만한 일관된 주장을 하는 일이 없다. 대신에 그들은 무엇이든 껴안고 융합하는 것 같다. 당신이 자유주의자이든 보수주의자이든, 보보 정치인들은 당신의 구호와 정책 제안을 받아들인 다음 거기서 모든 과격한 요소를 빨아낸다. 그들은 때로는 좌파이고, 때로는 우파이다. 그들은 절대로 싸움을 하지 않으려 한다. 그들은 그냥 즐겁게 살면서, 통합하고 조화시키고 절충하면서 행복하기만 하다. 좌파와 우파가 대결과 변화를 갈망할 때, 보보들은 그들의 장식용 쿠션에 적혀 있는 금언을 따르는 것 같다. '잘사는 것이 최상의 복수다.'"

스스로 열띤 보보스 예찬에 멋쩍었던 걸까? 브룩스는 보보스의 모든 것을 칭찬만 하면서 자신의 책을 끝내고 싶지는 않다며, 이런 말을 남긴다. "우리가 성취한 비교적 평온한 삶은 결코 무시할 수 없는 것이기는 해도, 여러 대안을 감안할 때, 그것은 잘못된 평온함이라고 지적할 수도 있다. 우리는 애매한 통합자인 정치인들을 선호하고 지역 공동체의 실용주의를 위해 국가적이고 이데올로기적인 논쟁을 회피함으로써, 미국을 언제나 다른 나라들과 구분해주었던 저 높은 이상과 원대한 야망을 상실하고 말았는지도 모른다. …… 우리는 사적이고 지역적인 삶의 편안함을 즐기지만, 반면에 국가 통합이나 특유의 역사적 사명감을 잃어버린 국민이 될지도 모른다. 내가 우려하는 것은 미국의 쇠락이 과도하게 힘을 쓰고 있기 때문이 아니라, 지도적인 시민들이 애국적인 봉사에 수반되는 고통과 도전보다는 널찍한 부엌이 더 큰 즐거움을 준다고 생각하는 속물적 태도 때문일 것이라는 점이다."

상속세 폐지 반대 운동

미국 부자들의 상속세 폐지 반대 운동도 그런 보보스 철학의 연장선상에서 이해할 수 있겠다. 2001년 2월 18일 『뉴욕타임스』 일요판 신문에 "우리는 상속세 폐지를 반대한다"라는 제목의 커다란 박스 광고가 실렸다. '책임 있는 부(Responsible Wealth)'라는 단체의 이름으로 실린 이 광고엔 빌 게이츠, 스티븐 록펠러(Steven C. Rockefeller), 조지 소로스

(George Soros), 애그니스 군트(Agnes Gund) 등 미국 억만장자 200명의 서명이 들어 있었다.

"상속세가 폐지된다면, 누군가 다른 사람이 그만큼의 세금을 더 낼 수밖에 없을 것이다. 상속세를 폐지하거나 세율을 내린다면 결국 덕을 보는 것은 억만장자의 아들과 딸들뿐일 것이며, 동시에 미국 사회의 오랜 전통인 자선 문화가 파괴될지 모른다. 그러므로 우리는 미국의 민주주의와 국가경제에 해를 끼칠 것이 분명한 상속세율 인하에 반대한다."

미국의 상속세법은 1916년 시어도어 루스벨트 대통령과 강철 재벌 앤드루 카네기(Andrew Carnegie, 1835~1919) 등 미국의 각계 지도자들이 중심이 되어 입법한 것이다. 상속세 폐지에 반대한 억만장자들은 상속세가 폐지된다면 미국의 정치·경제 권력이 불과 0.1퍼센트의 가문에 집중되어 미국은 부를 장악하고 있는 몇 명의 귀족들이 지배하는 사회가 될 것이며, 억만장자의 2세들은 '재능' 이 아니라 '유산' 에 의지해 국가의 부를 좌우할 능력을 얻게 될 것이라고 주장했다.(우태현 2002)

이들에 대해 '억만장자 사회주의자(billionaire socialists)' 라는 말도 나왔지만 자신들의 부(富)를 평화적으로 보호하기 위한 최소한의 장치를 요구한 것으로 이해할 수 있겠다. '책임 있는 부' 의 대표적 인물이 환투기꾼과 자선사업가라는 '두 얼굴' 을 갖고 있는 조지 소로스였다. 헝가리 출신의 유대인인 소로스는 1947년 맨몸으로 영국으로 건너가 『열린 사회와 그 적들(The Open Society and Its Enemies)』(1945)로 유명한 런던정경대학의 칼 포퍼(Karl Popper, 1902~1994) 밑에서 공부했다. 포

20세기 최고의 펀드 매니저이자 월가의 살아 있는 신이라 불리는 투자의 귀재 조지 소로스. 그에게는 세기의 자선가 혹은 세기의 투기꾼이라는 극단적인 찬사와 비난이 따른다.

퍼의 비판적 합리주의를 투자에 응용했다는 그는 70억 달러가 넘는 자산을 모두 사회에 환원하겠다고 공언하고 매년 수천만 달러를 각종 진보단체에 기부해와 '억만장자 사회주의자' '소프트머니 마르크시스트'라고 불렸다.(우성규 2005a)

하버드대학의 경제학 교수 제프리 색스(Jeffrey Sachs)는 평소 소로스가 "많이 쓸수록 더 많은 돈을 벌 수 있다"는 특유의 투자 이론, 이른바 리플렉시버티(Reflexivity) 이론에 따라 행동해온 점에 주목하면서 소로스의 자선 행위를 '자선금이라는 이름의 투자'라고 정의했다.(박태견 1995)

소로스는 1998년 9월 미 하원 금융위원회에 출석해 국제통화기금(IMF)에 대한 통렬한 비판을 가함으로써 많은 사람을 재미있게 만들었다. 그는 국제통화체제가 '조직적 붕괴' 상태에 있다고 경고하면서 국제통화기금의 자매기관으로 '국제신용보험공사(ICIC)'를 만들어 국제대출 업무를 엄격히 관리할 것을 주장했다. 또 "채권자-채무자 간의 불균등한 대우 및 국제 금융감독기구의 부재가 현 금융위기의 직접적인 원인"이라며 "무리하게 투자한 채권자에 대해서는 그동안 아무런 제재도 없었다"고 지적하면서 "타당성 검토 없이 무리한 투자를 한 채권자를 제재할 경우 금융위기에 봉착한 국가의 부실기업에 대한 투자를 억제하는 효과를 낼 것"이라고 주장했다.(동아일보 1998a)

악명 높은 환투기꾼이 그런 말을 해도 되나? 소로스는 '규칙'을 말했기 때문에 그런 '모순'에서 벗어날 수 있었다. 그는 영국인들이 "우리가 세금으로 바친 돈을 소로스가 가로채 갔다"고 분개하자 "내가 아니었더라도 누군가 다른 사람 몫이 됐을 것"이라고 대꾸한 적이 있다.(김창균 1996) 그러니까 시스템과 규칙의 문제인 것이지 그 시스템과 규칙에 따라 돈을 번 자신을 탓해서는 안 된다는 논리다.

"나는 환투기를 필요악으로 본다. 나는 규칙 안에서 일한다는 점을 강조하고 싶다. 규칙이 깨지는 것은 내 잘못이 아니라 규칙을 만든 자들의 잘못이다. 나는 합법적 참여자일 뿐이다. 나의 이런 소신은 매우 건전하고 정당하기 때문에 나를 투기꾼이라고 불러도 한 치의 거리낌 없다. …… 투기꾼이 돈을 번다는 것은 곧 당국이 뭔가를 잘못하고 있다는 증거이다. 그러나 그들은 잘못을 인정하려 들지 않는다. 무엇이 잘못됐나 하는 자기 성찰을 도외시한 채 투기꾼들더러 밤길을 밝혀달라고 하는 식인 것이다."(김창수 1998a)

혹 소로스의 이런 주장에 설득당할 사람들이 있을지도 모른다고 겁낸 것일까? 좌파들은 오직 금융투기에만 충실한 자들보다는 소로스를 오히려 더 미워했다. 예컨대, 슬라보예 지젝(Slavoj Žižek 2004a)은 "소로스와 같은 인물들은 직접적이고 노골적인 시장 폭리자보다 이데올로기적으로 훨씬 더 위험하다"며 다음과 같이 주장했다.

"우리가 레닌주의자가 되어야 하는 것은 바로 여기에서다. 즉 진심으로 빈민의 곤경을 동정하는 어떤 선한 신부를 동료 볼셰비키가 칭찬하는 것을 들었을 때의 레닌(Nikolai Lenin, 1870~1924)처럼 반응해야 한다는 것이다. 레닌은 볼셰비키가 필요로 하는 것은 술에 취해 농민들에게서 부족한 자원의 마지막 한 조각마저도 강탈하고 그들의 아내들을 강간하는 신부들이라고 논파했다. 그들은 객관적으로 무엇인가에 대해 농민들로 하여금 분명히 자각하도록 한 반면, '선한' 신부들은 그들의 통찰을 어지럽혔다는 것이다."

한국의 보보스

다시 보보스 이야기로 돌아가자. 한국은 어떤가? 한국에도 보보스가 있는가? "보보스족은 어느새 한국에도 상륙해, 코보스(Kobos; 한국의 보보스)라는 새로운 옷을 입고 재탄생하기에 이르렀다"는 주장이 제기되었다.(정윤희 2003) 한국에서 보보스라고 부를 만한 집단으로 테헤란밸리의 젊은 벤처 기업인들을 지목하거나(손형국 2001), '청담동 보보스'라는 식으로 강남의 명품족을 드는 사람들도 있었다.(전여옥 2002) 김병희(2002)는 "사랑하는 이에게 당신의 능력을 보여주세요"라고 호소하는 삼성카드 광고가 전형적인 보보스족 커플을 제시하고 있다며 다음과 같이 말했다.

"정장 슈트에 스니커즈를 신고 자전거를 탄 모습으로 여성들의 눈길을 붙잡는 것은 기본이며, 아내의 승진을 축하하기 위해 콘트라베이스로 한 곡쯤은 너끈히 즉흥연주를 할 수 있을 정도의 예술적 재능까지 겸비한 남자다. 휴가철에는 부부가 지중해 푸른 바다에 떠 있는 크루즈 유람선에서 영화의 한 장면처럼 여가를 즐긴다. 삼성카드에서 제시하는 보보스족은 고급스러운 생활을 즐기는 성공한 전문직 커플을 내세우고 있으며 이 광고 이후에 나온 다른 광고 역시 소비자들에게 고급 명품을 쓰는 보보스족이 되도록 세뇌하고 있다. 실제 광고에서 정우성이 멘 프라다 가방은 35만 원이며 양복은 물론 스니커즈도 값이 만만치 않은 명품이다. 광고에 나온 크루즈 유람선은 새로운 관광코스로 떠오르고 있다. 그러나 삼성카드에서 제시하는 보보스족의 모습은 지불 능력이 있는 부르주아만 보일 뿐 보헤미안의 특성은 찾아보기 어렵다."

마정미(2004)는 "KTF적인 생각"이라는 슬로건을 쓰고 있는 KTF의 광고 캠페인이나 SK의 "대한민국은 이미 새로워지고 있습니다" 캠페인들이 '함께 사는 세상' '나눔의 세상'을 담고 있는 것을 보보스형 광고로 보았다. 김경(2004)은 보보스를 "돈 쓰는 방식을 통해 자신이 속물이 아니라는 걸 증명해 보이는 가짜 보헤미안들"로 정의했다.

보보스의 출현과 보보스가 성공의 목표로 추앙받는 사회는 기존 진보 · 보수의 구분을 무력화한다. 정치의 장(場)에서는 양쪽이 치열하게 싸울망정, 그들을 똑같이 지배하는 우선적인 원칙은 "명문대에 입학하는 길은 우편번호에 달렸다"이기 때문이다. 이는 한국의 진보주의자들이 그 어떤 화려한 수사에도 불구하고 자녀 교육에 있어서만큼은 보수주의자와 아무런 차별성을 갖지 못하는 데에서도 잘 드러난다.

참고문헌 Brooks 2001, Current Biography 2004, Florida 2002, Heath & Potter 2006, Reich 2001, Schiller 2001, Soros 1998, Zizek 2004a, 김경 2004, 김병희 2002, 김창균 1996, 김창수 1998a, 동아일보 1998a, 마정미 2004, 박태견 1995, 손형국 2001, 우성규 2005a, 우태현 2002, 이주영 2003, 전여옥 2002, 정윤희 2003, 최형두 2004, 홍은택 1999a

제3장
9·11테러의 충격

"이제 우리는 모두 미국인이다!"
9·11테러

할리우드 영화를 능가한 9·11테러

2001년 5월 1일 미국 대통령 조지 W. 부시는 "미국은 30년 동안이나 미국의 손발을 묶어온 탄도요격미사일(ABM; Anti-ballistic Missile) 조약에서 벗어나 앞으로 나아가야 할 것"이며 핵미사일의 공격에 대비해 전면적 방어망을 구축해야 할 것이라고 선언했다.

부시가 말한 전면적 방어망은 미사일방어체제(MD; Missile Defense)다. MD는 위성 시스템 등을 이용하여 적국이 발사한 탄도미사일을 발사 상승 비행 하강 단계에서 차례로 포착해 각 단계에 맞는 무기로 요격하는 미사일 방어망 시스템이었다. 부시 행정부의 MD 체제 구축은 1983년 3월에 발표된, 우주에서 장거리 미사일을 요격한다는 전 대통령 로널드 레이건의 전략방위계획(SDI; Strategic Defense Initiative) 또는 '스타워즈'가 거의 20년 만에 되살아난 것이다. MD 체제는 '억제'나 '봉쇄' 등 과거의 안보정책 개념에서 변화된 '선제공격' 구상과 맞

물려 있었으며, 이에 대해서는 공화당과 방위산업계의 군산복합 커넥션론이 거론되었다. 그러나 이런 종류의 모든 논란을 한방에 잠재우면서 전 미국인을 하나로 똘똘 뭉치게 한 대사건이 4개월여 후에 터졌으니, 바로 9 · 11테러다.

2001년 9월 11일 오전 8시 45분 그리고 20분 후, 뉴욕의 세계무역센터(World Trade Center)에 오사마 빈 라덴(Osama Bin Laden)이 주도하는 테러조직 알카에다(al Qaeda)가 납치한 비행기 2대가 쌍둥이 빌딩에 충돌함으로써 빌딩은 무너지고 3000여 명이 사망하는 전대미문의 끔찍한 테러 사건이 발생했다. 비슷한 시각에 또 다른 제트기가 펜타곤 일부를 부수었고 네 번째 비행기가 펜실베이니아 주에 추락했다.

9 · 11테러는 미국의 아프가니스탄 공격에 이어 2003년 3월 이라크 침략으로 비화되었다. 9 · 11테러 이후 3년간 모두 2929건의 테러가 발생해 하루 평균 2.7건의 발생률을 기록했다. 이제 웹스터 영어사전에까지 등재된 '9 · 11'의 의미는 두 가지다. 하나는 여객기를 납치해 뉴욕 · 워싱턴 · 펜실베이니아를 테러 공격한 사건을 의미하고, 다른 하나는 수많은 사람이 숨지거나 다친 테러를 총칭하는 것이다.(김정안 2004)

9 · 11테러는 할리우드 영화를 능가했다. 110층 빌딩을 여객기가 베어 들어가면서 폭발하고, 쌍둥이 빌딩이 차례로 폭삭 가라앉는 장면에 경악한 시청자들을 더 놀라게 한 것은 앵커의 당황한 목소리였다. 같은 시각, 미국 수도 워싱턴 D.C.의 국방부 건물, 펜타곤이 항공기 추락으로 불타고 있다는 게 아닌가.

박선이(2001)는 "미국 경제와 국방의 심장부를 터뜨린 이번 테러 사건은 단번에 할리우드 영화를 떠올리게 한다. …… 네 대의 대륙횡단 여객기를 납치, 자살 공격에 쓴 실제 테러 현장은 백악관을 날려버린 〈인디펜던스데이(Independence Day)〉(1996년, 감독 롤랜드 에머리히)의 상업적 상상력마저 왜소하게 만들었다. 무역센터가 폭발 화염에 휩싸이는 장면은 〈아마겟돈(Amargeddon)〉(1998년, 감독 마이클 베이)을 베낀 듯 흡사하다. 맨해튼 거리를 내달리는 사람들의 공포 어린 표정은 〈고질라(Godzilla)〉(1998년, 감독 롤랜드 에머리히)에서 본 대로다. 테러리스트의 목표는 자신들의 뜻을 최대한 널리 선전하는 것. 그런 점에서 전 세계로 전파를 탄 CNN의 생중계는 〈트루 라이즈(True Lies)〉(1994년, 감독 제임스 캐머런)에서 고층 빌딩을 점거한 아랍 테러리스트들이 CNN 방송팀을 불러 성전(聖戰)을 선전하는 것 그대로다"라며 다음과 같이 말했다.

"할리우드는 오래전부터 테러리즘을 대형 오락 영화 소재로 삼아왔다. 세계 최강의 군사대국 미국이 가진 테러에 대한 강박적인 두려움이 그런 식으로 드러나는 셈이다. 이슬람 과격파와 탈레반 등 아랍 테러리스트들이 가장 자주 등장하는 주인공이지만 러시아 극우파, 동유럽 공산주의 잔당들도 종종 등장한다. 가장 즐겨 무대가 된 곳은 바로 이번에 테러 희생이 컸던 뉴욕 맨해튼이다. 초고층 빌딩의 스펙터클을 노리는 것은 영화감독이나 테러리스트들이나 마찬가지다. …… 〈파이트 클럽(Fight Club)〉(1999년, 감독 데이비드 핀처)은 고층 빌딩들이 폭삭폭삭 줄지어 무너져 내리는 데서 저항의 쾌감을 유도했지만, 텔레비전이 밤새도록 거듭 방영한 세계무역센터 폭발, 붕괴의 이미지는 어떤 영화도 이뤄내지 못한 폭력과 비극의 스펙터클이었다. 영화 속

9·11테러의 현장. 좌측 페이지 상단부터 차례로 유나이티드 항공 175편과 충돌한 세계무역센터의 모습, 아메리칸익스프레스타워 건물로 들이기는 구조대원, 10명의 구조대원을 요청하는 뉴욕 소방대원, 미 국방부 건물에 충돌한 아메리칸 항공 77편의 잔해, 뉴저지 유니언 시티의 한 복싱 클럽에서 벌려 현장을 목격하는 모습.

장면과 너무도 흡사하기에, 그것을 즐겼던 경험은 오히려 더 전율스럽다."

슬라보예 지젝(Slavoj Žižek)은 9·11이 미국인들을 '진짜 현실(real reality)', 즉 라캉의 언어로 '실재계'에 데려다준 사건이라고 주장했다. 미국인들은 이 사건이 충격적이었다고 말하지만, 사실은 미국이 할리우드 영화들을 통해 늘 상상해왔을 뿐만 아니라 실제로 여러 지역에서 저질러왔던 테러가 미국에서 발생한 것뿐이라는 것이다. 그런데도 이것을 예외적이고 충격적인 사건이라고 주장하는 미국인들은 실재계를 거부하는 자기연민에 빠져 있으며, 더 큰 폭력을 통해 오류를 강화하고 있다는 주장이다. 이런 미국인들의 모습은 영화 〈매트릭스(The Matrix)〉(1999년, 감독 앤디 워쇼스키·래리 워쇼스키)에서 컴퓨터에 의해 조정되는 가상현실에 머물기를 고집하는 사람들과 닮았다는 것이다.(박진빈 2009)

"21세기의 진주만 사건이 벌어졌다"

9·11테러 당시 백악관을 벗어나 있던 부시 대통령의 일정 운용 및 위기 대처능력 등은 나중에 논란거리가 됐다. 첫 번째 비행기가 세계무역센터로 돌진할 때 부시는 플로리다 주 사라소타에 있는 엠마 부커 초등학교를 방문하고 있었으며, 두 번째 테러 뒤에 F16 전투기의 호위도 없이 '에어포스 원'을 탄 것으로 나중에 알려졌다. 국가적 위기 상황에서 정규행사를 중단하지 않고, 또 F16의 호위도 없이 전용기를 탄 것은 군 최고사령관으로서 안일한 대응이었다는 비난이 끊이지 않았다.

훗날(2010년 9월) 영국 채널4 텔레비전이 9·11테러 9주년을 맞아 제작한 다큐멘터리 〈9·11, 위기상황〉과의 인터뷰에서 당시 백악관 안보보좌관 콘돌리자 라이스(Condoleezza Rice)가 밝힌 바에 따르면, 라이스는 플로리다 주의 초등학교를 방문한 뒤 대통령 전용기 '에어포스 원'을 이용해 워싱턴 D.C.로 귀환 중이던 부시 대통령과의 전화통화에서 그의 백악관 귀환을 막기 위해 고성으로 언쟁까지 벌였다.

당시 딕 체니 부통령 등과 함께 백악관 지하 벙커에서 사태를 주시하고 있던 라이스는 "나는 그(대통령)에게 목청을 돋웠는데 이전엔 한번도 그런 적이 없다. 나는 '당신은 이곳에 돌아올 수 없습니다'라고 말했다. 그러곤 전화를 끊었다. 대통령은 적어도 나에게 엄청 짜증 냈을 것"이라고 말했다. 그는 이어 "대통령은 내게 전화를 걸어 '난 돌아갈 거야'라고 말했으며, 난 다시 '당신은 이곳에 돌아올 수 없습니다. 미국은 공격을 받고 있으며, 당신은 안전해야 합니다. 우리는 여기서 무슨 일이 일어나는지 모릅니다'고 말하자 대통령은 '돌아갈 거야'라고 말했고 난 '그럴 수 없습니다'라고 말했다"고 전했다.

그는 또 당시 백악관 지하벙커에는 너무나 많은 사람들이 몰려들었으며, 부시 대통령조차 통신보안이 되지 않은 전화를 사용하는 등 국가통신 체제가 완전히 무너진 사실도 소개했다. "벙커에 너무나 많은 사람들이 몰려들어 산소 수치가 떨어지기 시작했으며, 비밀경호대 요원들이 들어와 '몇 분을 밖으로 내보내야겠다'고 말했다"면서 "그들은 정말로 사람들에게 '당신은 중요한 인물이 아니니 밖으로 나가야 한다'고 말했다"고 회상했다. 라이스는 "정교한 체계와 정교한 명령 및 통제 장비에도 불구하고 당시에는 제대로 작동되지 않았으며, 사람들은 대신 메시지를 전할 수 있는 모든 수단을 사용했다. 솔직히 말

하면 당시에는 모든 것이 와해됐다"고 말했다.(조찬제 2010d)

라이스가 군 최고사령관인 대통령에게 귀환을 막는 발언을 한 것은 전례 없는 국가비상사태를 맞아 미 행정부가 얼마나 긴박하고도 혼란한 상황에 빠져 있었는지를 보여줄 뿐만 아니라 부시가 느꼈을 충격을 말해준다.

부시 대통령은 9월 11일 밤 연설에서 "미국은 세계에서 자유와 기회의 가장 밝은 횃불이기 때문에 공격의 목표가 된 것입니다. 그 누구도 그 불빛이 빛나는 것을 막지 못할 것입니다."라고 말했다. 그는 그날 밤 일기에 "21세기의 진주만 사건이 오늘 벌어졌다"고 썼다. 부시는 다음날 의회 지도자들과 만나 "그들은 기독교를 증오합니다. 유대교를 증오합니다. 자신들과 다른 모든 것을 증오합니다"라고 말했고, 또 그날 미 적십자사 총재를 만난 자리에서는 "나는 주님의 손안에 있습니다"라고 말했다.(김지석 2004)

"이제 우리는 모두 미국인"

9·11 직후 프랑스의 『르몽드(Le Monde)』(2001년 9월 13일자)는 헤드라인으로 "이제 우리는 모두 미국인"이라고 선언하며 미국에 강력한 유대감을 표현했다. 당시 『르몽드』의 사장이던 장-마리 콜롱바니(Jean-Marie Colombani)가 밝힌, '우리 모두가 미국인'인 이유는 다음과 같다.

"테러 사태의 충격을 표현하기에 적당한 말을 찾을 수 없는 이 비극적인 순간에 우선 떠오르는 생각은 다음과 같은 것이다. '우리는 모두 미국인이다! 우리는 모두 뉴욕 시민들이다.' 이는 마치 케네디 대통령이 1962년 베를린에서 '우리 모두는 베를린 시민이다'라고 선언한 것과 같다. 인류의 역사에서 가장 비극적인 이 순간에 미국이라는 나라와 그 국민들과 마음속으로부터 굳게 맺어져 있다고 어떻게 느끼지 않을 수 있겠는가. 우리와 아주 가깝고, 우리가 자유를 획득할 때, 그러니까 우리의 내적 단결을 강화할 때 우리가 커다란 빚을 졌던 미국에 대해서 말이다."(Portes 2009)

일본의 한 언론 매체는 이 사건을 인간의 역사에 길이 기억될 비극이라고 보도했다. 이와 관련, 일본 오사카 여자대학 교수 오카 마리(2001)는 "미국의 역사가 아니다. 인간의 역사다. 희생자가 60개국에 걸쳐 있었으니까? 전 세계에 리얼타임으로 보도되었으니까? 아니면 그 규모가 너무도 엄청나니까?"라고 물으면서 다음과 같이 말했다.

"언론은 사랑하는 이의 행방을 필사적으로 찾는 사람들의 모습을 보도했다. 약혼자의 사진을 손에 쥐고 현장을 누비는 젊은 여성의 사진을 봤을 때 헝클어진 머리, 초췌한 얼굴, 비틀거리는 발걸음 너무나 황당해서 그때까지 전혀 현실감 있게 느껴지지 않던 그 사건이 갑자기 가슴에 와 닿아 나도 모르게 눈물이 복받쳤다. …… 매일같이 전 세계로 유통되는, 희생자의 죽음을 둘러싼 구체적이고 상세한 보도에 의해서, 분명히 수천 명의 인간을 한순간에 덮쳐 버린 죽음이라는 사건과 그 비극성이 전 세계 사람들에게 공감을 불러일으키는 사건으로서 공유되었다고 말할 수 있을 것이다."

9·11테러가 일어난 지 몇 주 후에 미국을 방문한 독일의 철학자 위르겐 하버마스(Jürgen Habermas)는 "아마 9·11테러는 매우 엄격한 의미에서 최초의 세계사적 사건이라고 불릴 수 있을 것입니다. 그 충격, 그 폭발, 그 느릿한 붕괴, 이 모든 것은 더 이상 할리우드에서나 볼 수

있는 장면이 아니라 소름 끼치는 실제 상황이었습니다"라고 말했다.

여기서 중요한 것은 하버마스가 미국에 가보고서야 뉴욕 시민들이 9·11테러 때 겪었던 감정의 황폐화 정도에 대해 이전과는 전혀 다른 관점을 갖게 되었다는 사실이다. 하버마스와 대담을 나눈 지오반나 보라도리(Giovanna Borradori 2004)에 따르면, "하버마스는 뉴욕에 도착한 이후에야 비로소 감정적으로 느낄 수 있는 이러한 커다란 간격이 매우 뚜렷하게 보이게 되었다는 점을 솔직하게 시인했다."

9·11테러의 공식 사망자 수는 3016명이었다(한국인 사망 30명). 3년 후에야 밝혀진 사실이지만, 당시 사진과 목격자 등의 진술에 미뤄볼 때 200여 명이 창문을 통해 뛰어내렸다. 비행기와의 충돌로 78층 주변 비상구가 무너져 내린 남쪽 타워의 경우, 많은 사람이 불길을 피해 위층으로 대피를 시도했지만 93층에서 99층이 무너져내린 북쪽 타워의 경우, 그대로 창문 밖으로 뛰어내렸다는 것이다. 루이스 가르시아(Louis Garcia) 뉴욕 소방서장은 "불길이 치솟으면 실내 온도는 철 구조물도 휠 정도인 섭씨 538도까지 오르게 된다"며 "사람들은 불길이 다가오면 순간적인 고통을 벗어나기 위해 창문을 통한 탈출을 시도하게 된다"고 말했다. 이 경우, 대부분 사람들은 자신이 몇 층에 있는지조차 모르고 살아야 한다는 생각조차 잊는다는 것이다.

1000여 명의 살아남은 사람들은 대부분 비행기와의 충돌지점에서 멀리 떨어져 있거나 주변에 책상이나 벽 등의 구조물이 있어 불길로부터 몸을 보호할 수 있던 것으로 밝혀졌다. 또 이 건물 설계 당시에는 여섯 개의 비상계단을 만들기로 했으나 건축 과정에서 경비상의 이유로 비상계단을 세 개로 줄이면서 많은 사람이 비상계단을 찾지 못한 채 그대로 숨겨 희생자가 늘었다는 분석도 나왔다. 로빈 거션(Robyn Gershon) 컬럼비아대학 교수는 "당시 많은 사람들이 비상구가 어디 있는지도 모른 채 뛰어내렸다"며 "현장에 있던 사람들에게 계단의 위치만이라도 제대로 알릴 수 있었더라면 희생자 수는 크게 줄었을 것"이라고 말했다.(홍성철 2004)

미국 9·11테러 조사위원회가 2004년 7월 23일 발간한 「9·11 보고서」가 미국 내 베스트셀러 반열에 올랐다. 10달러의 종이 보급판인 「9·11 보고서」는 발간된 지 반나절 만에 서점 판매량 15만 부를 넘어섰고 인터넷을 통해 50만 권의 선주문이 쇄도, 온라인 판매 1위를 기록했다. 588쪽 분량의 방대한 분량임에도 미 국민이 앞다퉈 이 책을 구입한 이유는 미국 지도층의 오판과 실수, 풀리지 않는 테러의 실체, 희생자들의 애절한 마지막 순간 등 픽션을 능가하는 흥미진진한 역사적 진실을 담고 있었기 때문이다.

"납치범들이 비행기를 건물에 충돌시키려 해요. 충돌은 순식간의 일일 테니 걱정 마세요. 아, 하나님!" "스튜어디스 한 명이 칼에 찔렸어요. …… 승객들이 괴로워해요. …… 추락할 것 같아요!" 이 보고서는 피랍 여객기에 탑승했던 희생자들의 미공개 휴대전화 대화록도 공개되면서 참사의 슬픔을 다시 한번 상기시켰다. 비행기가 두 번째로 세계무역센터에 충돌하기 직전 아버지와 통화하면서 아버지를 도리어 위로한 희생자의 유언, 또 다른 피랍기 유나이티드 에어 93편에서 승객과 납치범 간의 격렬한 몸싸움을 알려주는 음성기록 등은 알려지지 않았던 긴박한 상황을 재연해주었다.(장학만 2004)

'블로우백'인가, '십자군 전쟁'인가?

이 끔찍한 테러를 저지른 테러리스트들은 무식한 광신도들이 아니었다. 테러를 저지른 범인 19명 중 13명이 사우디아라비아 시민이었으며, 모두 고도로 숙련된 중간계급 전문가였다. 사우디아라비아, 이집트, 알제리의 식자층이 개인적인 테러리즘에 이끌리고 있다는 게 문제의 핵심이었다.

역사학자 차머스 존슨(Chalmers Johnson 2003)은 9·11이 일어나기 1년 6개월 전인 2000년 초 봄에 출간한 『블로우백(Blowback)』을 통해 '블로우백(blowback; 역타격)'을 경고했다. '블로우백'은 로켓포가 발사되면서 추진 연료로 인해 뒤로 화염을 뿜는 것을 가리키는데, 적에게 발사한 미사일의 화염 바람으로 오히려 아군이 피해를 당한 경우를 일컫는 군사용어다. 넓은 의미로, '블로우백'은 한 나라가 자신이 뿌린 씨앗이 무엇인지 충분히 알거나 이해하지 못한다고 하더라도, 결국은 뿌린 씨앗을 거둬들이게 된다는 사실을 뜻하는 말이다. 미국의 부와 권력을 감안한다면, 미국은 가까운 미래에 예상될 수 있는 모든 형태의 블로우백, 특히 미국 국내를 비롯해 지구상 모든 곳에 있는 무장 세력의 으뜸가는 테러 대상이 되리라는 것이다. 그는 미국인을 설득하기 위해 다음과 같이 말했다.

"우리 미국인은 세계에서 미국의 역할이 고결하다는 것(우리의 행동이 우리 자신뿐만 아니라 다른 나라 사람들의 선을 위해서도 늘 변함없다는 것)을 깊이 확신하고 있다. 설령 우리 국가의 행위가 재난을 가져온다고 할지라도 우리는 그러한 행위 이면의 동기가 언제나 고귀한 것이라고 가정한다. 그러나 냉전의 종식 이후 지난 10년간 미국은 외교적 신뢰, 경제적 지원, 국제법 및 외교정책의 수행에 필요한 다자적 국제제도에 의존하기보다는 허장성세(虛張聲勢), 군사력 및 금융조직에만 많은 시간을 허비해왔다는 증거들이 쌓여만 가고 있다."

그러나 그의 주장은 철저히 외면되었다. 부시 대통령의 국가안보담당 보좌관 필립 젤리코(Philip Zelikow)는 미국외교협회에서 발행하는 기관지에서 "나는『블로우백』을 만화책처럼 읽었다"고 조롱하기까지 했다. 그러다가 9·11이 터지자 그의 책은 두 달도 못 돼 7쇄를 찍는 등 폭발적인 주목의 대상이 되었다.

세계를 위해 자신을 희생한다는 착각과 환상으로 수많은 전쟁을 해온 미국인이 테러의 표적이 된다는 것은 미국인으로선 감히 상상할 수조차 없는 일이다. 그러니 2001년의 9·11테러에 대해 미국인들이 느꼈을 충격과 공포는 엄청났을 것이다. "미국이 공격받다(U.S. ATTACKED)." 9·11테러 다음날 발행된 미국 유력지 『뉴욕타임스』의 1면 전단 제목은 이 두 단어였다. 이 신문은 이후 '도전받은 나라'라는 부제의 섹션을 따로 만들어 매일 '테러와의 전쟁'과 관련한 전황을 상세히 보도하기 시작했다. (윤국한 2002)

부시는 9·11테러 직후 "우리는 기도를 통해 전능하신 신에게 우리의 슬픔을 감당해달라고 간구한다"고 말했다. 테러 직후 가진 한 기자회견에서 '십자군 전쟁(crusade)'이라는 말을 쓴 일은 즉각 거센 논란을 불러일으켰다. 팔레스타인 비르제이트대학의 로저 히코크 교수(역사학)는 "무엇이든 문자 그대로 이해하려는 습성의 중동인들에게 부시 대통령의 '십자군' 발언은 곧바로 7만여 명의 모슬렘이 학살된 1099년의 예루살렘 정복을 의미하는 것이었다"고 말했다. (정은령 2003)

'부시 독트린'의 탄생

9월 20일 대통령 조지 부시는 상하 양원 합동회의에서 한 연설에서 이렇게 주장했다. "미국인들은 묻습니다. 왜 그들은 우리를 증오하는가? 그들은 바로 여기 이 회의장에서 우리가 보고 있는 민주적으로 선출된 정부를 증오합니다. 그들의 지도자들은 자기 스스로 임명된 사람들입니다. 그들은 우리의 자유 우리의 종교의 자유, 우리의 표현의 자유, 투표하고 집회하고 서로 다른 의견을 표할 수 있는 우리의 자유를 증오합니다."(한기욱 2002)

부시는 이 연설에서 대(對)테러 전쟁과 관련, 테러조직뿐 아니라 비호 국가로까지 확대, 전 세계 테러조직을 근절할 때까지 지속, 지원 여부에 따라 동맹국과 적국을 가른다 등 세 가지 원칙을 제시했다. 콘돌리자 라이스 백악관 안보보좌관은 이를 '부시 독트린'으로 명명하고 향후 미국 외교의 기본이 될 것이라고 밝혔다.(유승우 2002)

『워싱턴포스트』는 '부시 독트린'에 대해 전 세계를 양분해 선악으로 가르는 냉전 이전의 전통으로 돌아갔다는 의미에서 '흑백논리적 2분법'이라는 비판을 가했지만, 부시의 연설이 미국인이 느낀 충격을 잘 대변해준 것은 분명하다. 다음과 같은 연설 내용은 부시가 미국이라는 종교(宗敎)를 역설하는 종교 지도자 같다는 느낌을 주지 않는가?

"미국이 단호하고 강력하게 존재하는 한 이 시대는 결코 공포의 시대가 되지 않을 것입니다. 그와 반대로 이제 미국과 세계는 자유의 시대를 맞게 될 것입니다.(박수) …… 슬픔과 분노 속에서 우리는 우리의 소명과 그 이유를 보았습니다. 이제 자유는 두려움과의 전쟁을 시작했습니다. 이 시대의 위대한 성취이며 모든 시대의 위대한 희망인 인류의 자유를 진보시키는 것은 우리 미국의 어깨에 달렸습니다. 우리 미국 국민, 즉 이 시대의 미국 국민은 이제 어두운 폭력의 위협을 우리와 우리의 미래로부터 걷어낼 것이며, 우리의 노력과 용기로써 전 세계를 동참시킬 것입니다. 우리는 결코 지치지도, 멈추지도, 실패하지도 않을 것입니다.(박수)"(권용립 2003)

그래도 이것은 매우 점잖은 편이었다. 이후 부시는 노골적인 선악(善惡) 대결구도를 역설하면서 이라크 침략을 정당화하는 수사법을 구사하게 된다. 아니 그건 수사법 이상의 것이었다. 그건 미국의 오랜 전통이자 국민성이기도 했다. 권용립(2003)은 다음과 같이 말한다.

"'테러와의 전쟁'에서 미국의 편에 서지 않으면 미국의 적으로 간주한다는 단세포적 선악관이나 국제적 테러 조직에 대한 음모론적 강박 관념은 미국 정치와 외교의 역사에 비춰볼 때 전혀 새로운 것이 아니다. 미국 정치 문명의 속성을 제대로 알고 나면 '9·11'은 '세계를 구원할 자유와 소명'을 스스로 부여해온 미국의 전통적 자의식을 다시 일깨운 것이며 '9·11' 이후 조지 W. 부시 행정부의 공격적 외교정책은 이 자의식의 적나라한 표현에 지나지 않음을 알 수 있기 때문이다."

그래도 지도자가 누구냐에 따라 그런 '표현'에 어느 정도의 가감(加減)은 있을 텐데, 부시는 극단으로 치달았다. 로버트 쉬어(Robert Scheer 2009)의 분석에 따르면, "아들 부시는 아버지와 달리 전쟁을 경험하지 않았다. 명백한 공격 행위인 9·11에 대한 그의 대응은 계산된 대결이라기보다는 화들짝 놀라 부리는 허세에 가까웠다. '본때를 보여줘'라는 말은 신중한 외교정책이라기보다는 경솔한 수사로 들렸다. …… 점차 복잡해지는 세계 문제에 부시가 개입하는 방식을 이해할 때 주목할 점은 그가 외국을 여행한 경험이 거의 없다는 사실이다. 멕시코에서 난장판을 벌이고, 중국 주재 대사인 아버지를 따라 중국에 갔을 때는 문화대혁명 때문에 데이트 상대를 구하지 못했다며 불만을 늘어놓은 게 고작이다."

부시의 9·20 연설 이후 사실상 모든 나라가 테러의 반대편, 즉 미국과 한편에 서겠다고 다짐했다. 9·11테러 한 달 만인 10월 7일 미군은 탈레반 근거지인 칸다하르와 잘랄라바드 등 아프가니스탄 주요 지역에 대한 공습을 시작했다. 명분은 테러리스트 오사마 빈 라덴을 잡는다는 것이었지만, 다른 뜻도 있다는 주장도 제기되었다. 최병두(2002)에 따르면, "지정학적으로 매우 중요한 의미가 있는 아프가니스탄에 우선적으로 친미정권을 세움으로써 아프가니스탄에 인접해 있는 여러 국가, 특히 러시아, 중국, 파키스탄, 인도 등 주요 강대국을 견제하기 위한 것이라고 할 수 있다."

과연 누가 오사마 빈 라덴을 비롯한 테러 집단을 키웠는가 하는 문제도 제기되었다. 닐 스미스(Neil Smith)에 따르면, "사실 오사마 빈 라덴과 아프가니스탄의 탈레반 정부는 미국 국방부로부터 훈련과 지원을 받았다. 미국 정부는 1980년대에 왜 세계 최악의 테러리스트라고 자신들이 지칭하는 이들을 지원하고 승인을 했던가? 그 답은 간단하다. 냉전 기간 동안 미국은 1979년 아프가니스탄을 공격했던 구소련에 대항한 빈 라덴의 테러리즘을 찬양했다."(최병두 2002)

미국의 아프가니스탄 공격에 대해 오사마 빈 라덴은 알자지라(Al-Jazeera) 방송을 통해 방영된 비디오테이프에서 이렇게 말했다. "미국

아프가니스탄 탈레반의 모습과 오사마 빈 라덴(우측 하단).

이 오늘날 맛보는 것은 우리가 수십 년 동안 맛보아온 것에 비하면 아주 작은 것이다. 우리 민족은 80년 이상이나 이런 수모와 경멸을 맛보아왔다. 그러나 80년이 지난 후, 정작 미국에 칼이 떨어지면 위선이 그 추악한 고개를 치켜들고 이슬람교도의 피와 명예의 성지를 함부로 더

럽힌 이런 살인자들의 죽음을 애도한다. 이런 사람들에 대해 최소한으로 말할 수 있는 것은 그들이 타락한 사람들이라는 것이다."(한기욱 2002)

미군은 최첨단 전투기와 모아브(MOAB) 폭탄, 집속탄을 앞세워 아프간 전역을 초토화했으며, 한 달 뒤부터는 미 지상군을 투입해 칸다하르를 접수했다. 테러리스트들의 의도와는 달리 아이러니하게도 9·11테러는 '유일 초강국' 미국의 위상을 오히려 강화해주었으며, 이에 따라 '신제국주의' 논란이 가열되었다. 신보수주의를 표방한 '새로운 미국의 세기를 위한 프로젝트(PNAC; Project for the New American Century)'의 톰 도널리(Thomas Donnelly) 사무 부총장은 "미국은 문서를 만들어 다른 나라의 복종을 강요하지 않는다"면서 미국의 가치를 세계에 보급하는 것이 미국의 새로운 운명이라고 주장했다. (이승철 2001a)

"조지 W. 부시가 저의 사령관입니다"

역사에 원조(元祖)로 기록되기를 원하는 대통령의 '원조 콤플렉스'라는 게 있다. 기자생활 55년 중 38년을 백악관에서 보낸 UPI 통신의 헬렌 토머스(Helen Thomas 2000)에 따르면, "내가 취재한 여덟 명의 대통령은 모두가 하나같이 역사책에 기록되길 원해서인지 그들이 행정부에서 한 일이 '최초'의 것이 되기를 추구했다. 예를 들어 최초의 중요한 법 제정, 최초의 인간 달 착륙, 최초의 예산 균형, 외부 세력과의 최초의 관계 구축…… 등이 바로 그것이며, 역대 대통령들은 훌륭하게 또는 비열하게 그 일을 추진했다."

부시의 '원조 콤플렉스'는 무엇인가? 그건 바로 이분법이었다. 물론 동서고금을 막론하고 모든 지도자가 이분법을 즐겨 쓰기 마련이지만, 부시는 타의 추종을 불허했다. 그는 "우리 편이 아니면, 테러리스트들 편이다"라고 선언했으며, 이에 따라 9·11 이후 그 유례를 찾아보기 어려울 정도로 단순하고 선명한 이분법이 미국 사회를 지배하게 되었다.

일부 종교인은 한 걸음 더 나아갔다. 9월 13일 제리 폴웰(Jerry Falwell) 목사는 패트 로버트슨이 이끄는 CBN(Christian Broadcasting Network)의 〈700클럽(The 700 Club)〉에 출연해 이렇게 주장했다. "이게 다 이교도, 낙태론자, 여성주의자, 동성애자, 미국시민자유연합(ACLU; American Civil Liberties Union)이 미국을 세속화하려 들기 때문에 벌어진 일입니다. 나는 그들의 면전에 이렇게 말해주고 싶습니다. '이런 일이 벌어진 건 바로 당신들 탓'이라고. 이 때문에 하나님께서 미국을 보호하시던 장막을 거두고 계십니다. 이번 사태는 앞으로 일어날 더 무시무시한 일들의 전조일 뿐입니다."

이 주장에 대해 항의가 빗발치자 폴웰은 "저는 테러리스트 말고 다른 사람들을 비난하려 한 것이 아닙니다. 누구에게도 그런 인상을 드렸다면, 사과드립니다"라고 말했지만, 그런 주장을 유발한 정서는 의외로 폭넓은 지지 기반이 있었다.(김윤성 2003)

로버트슨도 이 주장에 공감을 표했으며, 폴웰의 뒤를 따르는 목사들은 계속 나타났다. 10월 11일 조이스 마이어(Joyce Meyer) 목사는 크리스천연합의 연례행사인 '승리를 향한 길' 회의에서 "우리가 하나님께 복종하지 않으면, 하나님의 보호는 사라질 것입니다"라면서 미국인들은 공격받아 마땅한 짓을 했다고 말했다. 부시 대통령은 이 회의에 보낸 비디오테이프 메시지를 통해 이들에 대한 지속적인 지원을 약속했다.(Lind 2003)

『뉴 리퍼블릭(The New Republic)』의 편집자인 앤드루 설리번(Andrew Sullivan)은 미국의 반전 운동가들이 '제5열(Fifth Column)'이라는 주장까지 폈다. 제5열은 1936년에 발발한 스페인내전 당시, 인민전선 정부에 맞서 마드리드 공략 작전을 지휘한 정부군의 에밀리오 몰라(Emilio Mola Vidal) 장군이 자신이 이끌던 4개 부대 이외에도 마드리드에 자기 부대에 협력하는 사람들이 있음을 시사한 데에서 유래된 용어로 전시에 후방 교란, 간첩 행위 등으로 적국의 진격을 돕는 부대를 가리킨다.

CBS 앵커맨 댄 래더(Dan Rather)는 9·11테러 직후 〈데이비드 레터맨 쇼(Late Show with David Letterman)〉에 출연해 방송 중 레터맨과 같이 눈물을 흘렸다. 래더는 "조지 부시가 대통령입니다. 그리고 당신도 아시겠지만, 부시가 결정을 내렸습니다. 만약 저의 지지를 원한다면, 부시는 그냥 저에게 어떻게 해달라고 말만 하면 됩니다. 다른 미국인에게도 말입니다"라고 말했다. 래더는 〈래리 킹의 라이브 쇼(Larry King Live)〉에 출연해서도 같은 취지의 말을 했다. "9월 11일 이전에 조지 부시에 대해서 어떤 말을 듣고 어떤 말을 듣지 않았든 간에, 바로 그가 우리의 최고 지도자입니다. 현재는 그가 대장인 것이죠. 우리가 단결해야 할 필요가 있습니다. 그리고 변치 말아야 합니다. 제가 지금 설교하려 드는 것은 아닙니다. 우리 모두 이 사실을 잘 알고 있을 테니 말입니다." 이에 대해 하워드 진(Howard Zinn 2003)은 이렇게 반박했다.

"전체주의 국가에서나 들을 수 있을 법한 말입니다. 대통령이 전원

집합하라고 한다고 해서 모두 집합해야 한다니요. 언론의 제1수칙은 독립적인 목소리를 내고, 독립적인 비판을 해야 한다는 겁니다. 정부의 시녀도 아니고, 정부와 대중을 곧이곧대로 대변하는 존재도 아니라는 것이죠. 정부가 한마디 말을 한다고 해서 '그래, 우리 모두 모이자' 이런 식으로 말해서는 안 됩니다. 그렇지만 오늘날 우리는 CNN을 틀 때마다 텔레비전 화면에서 성조기를 보지 않으려야 않을 수 없게 된 지경에 이르렀습니다."

2001년 9월 29일 민주당 아이오와 지부에서 연설한 앨 고어는 "조지 W. 부시가 저의 사령관입니다"라고 선언해 우레와 같은 박수를 받았다. 그는 『뉴욕타임스』에 "민주당원과 공화당원에게 모두 간곡히 부탁합니다. 부시 대통령에게 확고한 지지를 보내줍시다"라는 내용의 글을 기고했다. 이에 대해서도 하워드 진(Howard Zinn 2003)은 이렇게 비꼬았다.

"이 소식을 들었을 때 저는 이런 생각이 들었습니다. '앨 고어는 헌법을 읽어본 적이 없나 보군' 하고 말입니다. 우리의 헌법에는 대통령이 군대의 최고지휘관이라고 쓰여 있습니다. 대통령은 이 나라의 최고지휘관도, 우리 모두의 최고지휘관도 아닙니다. 앨 고어는 앞뒤 재지 않고 전선으로, 권력의 중심으로 뛰어들려는 사람들의 또 다른 본보기일 뿐이죠."

좌파 내부의 분열

노엄 촘스키(Noam Chomsky 2001b)는 "세계 도처에서 미국이 선도적인 테러리스트 국가로 여겨지고 있으며 거기에는 상당한 이유가 있다는 것을 인정해야 한다"면서 "아일랜드 공화국군(IRA; Irish Republican Army) 폭탄이 런던 시내에서 터졌을 때 웨스트벨파스트나 또는 IRA에 대한 재정 지원의 원천인 보스턴을 폭격해야 한다는 주장은 없었다"고 말했다.

미국이 '선도적인 테러리스트 국가'로 여겨지고 있다는 촘스키의 주장은 많은 미국인을 경악시켰다. 이에 대해 촘스키는 "가장 극단적인 경우는 아니라 해도 가장 분명한 사례는 니카라과다. …… 미국이 국제사법재판소에 의해 국제적인 테러행위자로 규탄받은 유일한 국가이며 국제법을 준수하라는 유엔 안전보장이사회 결의를 거부했다는 것은 특별히 되짚어볼 가치가 있다"며 다음과 같이 말했다.

"이라크에서 약 100만 명의 민간인과 50만 명의 어린이들을 죽인 사건의 주요인이 된 정책에 대해 당신은 어떤 이름을 붙일지 모르겠다. 그런데 미국의 국무장관은 그만 한 대가는 우리가 얼마든지 치를 수 있다고 말한다. 거기에 걸맞은 이름이 있는가? 이스라엘의 만행을 지지한 것도 또 하나의 예가 될 수 있다. 쿠르드족을 진압하고 있는 터키를 지원한 것도 또 다른 예다. 클린턴 행정부는 과감하게도 대(對)쿠르드 진압 무기의 80퍼센트를 지원했는데, 만행이 증가하면서 무기 지원도 확대되었다. 그것은 그야말로 대량학살이었으며, 1990년대에 인종청소와 파괴를 자행한 최악의 전쟁 중 하나였다."

이어 촘스키는 미국인이 9·11테러의 문제를 이해하기 어려운 이유에 대해 다음과 같이 말했다. "서구인들은 이라크에 대해 다음 얘기를 선호하지만 이라크인들은 과거 10년간의 미국 정책이 사담 후세인(Saddam Hussein, 1937~2006)을 강화시키면서 시민사회를 황폐화했음을

이란-이라크 전쟁 중 이라크 후세인 정권의 독가스 테러로 학살당한 쿠르드족. ⓒ Abu badali

알고 있다. 그들이 알고 있는 바와 같이 미국은 사담 후세인이 1988년 쿠르드족에게 독가스 공격을 한 것을 포함하여 극악무도한 행위를 하는 동안 그를 강력하게 지지했던 것이다. 빈 라덴이 방송을 통해 이런 점을 온 중동에 알릴 때, 청취자들은 심지어 그를 경멸하는 사람들조차 많은 사람이 그랬듯 공감했다. 미국과 이스라엘에 관하여 가장 중요한 사실은 그런 문제들이 제대로 보도되지 않고 있으며, 보편적으로 거의 알려지지 않고 있다는 점이다. 특히 엘리트 지식층에게 그러하다."

9 · 11은 좌파 내부의 분열도 몰고 왔다. 오랫동안 좌파 잡지인 『네이션(Nation)』에 기고해온 크리스토퍼 히친스(Christopher E. Hitchens)의 촘스키 공격이 그 대표적 사례다. 촘스키는 9 · 11에 대한 언론의 쇄도

하는 질문에 미국이 1998년 수단의 알-시파(al-Shifa) 제약공장을 파괴한 것을 언급하는 간결한 성명을 발표했다. 촘스키에 따르면, 그 공격 이후 수단에서는 어떤 약도 구할 수 없었기 때문에 "수만 명 그중 다수는 어린이들이 말라리아, 결핵 그리고 기타 치료 가능한 질병들로 고통받았고 죽었다"는 것이다. 이에 대해 히친스는 "냉혈한 촘스키는 9·11 계획을 1998년 8월의 멍청하고 잔인하고 냉소적인 클린턴의 카르툼(Khartoum) 공습과 비교했다"며 다음과 같이 비난했다.

"나는 신중하게 그리고 흥분하지 않고, 이런 정신상태를 범죄와 파시즘에 대한 관대함이라고 주저 없이 묘사하겠다. 그런 자들과는 어떤 정치적 연합도 불가능하며, 그들과의 어떤 정치적 연합도 이제 필요하지 않다는 말을 하게 되어 고마울 따름이다. 그들이 어떤 생각을 하건 이제 더 이상 중요하지 않다."

이에 대해 촘스키는 인신공격적인 논쟁에 말려들기를 거부하면서, "히친스가 진심으로 그렇게 말할 리가 없다. 공정하고 분별 있는 대응은 이 모든 것을 일종의 탈선으로 간주하고, 이 저자가 과거에 종종 해온 바 있는 중요한 작업으로 복귀하기를 기다리는 것"이라고 말했다. 그러면서도 그는 9·11에 대한 자신의 첫 진술을 이렇게 보충 설명했다. "9·11과 비교하는 것이 잔인한 짓이라고 여기는 것은 끔찍한 범죄 때문에 발생한 아프리카의 희생자들에 대해 심각한 인종주의적 경멸을 표하는 것과 같다. 설상가상으로 우리는 그 범죄에 대해 책임이 있다. 납세자로서 대규모 배상을 하지 못했고, 가해자들에게 피난처와 면책특권을 허용했으며 그리고 그 끔찍한 사실들을 너무도 깊은 망각의 구덩이 속에 가라앉힘으로써 적어도 몇몇 사람들은 그것을 의식하지조차 못하는 듯하기 때문이다."

그러나 히친스는 다시 거센 비난을 퍼부었다. "촘스키의 궤변은 끝이 없는 것 같다. 그의 잔인한 논리는 완전히 비합리성의 나락으로 추락하고 있다. 촘스키는 그가 인도차이나전쟁 시절에 보여준 위대한 도덕적 · 정치적 교사의 자질을 상실했거나 상실해가고 있다. …… 몇 달 전 우리가 마지막으로 편지를 주고받았을 때, 나는 그의 문장과 의견에 로봇처럼 경직된 요소가 있다는 것을 알고 경악했다."

1960년대의 급진파였지만 이제 뉴욕대학의 교수가 된 토드 기틀린(Todd Gitlin)도 '촘스키 때리기'에 가세했다. "촘스키 같은 냉소적인 비평가들은 수천 명을 죽인 살인자들에 대해 그저 지나가는 말로 비난하면서, 이스라엘 점령 지역의 팔레스타인인들의 불타는 복수심을 찬양하는 데는 주저하지 않는다."(Katsiaficas 2002)

보수화를 초래한 보안강박증

여기에 흥분한 대중과 미디어가 가세하면서 이성을 지키려는 사람들에게 압박을 가하는 이른바 '왕따 전략'이 광범위하게 가동되었다. 이에 대해 언론학자 마크 크리스핀 밀러(Mark Crispin Miller 2003)는 다음과 같이 말했다.

"정신적 충격을 받은 대중과 저널리스트들은 부시가 미국의 영웅이었던 루스벨트가 되기를 열망했고, 국민의 환상을 깨뜨리는 한 독립 언론사의 기사에 대해서는 무엇인지 알려고 하지도 않았다. 텔레비전 저널리스트들은 '테러리스트들이 우리 민주 국가에 한방을 먹였지만 우리에게는 대통령 부시가 있습니다. 그는 바른 결정을 할 것입니다. 미국은 아름다운 나라입니다'라고 감정에 북받쳐 보도했다. …… 대통령을 영웅화하는 갑작스러운 움직임은 언론이 만든 것이라기보다는 대중의 두려움과 분노의 자발적인 폭발이었다. …… 이런 분위기 속에 사람들은 재빨리 차 뒤 범퍼에 붙이는 일반 스티커를 버리고 새로운 애국 문구나 두려움이 담긴 글들로 대체했다. 몇몇 출판사는 부시가 조롱거리였을 때 많이 팔렸던 책들의 출간 계획을 취소하기도 했다."

9·11테러는 미국인의 삶을 근본적으로 바꿔놓으면서 기존의 '보안 강박증'을 악화시키는 결과를 초래하고 말았다. 9·11 이후 미국인의 삶은 어떻게 악화되었는가? 테러 위협에 대비하기 위해 다리나 댐, 상수원 부근에서는 고기잡이가 금지되었으며, 사무실로 음식을 배달시켜 먹는 일도 어렵게 되었다. 공항에서 몇 시간씩 기다리면서 모욕에 가까운 검색을 받아도 항의하는 사람이 거의 없을 정도로 '안보우선주의'가 미국인의 일상을 지배했다.

개인적인 안전대책 마련을 위해 총기를 구입하는 미국인들도 급격히 증가했다. 미 연방수사국(FBI) 통계에 따르면, 총기 구입을 위한 신원 조회 요청건수는 2001년 9월 86만 4038건으로 전년 동기 대비 10.5퍼센트 증가했으며, 10월에는 102만 9691건으로 22퍼센트, 11월에는 98만 3186건으로 9퍼센트 증가세를 보였다. 총기 생산업체들은 지갑 안에 넣을 수 있는 고가(高價)의 초소형 권총을 비롯하여, 옷장 안에 세워두는 엽총과 라이플 등 다양한 총기가 판매되고 있다고 밝혔다. 또한 처음으로 총을 구입하는 사람들이 계속 늘어나는 추세를 보였다.(강인선 2001)

코카콜라의 마케팅 책임자로 일한 바 있는 서지오 지먼(Sergio Zyman 2003)의 증언은 정치학자나 사회학자의 주장보다 더 가슴에 와 닿는다. 광고야말로 당장 현실에서 판가름나는 게임이 아닌가. 그는 저서 『마케팅 종말(The End of Advertising as We Know It)』(2002)에서 9·11의 영향을 여러 차례 강조했다. 9·11로 인해 광고계도 다른 모든 것과 함께 근본적으로 바뀌었으며, 동시에 광고계에서 성공하기 위한 조건도 바뀌었다고 말했다.

구체적으로 어떻게 바뀌었다는 걸까? 지먼은 테러가 소비자들의 규범과 가치 그리고 기대를 변화시켰다고 말한다. 사람들은 이제 그전보다 조금 덜 안전하다고 느끼며 조금 더 작은 세상에서 몸을 웅크리고 있으며, 국가나 교회, 가족, 사회적 조화 그리고 안전이 더욱 중요시되면서 자기만족이나 사회적 인정 그리고 물질주의 등은 그다지 중요하지 않은 것이 되었다는 것이다. 지먼은 경제도 중요하지만, 오늘날에는 사람들이 부자가 되는 것보다는 그저 생존하는 일에 더 관심을 기울이고 있는 것 같다고 말했다.

지먼은 펩시콜라와 코카콜라를 예로 들면서 9·11테러가 미친 영향을 설명했다. 9·11 직후 펩시는 소비자들이 계속해서 펩시의 메시지에 집중하게 하는 데 약간의 어려움을 겪었다고 말했다. 전 국민이 안정과 일관성을 간절히 요구하는 시점에서 변화와 새로움을 계속 주장하기란 어려운 일이었다는 것이다. 반면 코카콜라에는 아주 좋은 기회였는데, 그것은 코카콜라만큼 안정과 일관성을 뿜어내는 브랜드는 없기 때문이라는 것이다.

개인생활 면에서는 독한 술을 마시거나 유언장을 미리 작성하는 사람들이 많아지고, 교회 신도가 급격히 늘어나는가 하면 '신이여 미국을 축복하소서'란 노래가 '비공식 국가'로 불리고 뉴욕의 경찰과 소방관이 새로운 영웅으로 떠올랐다. 입대를 하거나 중앙정보국(CIA)을 비롯한 공직에 진출하기를 희망하는 젊은이가 눈에 띄게 많아졌고, 심지어 어린이들의 장난감에도 한때 유행했던 'GI조' 등 군 관련 상품이 다시 인기를 끌고 있다. '인종 전시장'으로 불리는 이민의 나라로, 평소 같으면 전혀 일체감을 찾을 수 없을 듯한 미국인이 이렇게 단결하는 것은 '세계 유일 강국의 상처받은 자존심' 때문이라고 전문가들은 분석했다.(윤국한 2002)

'애국자법'의 인권유린

한마디로 이야기해서 9·11테러는 미국인의 보수화를 초래했다는 것인데, 가장 대표적인 게 2001년 11월 13일에 통과된 소위 '애국자법(Patriot Act)'에 대한 미국인들의 인내였다. 이 법은 연방수사국(FBI)이 법원의 승인 없이 사람을 감시하고, 가택에 들어가 수색을 할 수 있게 하고, 은행·신용카드사·인터넷 서비스 제공업체·유무선 통신회사 등에서 가입자 정보를 넘겨받을 수 있도록 했다. 이처럼 국민의 기본권 침해를 당연한 것으로 간주했음에도 불구하고 애국적인 미국인들은 이 법안의 취지에 맞는 행동을 하는 데에 앞장섰다. 대학의 자유마저 박탈당했다. 어떤 교수는 미국의 대(對)이스라엘 정책을 비판했다가 이스라엘과 관련된 사람들을 종교적·인종적으로 차별하고 있다는 학교 당국의 경고와 더불어 2주일 봉급 지불 정지를 당하기도 했다.(김민웅 2003)

반면 이슬람의 자유를 억압하고 그 신봉자들을 모욕하는 행위는 '애국'의 이름으로 정당화되고 미화되었다. 9·11 이후 반(反)이슬람 범죄가 미 전역에서 급증, 2001년 말에는 전년 대비 1700퍼센트가 늘어난 것으로 집계되었다. 반(反)아랍, 반(反)이슬람 정서는 미 전역에서 꾸준히 확산되어 급기야 아랍계 모슬렘은 "우리는 적이 아니다"는 선언까지 할 정도였다.(이미숙 2003)

부통령 딕 체니의 부인인 린 체니(Lynne Cheney)는 대학 순회강연을 다니면서 일부 지식인이 애국적이지 못하다고 공격했다. 그녀는 미국의 전쟁 수행 정책을 비판하는 지식인들의 명단과 기고문 내용까지 조목조목 담은 책자를 돌리면서 이들의 비애국적 행동을 규탄해야 한다고 외치는 동시에 이들 지식인을 수용하고 있는 사립대학 재정 지원을 한다는 것은 문제가 있다면서 사실상 재정 지원을 중단할 것을 촉구했다.(김민웅 2003)

9·11테러 다음날 아랍계 미국인이라는 이유만으로 체포된 1200명 이상의 사람들은 자신들이 무슨 죄로 고발당했는지도 알지 못한 채 12월 말까지 감금되었다. 이 가운데 알카에다 관련 혐의를 받고 있는 사람은 12명에 불과했다. 체포는 그야말로 마구잡이식으로 이루어졌다. 두 가지 사례를 보자.

미국 휴스턴에 거주하는 파키스탄 출신 하스나인 자베드(20). 9월 18일 뉴욕으로 향하던 버스에서 영문도 모르는 채 연방 국경순찰대원들에 의해 연행됐다. 비자 유효기간이 만료됐다는 이유에서였다. 곧바로 미시시피 주 위긴스의 교도소에 수감된 그는 동료 죄수들에게 집단 구타를 당해 갈비뼈가 부러지고 고막이 터지는 중상을 입었다.

테러와 범죄 수사를 위해 시민의 자유를 억압할 수 있도록 한 애국자법에 서명하는 부시 대통령(위)과 이 전화기는 도청당하고 있다는 문구가 쓰인 공중전화(아래). ⓒ david drexler

보석금을 내고 풀려난 그는 이후로도 오랫동안 충격에서 벗어나지 못한 채 극도의 불안감과 대인 기피증을 보였다.

텍사스 주 샌안토니오 병원 의사로 일해온 아랍계 미국인 알 바드르 알 하즈미 박사도 2주 동안 겪은 악몽 같은 경험에 치를 떨었다. 그는 9·11테러 다음날 새벽에 들이닥친 수사관들에 의해 영문도 모른 채 샌안토니오의 미연방수사국(FBI) 사무실에 끌려가 침대도 없는 독방에 수일 동안 감금됐다. 지병 치료를 위해 투약해온 항생제와 안경마저 빼앗겼다. 혐의는 사우디아라비아인에게 매우 흔한 자신의 이름이 두 명의 항공 테러범들과 같다는 것과 자신이 아는 한 이슬람 종교단체 책임자가 오사마 빈 라덴의 50여 명이 넘는 이복형제 중 한 사람이었다는 것이다. 9월 24일 가까스로 석방됐지만 병원 동료들은 그를 의심스러운 눈초리로 대했다. 그는 "여섯 살과 여덟 살 아이들에게 왜 아빠가 감옥에 가야 했는지 어떻게 설명해야 하느냐"고 절규했다.

미 상원 법사위원회 패트릭 레이히(Patrick Leahy) 위원장(민주당)은 "조지 W. 부시 행정부가 외국계 테러 용의자들을 대거 구금하고 법무부가 테러 용의자와 변호사 간의 대화를 감청하도록 한 것은 시민 자유권을 침해할 소지가 있다"고 지적했지만, 미 법무부는 테러범 색출을 위해서는 다소 법 관행을 벗어나는 것이 불가피하다는 입장을 고수했다.(김정안 2001)

구금자나 그 가족은 수사기록을 볼 수 없었다. 대통령령으로 설치된 특별 군사재판소는 행정부 독단의 비밀 증언과 증거를 근거로 그렇다고 확인된 '테러리스트들'과 '전범들'을 감금하고 심판하고 처형하는 자격을 부여받았다. 재판 장소와 재판 과정, 기소, 석방, 심판, 법정의 구성도 비밀이었다. 보통 군사재판 과정과는 달리, 피고는 사형을 선고받아도 항소할 수도 없었다. 『워싱턴포스트』는 "지금의 미국 대통령은 워터게이트 이후 미국의 모든 대통령을 능가하는 강력한 권력을 장악하고 있다. 그의 권력 장악력은 루스벨트 대통령과 견줄

만하다"고 했다.(Golub 2002a)

돈방석에 앉은 군산복합체

CNN 여론조사에 따르면 45퍼센트의 미국인들은 테러와 관련된 정보를 얻기 위한 고문은 반대하지 않겠다고 했다. CNN 시사해설가 터커 칼슨(Tucker Carlson)은 "고문은 물론 좋은 것이 아니다. 그러나 테러는 더 나쁘다. 어떤 상황에서는 고문이 최소한의 악이 될 수 있다"고 주장했다. 부시는 외국 지도자 암살을 금지한 미 중앙정보국(CIA)의 1974년의 결정을 뒤집고, CIA에 알카에다의 두목들을 물리적으로 제거하는 데에 어떤 수단을 동원해도 좋다고 허가를 내렸다.(Ramonet 2002)

장영준(2001)은 9 · 11 직후의 격앙된 미국의 반응과 흘러넘치던 성조기의 물결은 1812년 이래, 아니 유사 이래 한 번도 자국 영토에서 전쟁을 치러본 적이 없는 지상낙원의 선민들만이 가질 수 있는 그런 종류의 반응이었다고 말했다. " '감히 우리에게' 라고 말하는 듯한. 2차 대전 이후 가장 많은 국가와 전쟁을 치러온 미국인들은 정말 모른다. 당해본 사람만이 이해할 수 있으니까. 그들이 미군의 계획적 오폭에 의해 베트남 양민들이 겪은 고통을 알 수 있을까? 그들이 아프가니스탄의 여섯 살 아이가 겪은 전쟁의 고통을 알까? 필리핀, 콜롬비아, 레바논은?…… 그만두자."

정욱식(2002)은 군산복합체의 두 축이라 할 수 있는 펜타곤과 군수산업체는 9 · 11테러가 발생하자마자 돈방석에 앉게 됐다고 지적했다 미국의 다우존스가 9 · 11테러 발생 이후 일주일 동안 14.3퍼센트가 떨어진 반면에 미국의 주요 군수산업체들의 주가는 20~40퍼센트 폭

미국의 육·해·공군을 총괄해 방위기능을 수행하는 미국의 국방부 건물 펜타곤(왼쪽)과 미국의 대표적 군수산업체인 록히드 마틴의 본사 건물(오른쪽).

등한 것이 그걸 잘 말해준다는 것이다.

펜타곤은 부시가 공언한 테러와의 전쟁을 수행하기 위한 첫 단계를 위해 400억 달러의 긴급 예산지출안 가운데 200억 달러라는 가장 큰 몫을 요구했고 이를 관철시켰다. 그리고 미 의회는 펜타곤이 2001년 초에 요구한 184억 달러의 예산 증액을 승인했을 뿐만 아니라, 250억 달러를 추가시켜, 2002년 미국의 군사비는 2001년보다 434억 달러가 늘어난 3430억 달러로 폭등했으며, 특히 펜타곤과 군수산업체의 숙원사업인 미사일방어체제(MD)의 2002년 예산이 83억 달러 원안대로 통과되었다.

9·11테러를 이용해 부시 행정부는 2003년 국방예산안을 20년 만에 최대치인 480억 달러 증액시킨 4000억 달러로 늘려 잡았고, 향후 5년간 1200억 달러를 늘릴 계획을 밝혔다. 이대로 가면 2006년경에는

5000억 달러에 육박할 것인바, 이는 미국 연방정부 예산의 약 60퍼센트를 차지하는 것으로, 전 세계 군비지출에서 차지하는 비중은 40퍼센트 이상에 달할 것으로 추산되었다. 미국의 군사비는 이미 러시아, 일본, 중국 등 군비지출 2~16위까지의 국가의 군사비를 합한 것보다 많았으며, 부시가 '악의 축'으로 규정한 북한, 이란, 이라크의 군사비 합계의 약 50배에 이르는 것이었음에도 부시 행정부는 그것으로도 모자란다는 태도를 취했다.

미국의 세계와의 불통(不通)

9 · 11테러는 미국 밖의 반미주의가 극심하다는 사실을 확인하는 계기도 되었다. 사건 발생 3일 후 브라질의 유명 경제학자 피델 푸르타도는 브라질 유력지에 국제무역센터가 무너진 까닭이 미국 극우파의 음모에 의해 기인된 것이라고 주장했다. 2001년 11월 11일 브라질 신학자 레오나르도 보프(Leonardo Boff)는 『오 글로보(O Globo)』를 통해 국무성에 한 대의 비행기만이 추락했다는 것에 유감을 표하며, 자신은 25대가 추락하기를 바랐다고 밝혔다.(Revel 2003)

2002년 1월 3일 영국 상원의원이기도 한 마이클 스콧-조인트(Michael Scott-Joynt) 성공회 윈체스터 주교는 미사에서 "9 · 11테러는 서방에 대한 심판"이라며, 북미와 유럽의 유권자들이 가난한 나라 수백만 명의 희생을 대가로 자신들의 생활수준을 향상시키도록 자국 정부를 고무하지 않았다면 오늘날과 같은 현상이 벌어졌겠는지 자문해보라고 말했다.(김학준 2002)

이탈리아의 노벨문학상 수상자인 다리오 포(Dario Fo)는 "거물 투기꾼들이 설쳐대면서 매년 수천만 명을 가난으로 죽게 만드는 판국에, 뉴욕에서 그 정도 죽은 게 그렇게 큰 문제일까?", 캐나다의 전국 여성지위향상실천위원회(National Action Committee on the Status of Women) 위원장을 지낸 수네라 토바니(Sunera Thobani)는 미국의 국제정책은 '피로 얼룩진 것'이라고 지적하면서 "우리가 언제 미국의 공격에 희생된 이들 때문에 마음 아파해본 적이 있는가?"라고 반문했다.(Flynn 2003)

미국 내에서도 차분한 분석과 더불어 이성을 촉구하는 목소리가 나왔다. 2002년 외교사학자 월터 레이피버(Walter Lafeber)는 뉴욕 테러를 세계화에 대한 반작용으로 해석했다. 지난 30년간 진행된 세계화의 결과로 부가 불공평하게 배분됨으로써 생성된 문제라는 것이다.(김남균 2003)

수전 손택(Susan Sontag, 1933~2004)은 9·11테러 직후 『뉴요커(The New Yorker)』에 기고한 글에서 "다 같이 슬퍼하자, 그러나 다 같이 바보가 되지는 말자"고 했다. 그녀는 강력 보복을 주장하는 보수파를 향해 "꼭 강해지는 것만이 미국이 해야 할 일은 아니다"고 주장했다.(Zinn 2008)

거트루드 스타인(Gertrude Stein, 1874~1946)은 미국 사회의 보수성을 지적하면서 미국은 이 세계에서 가장 뒤떨어진 나라라고 했다. 손택(Susan Sontag 2004a)은 그 이유를 미국은 교환에 의해서 잃을 것이 가장 많은 나라라고 하는 점에서 찾았다. 세계 인구의 6퍼센트를 차지하는 미국이 세계 부(富)의 60퍼센트를 차지하고 있다는 것이다.

그렇다. 그게 정답이다. 그럼에도 반미주의는 미국민의 세계에 대한 무관심과 무지로 인해 악화되고 있다는 점도 유념해둘 필요가 있겠다. 미국인이 미국 이외의 나라에 대해서는 믿기지 않을 정도로 무식하고 무지하다는 것은 그들도 인정하고 있는 바다. 다만 그들은 세계가 미국을 중심으로 돌기 때문에 그 무지를 당연하다고 생각할 뿐 수치로 여기진 않는다. 그러나 과연 그로 인한 문제는 없었을까? 허버트 쉴러(Herbert I. Schiller 1990)는 오래전부터 이 점을 우려해왔다.

쉴러는 "미국은 세계에서 기술적으로 가장 발전되고 복잡하고 비싸고 적응력이 뛰어난 커뮤니케이션 설비 및 프로세스를 보유하고 있음으로 하여 그 지도자들로부터 영원한 축복을 받고 있다. 하지만 이는 묘한 패러독스 가운데 하나이다. 미국사람들은 국제적 영역에서의 최근의 감정과 변화에 대해 가장 무지한 사람들 가운데 하나가 될지도 모르기 때문이다"라며 다음과 같이 말했다.

"미국인은 외부(심지어는 내부)의 견해로부터 놀라우리만치 멀리 떨어져 있다. 이는 미국의 사적 정보통제자들의 지나치게 조심스러운 '게이트키핑' 때문이다. 그것은 또한 지극히 광범한 중산층과, 비록 그와 중복되는 부분이 많겠지만 숙련 및 전문직 종사자들의 물질적 지위로부터 비롯되기도 한다. 두 계층 공히, 이른바 '못 가진 자'의 세계를 인식하는 데에는 지극히 무능하기 때문이다. …… 왜곡된 인식을 갖고 있거나 혹은 전혀 무지한 상태에서 초국가적 이해를 대변하며 상상조차 할 수 없을 파괴력을 지닌 핵무기로 무장된 정부를 지지하는 사람들에게서 예상할 수 있는 것은 과연 무엇인가?"

바깥에 대한 미국인들의 무식과 무지

미국민은 자국 정치에 대해서도 믿기지 않을 정도로 무식했다. 그들의 정치에 대한 무식이 심심치 않게 한국 신문의 해외토픽난을 장식하곤 했는데, 이는 결코 과장된 것이 아니었다. 가령 레이건 행정부 시절의 한 조사에 따르면 국방장관 캐스퍼 와인버거(Casper Weinberger)와 하원의장 팁 오닐(Tip O'Neill, 1912~1994)이라는 이름을 한 번도 들어본 적이 없다고 이야기한 사람이 각각 60퍼센트와 50퍼센트에 이른 것으로 나타났다.(Patterson 1987)

모리스 버만(Morris Berman 2002)은 『미국 문화의 몰락: 기업의 문화지배와 교양문화의 종말(The Twilight of American Culture)』(2000)에서 미국인의 놀라운 무지를 지적했다. 성인 가운데 40퍼센트가 2차 세계대전 당시 독일이 미국과 적대관계에 있었다는 사실을 모른다, 42퍼센트가 세계 지도에서 일본이 어디 있는지 찾을 줄 모른다, 50퍼센트가 UFO를 믿는다, 71퍼센트가 미국 정부가 UFO에 대한 사실을 은폐 조작하고 있다고 믿는다, 70퍼센트가 천사의 존재를 믿고 있다 등이다.

그럼에도 버만은 "20세기가 미국의 세기였다고 한다면 21세기는 미국화된 세기가 될 것"으로 전망했다. 그가 '엘리트주의의 부활'을 위해 미국인들의 무식과 무지를 지적한 것이기 때문에 놀라울 것은 없다. 그런데 그렇다면 더욱 큰 문제다. '미국화된 세기'에서 미국인들의 놀라운 무지가 빚어낼 수 있는 재앙에 주목하지 않을 수 없기 때문이다.

2001년 9월 11일 저녁, 미국의 작가 수전 제커비(Susan Jacoby)는 뉴욕의 한 바에서 우연히 두 남자의 대화를 엿들었다. 한 남자가 말했다. "이거 꼭 진수만 같네." 다른 남자가 물었다. "진수만이 뭐야?" 앞의 남자가 대답했다. "그건 베트남인들이 어느 만(灣)에 폭탄을 떨어뜨린 거지. 그래서 베트남전쟁이 터졌잖아."

캐나다 역사학자 마거릿 맥밀런(Margaret MacMillan 2009)의 『역사사용설명서: 인간은 역사를 어떻게 이용하고 악용하는가(The Uses and Abuses of History)』에 소개된 에피소드다. 미국인의 역사와 세계는 대한 무지는 악명이 높지만, '진주만' 조차 모른다는 게 쓴웃음을 자아내게 만든다. 그러나 맥밀런이 웃으라고 이 이야기를 꺼낸 것은 아니다.

"이들이 이렇게 잘못 알고 있다고 문제가 될까? 나는 문제가 된다고 본다. 현재를 전후 사정과 함께 이해할 수가 없고 과거에 대한 지식이 부족한 시민들은 역사적 지식과 교훈깨나 안다는 자들이 들려주는 이야기를 너무 쉽게 받아들일 수 있다. …… 바에 있던 어리둥절한 두 남자가 진주만에 대해 제대로 알았다면, 그들은 세계무역센터에 대한 공격이 1941년 미국에 가해진 일본의 공격과 같지 않다는 사실도 알았을 것이다. 전자는 테러 행위였고, 후자는 두 나라 간의 전쟁이었다. 그러니 전술과 전략도 전과 달라야 했다."

공감이 가면서도, 모든 미국인이 진주만에 대해 잘 안다 하더라도 미국의 대(對) 9·11테러 전략이 달라졌을까 하는 의문은 사라지지 않는다. 대부분 사람에게 역사는 이미지와 느낌일 뿐이다. 역사의 오용과 남용은 피하기 어렵다. 역사교육을 잘 시킨다고 달라질 것 같지도 않다. 혹 인간의 한계와 관련된 생물학적 문제는 아닐까?

"가족이 가장 중요하다"

9·11테러 직후 미국에서 벌어진 탄저균 우편물 테러는 이미 9·11테러의 충격에 지칠 대로 지쳐 있던 미국인들을 더욱 경악하게 만들었

다. 강인선(2010)은 "생물·화학무기를 이용한 가능성은 이미 오래전부터 예견된 일이었다. 다만 어떤 방식일지 예측하지 못했을 뿐이었다. 누구나 매일 한두 번은 열어보는 우편물이 매개가 되자 모든 사람이 잠재적 테러의 인질이 됐다"며 다음과 같이 말했다.

"하얀 가루가 든 발신인 불명의 우편물은 워싱턴의 정치인과 뉴욕의 언론인을 비롯해 불특정 다수에게 전달됐다. 무심코 우편물을 개봉하다가 탄저균에 노출돼 병원으로 실려가는 사례가 속출했다. 두 달 만에 다섯 명이 사망하고 수십 명이 탄저병 증상으로 치료를 받았다. 일부 우체국 건물은 2년 가까이 문을 닫고 수십억 원이 넘는 돈을 들여 소독하기도 했다. 사건이 진정된 후 나온 연방수사국(FBI) 보고서에 따르면, 탄저균 우편물 테러로 인한 손실액은 10억 달러가 넘었다."

미국 정부가 대대적으로 홍보한 '생화학 테러'의 위험에 대한 공포 덕분에 세정제와 살균용품 등을 파는 '청결산업'이 호황을 누렸다. 사회 전체가 극도로 불안해지자 부모들 사이에는 아이들을 보호하고 응석을 받아주려는 분위기가 널리 퍼지면서 이른바 '키드산업'도 번창했다.(강인규 2008, 전경하 2003)

2002년 로버트 D. 퍼트남(Robert D. Putnam 2002)은 "2년 전 나는 책 『나 홀로 볼링(Bowling Alone)』에서 미국에서 시민사회를 재건하려면 전쟁이나 경제공황, 자연재해 같은 국가적 위기가 일어나야 할지 모른다고 지적했다. 그리고 행인지 불행인지 위기가 발생할 조짐이 보이지 않는다고 말했다. 이제 미국인이 그런 위기를 맞았다"며 다음과 같이 말했다.

"2001년 10~11월 그리고 올해 3월 우리 연구팀은 『나 홀로 볼링』을 쓰기 위해 조사했던 미국인 3만 명의 행태를 다시 조사했다. 지난 가을 아프가니스탄 전쟁과 탄저균 공포, 지난봄의 엔론 사태의 영향을 측정하기 위해서다. 지난 가을 조사된 미국인들은 냉소적 경향이 크게 떨어졌고, 정부에 대한 신뢰가 많이 늘어났다. 또 경찰, 이웃, 직장 동료뿐 아니라 상점 직원과 낯선 사람에 대한 신뢰도 높아진 것으로 나타났다. 공동체 지도자에 대한 신뢰는 8퍼센트가, 공동체의 각종 일에 대해 참여하겠다는 의사는 6퍼센트가 높아졌다. 정치에 대한 관심도 늘어났다. 반면 개인적인 위기를 남의 탓으로 돌리려는 경향은 약해졌으므로 집단으로서의 건강도 좋아졌다고 볼 수 있다."

이어 퍼트남은 "그런데 이 같은 태도의 변화가 아직 행동으로 나타나지 않고 있는 것으로 조사됐다. 실제로 공동체의 조직에 가입하거나, 회합에 참석하는 사례가 늘지는 않고 있는 것이다. 9·11테러 직후 공표됐던 언론 보도나 연구 보고와는 달리, 우리의 조사에 따르면 미국에서 교회에 다니는 사람이 늘거나 종교심이 향상되지 않았다. 헌혈이나 기부금도 변화가 없었다. 만일 9·11 직후 보도됐던 종교심이나 총체적 박애심의 증가가 사실이라면 우리의 조사로 1~2개월 만에 다시 퇴조한 것으로 드러난 셈이다"라며 다음과 같이 말했다.

"요약하자면 '9월의 비극'은 미국의 시민생활을 재생할 수 있는 역사적 기회의 창을 연 게 사실이다. 미국인들은 수십 년 만에 처음 단결했고 희생을 나누거나 감수할 태세가 돼 있다. 정말로 대부분의 미국 성인들은 넓은 의미의 '우리'라는 개념을 처음 경험하고 있다. 특히 세계무역센터(WTC)의 참사는 라틴계 접시닦이와 아일랜드계 소방관 그리고 유대계 금융가의 운명을 하나로 묶어냈다. 좀처럼 보지 못했던 계급과 계급, 인종과 인종의 단결력을 일으킨 것이다. …… 미국인들은 공동체의 유대관계 가치를 새삼 인식하게 됐지만, 동시에 유례없이 좁은 세계에서 살고 있다는 점을 뼈저리게 알게 된 것이다."

이에 대해 허버트 갠즈(Herbert J. Gans 2008)는 "9·11 이후에 퍼트남은 갑자기 낙관론자로 변해서 테러리즘에 대한 전쟁은 시민의 참여를 높이고, 미국인들은 다시 한번 거침없이 함께 나아갈 수 있을 것이라고 주장했다"며 다음과 같이 말한다.

"많은 저널리스트도 이처럼 느끼며, 그간 뉴스를 떠났던 청중이 다시 돌아오고 뉴스 회사들은 막혔던 예산의 수도꼭지를 다시 열어 해외특파원을 보낼 수 있을 것이라 믿었다. 퍼트남이 많은 저널리스트가 그랬듯 과거에 존중되었던 가치를 인간 행위와 사회변동을 추동하는 바람직한 동력으로 믿었기 때문에 저널리스트들에게 그렇게 인기가 있는지도 모르겠다. 그는 저널리즘의 신념과 전통적 가치에 충실한 것이 현재 저널리즘이 봉착한 문제를 푸는 열쇠라고 생각하는 저널리스트들의 심금을 울렸던 것이 아닐까?"

9·11테러 직후인 2001년 10월 성인남녀 2500명을 상대로 한 조사에서 "가족이 가장 중요하다"고 답한 비율은 74퍼센트였지만 1년 뒤에는 84퍼센트로 늘었다. 9·11 이후 아예 가족을 위한 '패밀리 타임'을 따로 정해놓았다는 사람도 34퍼센트나 됐다. 셋 중 한 명은 평소 가족에게 전화하는 횟수를 늘렸다. 오랫동안 연락이 끊긴 친척에게 일부러 전화를 거는 사람도 15퍼센트나 된다. 친척 선물비용을 늘리기도 하고, 집과 가족을 위해 더 많은 돈을 썼다. 이혼율도 눈에 띄게 줄었다.

었다.

인구통계 전문지 『아메리칸 데모그래픽스(American Demographic)』는 2002년 9월호에서 "9·11테러가 미친 가장 큰 영향 가운데 하나는 미국을 가족중심 사회로 바꿔놓은 것"이라고 진단했다. 『욕망의 진화(The New Culture of Desire)』를 쓴 미래학자 멜린다 데이비스(Melinda Davis)는 "인간은 생존 위기에 처하면 가족이란 구조 안에서 안전을 추구하려는 욕망이 어느 때보다 강해진다"면서 "9·11 이후 21세기 생존전략은 강력한 인간 결속"이라고 진단했다. 뉴저지 주 러트거스대학의 수전 뉴먼(Susan Newman) 교수(사회심리학과)도 "미국 시민들은 9·11 이후 잊고 있던 가족애를 깨달았다"면서 "가족주의적 경향은 당분간 바뀌지 않을 것"이라고 전망했다.(이호갑·박형준 2004a)

미국인들이 9·11테러로 인해 가족애를 더욱 소중히 깨달았는지는 몰라도 나머지 세계와의 거리는 더욱 멀어지고 말았다. 과유불급(過猶不及)이라고 했던가? 비단 프랑스의 『르몽드』뿐만 아니라 세계인의 다수가 9·11테러의 충격에 놀라 "이제 우리는 모두 미국인이다!"고 기꺼이 외치고자 했지만, 이후 나타난 미국의 대응 방식에 환멸을 느껴 점점 그런 지지를 철회하는 길로 나아가게 된다. 미국에는 오래전부터 '노예 상태의 적'과 '자유 상태의 미국'이라는 이분법이 존재했지만, 부시는 그 이분법을 종교적인 선악(善惡)의 경지로까지 끌어올림으로써 다른 세계의 반발을 불러일으킨다.

참고문헌 Ali 2003, Berman 2002, Borradori 2004, Chomsky 2001b, Donaldson 2007, Flynn 2003, Friedman 2002, Gaddis 2004, Gans 2008, Golub 2002a, Johnson 2003, Katsiaficas 2002, Lind 2003, MacMillan 2009, Miller 2003, Patterson 1987, Portes 2009, Putnam 2002, Ramonet 2002, Revel 2003, Roszak 2004, Sardar & Davies 2003, Scheer

2003 · 2008, Zizek 2004a, Zyman 외 2003, 강인규 2008, 강인선 2001 · 2010, 강준만 2005, 구정은 2009a, 구춘권 2005, 국기연 2003a, 권용립 2003 · 2006, 김남균 2003, 김민웅 2003, 김윤성 2003, 김정안 2001 · 2004, 김준형 2008, 김지석 2004, 김학준 2002, 박선이 2001, 박진빈 2009, 손세호 2007, 안준현 2004, 오카 마리 2001, 유승우 2002, 윤국한 2002, 이미숙 2003, 이삼성 2001, 이승철 2001a, 이호갑 · 박형준 2004a, 장영준 2001, 장학만 2004, 전경하 2003, 정동식 2003, 정욱식 2002, 정은령 2003, 정항석 2001 · 2002, 조찬제 2010d, 최병두 2002, 한기욱 2002, 홍성철 2004

"이라크 · 이란 · 북한은 '악의 축'"
부시의 '이분법적 세계관'

"이라크 · 이란 · 북한은 '악의 축'"

하버드대 케네디스쿨 학장 조지프 나이(Joseph S. Nye)는 2001년에 출간한 『제국의 패러독스(The Paradox of American Power)』에서 미국에 있어 소프트 파워의 중요성은 커졌으나 도리어 이 같은 힘이 훼손되고 있다고 부시 행정부를 비판했다. 그는 9 · 11테러야말로 미국의 정책에 경종을 울린 사건이며 다양한 국제사회의 목소리에 더욱 겸허하게 귀를 기울여야 할 때라고 강조했다. 나이는 9 · 11테러를 국가의 전유물이었던 전쟁의 '민영화'라고 부르면서 미국이 적을 양산해낼수록 위험에 노출될 것이라고 경고했다.(홍규덕 2002)

물론 이런 경고는 받아들여지지 않았다. 9 · 11테러는 국제관계에서 미국의 '일방주의(unilateralism)'를 최고조에 이르게 만들었다. 부시 행정부는 2001년 12월 탄도요격미사일(ABM) 협정 탈퇴를 선언했으며, 포괄적핵실험금지조약(CTBT; Comprehensive Test Ban Treaty), 생물무기금지협정(BWC; Biological Weapons Convention), 화학무기금지협정(CWC; Chemical Weapons Convention)과 같은 다자간 국제 군비통제 체제에 대한 불신을 노골적으로 표명했다.

이어 2002년 1월 대통령 연두교서에서 부시 대통령은 이라크, 이란, 북한을 '악의 축(axis of evil)'으로 규정했다. 그들을 '불량국가(rogue nations)'라고도 했다. 애초 부시의 연설문 담당인 데이비드 프럼(David Frum)이 쓴 초고에는 북한에 대한 언급이 포함되지 않았는데, 북한을 추가하라고 지시한 사람은 국가안보보좌관 콘돌리자 라이스(Condoleezza Rice)였다. 부시가 지나치게 반(反)이슬람적으로 보이는 것을 피해야 한다는 이유에서였다.(Chinoy 2010)

모든 언론은 '악의 축'이라는 단어에 주목했는데, 그 근저에는 'ABC 법칙'이 자리 잡고 있었다. 'ABC(Anyone But Clinton; 클린턴만 빼고 누구든)'는 부시 행정부를 지배한 주요 원리 중 하나였다. 사적 감정도 작용했던 걸까? 백악관 입성 후 부시 대통령과 직원들은 사무실 벽에 쓰인 음란한 낙서, 떨어져 나간 문고리와 잘려진 전화선을 보고 분통을 터뜨려야 했다. 60개 가까운 컴퓨터 키보드에서는 부시 대통령의 중간 이름인 'W'자판이 뽑힌 채였다. 클린턴 행정부 직원들의 복수였다. 연방 총무청이 집계한 피해액은 1만 3000 1만 4000달러였다.(엄기영 2008a) 이런 일 때문에 ABC 법칙이 나온 것은 아니었겠지만, 부시의 참모들은 수시로 "안 돼, 그것은 너무 클린턴식이야. 그렇게 하면 안 돼"라고 말하곤 했다.(Woodward 2004) 심지어 백악관 분위기마저 ABC 법칙의 지배를 받았다. 이와 관련, 마크 크리스핀 밀러(Mark Crispin Miller 2003)는 다음과 같이 말한다.

이란의 이맘 모스크에 모인 군중들(위), 북한의 매스게임(중간), 미군의 이라크 침공 이후 철거되는 사담 후세인의 동상(아래).

"부시는 스스로를 클린턴과 달리 자신을 품격 있는, 자격 있는 대통령으로 칭하고 백악관에서 지켜야 할 의복 규정을 과장되게 선포했다. 그는 클린턴 시절의 자유로운 평상복 분위기를 백악관에서 제거하려고 백악관을 방문하는 여행자 의복 규정을 만들 정도였다. 부시 행정부는 클린턴과 비교하지 않고는 아무런 아이디어도 생각해낼 수 없는 것 같았다."

그런 ABC 법칙의 지배를 받은 대표적인 이슈 중 하나가 바로 대북정책이었다. 클린턴 행정부 시절인 1999년 10월에 나온 「페리 보고서」는 북한 정권이 붕괴 직전 상태에 있다는 견해를 부정하면서, "미국의 정책은 희망하는 바가 아닌, 있는 그대로의 북한 정부를 다뤄야 한다"고 말했다. 이 보고서는 미국에 가장 중요한 것은 북한 미사일과 핵 프로그램의 '완전하고 검증 가능한 중지(complete and verifiable cessation)'이며, 이를 위해 고위급 회담을 통해 북한과 관계를 유지하면서 "한 걸음 한 걸음씩, 상호적인 방식으로, 북한이 위협이라고 인식하는 대북 압력을 완화하는 방향으로 움직이는 것"이라고 했다. 이와 동시에 북한이 협력하지 않으면 좀 더 단호한 일련의 정책을 취해야 한다는 것을 분명히 했다.(Chinoy 2010)

전 국방장관으로 미국 정부의 북한정책조정관을 맡은 윌리엄 페리(William Perry)가 11개월의 산고(産苦) 끝에 내놓은 「페리 보고서」의 접근법은 "더 큰 당근과 더 큰 채찍"으로 평가되었다. 그러나 이후 전개될 부시의 대북정책은 "대화도, 당근도, 채찍도 없는 정책(no talks, no carrots, and no sticks)"이었으며, 바로 이런 문제점이 '악의 축'으로 삐져나온 것이었다.(Chinoy 2010) 2000년 6월 김대중(1924~2009)의 북한

방문과 그 결과로 나온 '6·15남북공동선언'은 남북한 관계를 대립과 반목에서 화해와 상생의 관계로 발전시켜 나갈 것을 선언했지만 부시 행정부는 그것을 다 무시한 셈이었다.(김창희 2006)

2001년 3월 한국 대통령 김대중의 미국 방문은 완전한 실패작이었다. 온건파 콜린 파월 국무장관은 "햇볕정책을 치켜세우고 '위엄을 갖춘 동양의 노신사'에게 존경의 뜻을 보이기 위해 각별히 노력"했지만, 부시는 의자에 몸을 늘어뜨린 채 "우리는 김정일을 싫어한다. 당신의 햇볕정책은 형편없다"는 말만 늘어놓았다. 부시는 회담 후 기자회견에서 김대중을 '이 양반(this man)'이라고 부름으로써 김대중을 모욕하기도 했다.

훗날 당시 국무 부장관이었던 리처드 아미티지(Richard L. Armitage)의 회고에 따르면, "고지식함과 무지, 외교력 결여, 한국에 대한 이해 부족에서 빚어진 실수다. …… 준비되지 않고 지독하게 교만한 텍사스 출신 카우보이 대통령이 우리의 동맹이 살해하려 했던 노벨 평화상 수상자를 만났던 것이다. 회담은 그 점에서부터 내리막으로 치닫게 되었다."(Chinoy 2010)

2001년 7월 말 국방부 차관 폴 울포위츠(Paul D. Wolfowitz)는 CNN과의 인터뷰에서 "미국은 북한을 주적으로 본다"며 "당장 내일이라도 한반도에서 전쟁이 일어날 수 있다"고 말했다. 눈치 빠른 북한이 이런 분위기를 놓쳤을 리 없다. 9·11테러 후 24시간 뒤 북한 외무성은 테러를 "매우 유감스럽고 비극적인 사건"이라면서, 북한은 "어떤 형태의 테러리즘에도, 테러리즘을 지지하는 그 무엇도 반대하며, 이런 입장을 변함이 없을 것"이라는 내용의 성명을 발표했다. 그러나 이미 결심을 굳힌 부시 행정부에는 아무런 효과가 없었다.

부시 행정부의 노골적인 일방주의

외교정책 전문가들은 '악의 축' 공식에 기겁했다. 아버지 부시의 안보보좌관이었던 브렌트 스코크로프트(Brent Scowcroft)는 부시의 비서실장 앤드루 카드(Andrew Card)에게 전화를 걸어 다음과 같이 물었다. "어떻게 해서 그런 말이 들어갔느냐? 골칫거리 정권이라는 것과 미국에 대해 적대적이라는 것을 빼놓고 이들 정권이 공통적으로 관계있는 것이 있나? 그런데도 악의 축은 또 뭐냐? 나는 대통령 연두교서 연설이 어떻게 검토되는지 좀 알고 있다. 이번에는 검토가 이루어지기는 한 건가?"(Chinoy 2010)

'불량국가'라는 용어도 논란이 되었다. 미국의 외교·안보 싱크탱크인 '포린 폴러시 인 포커스(FPIF; Foreign Policy In Focus)'의 선임연구원 존 페퍼(John Feffer)는 "부시 대통령이 사용한 '불량국가'라는 용어가 왜 문제인가"라는 질문에 대해 이렇게 답했다. "이중 기준을 적용하고 있기 때문이다. 불량국가는 통상적으로 국제법과 규범을 위반한 국가를 의미한다. 그러나 이스라엘은 국제법을 어기고 팔레스타인을 억압하고 있고, 중국도 티베트의 민주인사들을 투옥하고 있다. 그러나 이들은 불량국가가 아니다. 국제법 위반으로 따지면 미국만 한 위반 국가가 없다."(최원기 2003)

부시의 '악의 축' 연설은 9월 11일 주한 미국대사 토머스 허버드(Thomas C. Hubbard)와 그의 차석 에빈스 리비어(Evans Revere)에게 새로운 골칫거리가 되었다. 리비어의 회고에 따르면, "문제의 구절을 들었을 때, 나는 '하나님 맙소사' 하고 외쳤다. …… 부시 대통령의 연설은 한국 국민과 한국 정부를 펄쩍 뛰게 하였다. 대통령 연설은 기본적으로 북한이 9월 11일 미국을 공격했던 자들과 같은 진영이라는 선언이었기 때문이다."

이와 관련, 훗날 한승동(2009)은 "고어가 당선되고 클린턴 정부의 정책 틀을 승계했다면 우리는 지금 전혀 다른 세상에서 살고 있을지도 모른다"고 아쉬워한다. "고위급 관리들의 상호 교환방문을 성사시킨 미국과 북한은 현실감을 띠어가고 있던 정상들 만남을 통해 '관계정상화'를 서두르지 않았을까. 설사 정상 교환방문까진 가지 않았을지라도 말이다. 평양과 워싱턴에 상주 대표부 또는 대사관을 개설한 두 나라는 지금 두 나라 관계를 험지로 옭아넣고 있는 핵과 미사일 문제를 그때 이미 어떤 형태로든 타결했을 것이다. 따라서 북이 핵실험을 강행했을 리도 없다."

그러나 모든 한국인이 부시의 강경책에 펄쩍 뛴 것은 아니었다. 이미 9·11테러가 일어났을 때부터 미국의 분노를 이용해 김정일을 응징해야 한다는 주장도 있었다. 예컨대, 조갑제(2001)의 주장에 따르면, "국민과 언론과 정부가 테러당한 미국과 부시 행정부의 분기충천을 잘만 이용하면 한국인들과 외국인들이 안심하고 먹고살며 비행기를 탈 수 있는 환경을 만들 수 있다. 가장 좋은 방법은 김정일 정권에게 그들이 과거에 저지른 아웅산테러 및 대한항공테러에 대한 시인, 사과, 책임자 문책, 피해자 보상을 요구하여 관철시키는 것이다. 이는 오만방자한 김정일의 기를 꺾는 방법이다. 이런 구체적인 행동 없이 김정일 정권과 김대중 정부가 반(反)테러선언을 발표한다든지 하는 것은 궁지에 몰린 김정일에게 활로를 열어주는 것일 뿐이다."

'악의 축' 연설 2주 후인 2002년 2월, 예정되었던 부시의 한국 방문 때 김대중의 강력한 요청으로 부시는 북한과의 대화 가능성을 공개적으로 밝히긴 했지만, 부시 행정부의 일방주의는 요지부동이었다. 일방주의에 관한 한, 클린턴 행정부도 다를 게 없었지만, 그래도 클린턴 행정부는 '개입과 확대(engagement and enlargement)', '공세적 다자주의(assertive multilateralism)', '평화를 위한 동반자 관계(partnership for peace)', '전략적 동반자 관계(strategic partnership)' 등 화려한 수사를 창출했다. 이제 부시 행정부는 그런 겉치레도 필요 없다는 자세를 취한 것이다.(유승우 2002)

그도 그럴 것이 2002년에 확정된 2003년도 미국 국방예산은 3961억 달러로 러시아의 6배에 달했다. 미국이 불량국가로 지목한 북한, 쿠바, 이란, 이라크, 리비아, 수단, 시리아 등 일곱 개국 국방비 총액과 비교하면 무려 26배에 이르렀다. 북대서양조약기구(NATO; North Atlantic Treaty Organization) 회원국과 러시아, 중국, 일본, 인도, 호주 그리고 한국의 국방비를 모두 합쳐도 약 3220억 달러로 미국보다 740억 달러가 적었다. 인적자원, 훈련 강도, 무기체계, 실전 경험 등의 변수에서마저 미국은 비교우위를 확보하고 있다. 인류 역사상 어떤 제국도 21세기 초 미국과 같은 군사 우위를 보유한 적은 없었다.(이정민 2002)

또한 부시는 연두교서에서 'USA 자유봉사단(USA Freedom Corps)'이라는 자원조직에 10억 달러를 투입, 지역공동체가 테러에 대비토록 할 것이라고 밝히면서 미국인들에게 일생의 2000시간을 봉사해달라고 요청했다. 이에 대해 로버트 퍼트남(Robert D. Putnam 2002)은 "하지만 이 같은 요청은 봉사의 기회와 일치하지 않고 있다. 많은 비영리단체는 여전히 자원봉사자들이 부족하고 비능률적이라는 편견 속에서 프로그램을 운영하고 있다"며 다음과 같이 말했다.

"미국인들은 국가에 대한 봉사보다 한 걸음 더 나아간 생각을 해야 한다. 정치 및 교육계 지도자들은 지금이 미국의 젊은이들에게 다시 정치 참여를 유도할 수 있는 기회라는 점을 인식해야 한다. 그리고 더 새롭고 적극적인 시민교육을 펼쳐야 할 때다. 우리의 조사가 시사하듯, 미국인들은 어느 때보다도 서로 다른 배경의 사람들을 국가공동체의 정식 일원으로 받아들일 태세를 갖추고 있다. 진보주의자들은 현재의 국가적 분위기를 인종 간 갈등, 계급적 갈등을 해소할 수 있는 구체적인 정책으로 전환하는 길을 모색해야 한다. 1950년대의 민권운동의 뿌리 중 하나는 전쟁에 모든 인종과 계급을 동원한 2차 세계대전의 경험이었다. 전쟁 동원은 사회적 정의와 인종 간 통합을 촉발할 수 있다는 사실을 인정해야 한다. 미국이 점점 다문화 사회로 이행하고, 많은 미국인이 '모든 미국인'을 국가공동체 속으로 받아들이려 하는 이때만큼 더 좋은 기회는 없다."

부시는 '람보' 인가, '새대가리' 인가?

2002년 2월 독일의 시사주간지 『슈피겔(Der Spiegel)』은 부시 행정부 특집 기사를 실으면서 표지에 부시를 '람보'로 그렸다. 이에 부시가 매우 기뻐했다고 한다. 대니얼 코츠(Daniel Coats) 독일주재 미국 대사는 슈피겔사를 방문해 "부시 대통령은 그처럼 좋은 몸으로 그려진 데 즐거워했다"며 대통령을 대신해 표지 사진이 실린 포스터 33장을 주문했다나.

그러나 부시가 '새대가리'라는 말은 좋아했을 것 같지 않다. 2002년 2월 하셰미 라프산자니(Akbar Hashemi Rafsanjani) 전(前) 이란 대통령은 "사람들은 부시가 머리는 공룡 크기이나 뇌는 참새의 뇌를 가진 사람이라는 인상을 받는 것이 사실"이라고 주장했다. 아무려면 그렇기야 하겠는가. 그러나 부시가 '머리'보다는 '가슴'으로만 판단한 이분법에 따라 '악(惡)과 어둠'은 무조건 척결되고 제거되어야 한다는 신념 아니 신앙심을 갖고 있다는 것만큼은 많은 사람들에 의해 지적되었다.

부시는 '악의 축' 발언과 수입철강 관세부과 등으로 외국에서 거센 비난을 받았지만, 미국 내에서는 압도적 인기를 누렸다. 지식인들, 심지어 중도파 지식인들까지 부시의 인기 상승에 일조했다. 2002년 2월 중도적인 입장에 있던 60명의 미국 지식인은 "왜 우리는 싸우는가 (What We're Fighting For: A Letter from America)"라는 성명을 전 세계 지식인에게 보냈다. 프린스턴대학의 마이클 왈저(Michael Walzer), 하버드대학의 테다 스카치폴(Theda Skocpol), 새뮤얼 헌팅턴(Samuel P. Huntington) 그리고 프랜시스 후쿠야마(Francis Fukuyama) 등이 포함된 60인은 테러 세력을 비판하고 미국 방어의 정당성을 옹호했다. 특히 왈저는 전쟁을 비판하는 좌파들을 주로 공격했다.(김동춘 2004)

2002년 3월 7일 『USA 투데이』는 '9·11테러 6개월'이라는 제하의 1면 특집 기사를 통해 "미국민은 테러전 이후 부시 행정부와 외교정책, 부시 행정부의 정책 방향 등에 전폭적인 신뢰를 보내고 있다"며 이는 테러참사 직전인 2001년 9월 초 부시 대통령에 대한 국민 지지도가 51퍼센트에 머물렀던 데 비해 현재 82퍼센트로 급상승한 것이 대

표적 사례라고 지적했다.(민병두 2002c)

부시는 과장벽이 있는 카우보이 기질이 강하다는 지적이 자주 제기되었다. 『뉴욕타임스』 2002년 3월 18일자에 따르면, 부시가 즐겨 쓰는 단어는 '굉장한(fabulous)' 이었다. "미국이 굉장한 군대를 가졌으며 이처럼 굉장한 나라에 대해 자랑스럽다. 내각 역시 굉장하고 텍사스와 알래스카 주는 모두 굉장한 주"라는 식으로 '굉장한'이라는 단어를 자주 쓴다는 것이다.(세계일보 2002)

그게 무슨 큰 문제가 되겠는가만 국제관계에서는 이야기가 전혀 달라질 수 있다는 데에 문제가 있었다. '생각'보다는 '행동'을 좋아하는 부시는 '굉장한 과장'을 언제든지 행동으로 옮길 수 있다는 것이다. 그래서 부시의 '재선(再選)의 축'에 '악의 축' 나라가 희생양이 되고 있다는 말까지 나왔다.(Qwindlen 2002)

"싸움은 수단이 아니라 목적이다"

그런 우려는 부시가 국제관계에 대해 전혀 아는 바 없는 문외한으로서 전쟁의 미덕(?)을 강조한 저널리스트 로버트 케이플런(Robert D. Kaplan)의 책에 매료되었다는 점에서 더욱 설득력을 갖고 있었다. 케이플런의 책은 애써 선의로 해석해 읽자고 들면 제법 날카로운 통찰력을 보여주고 있는 것은 틀림없으나, 미국 밖의 세계에 대해 백지상태인 부시에게는 매우 위험한 결과를 낳을 수도 있는 것이었다. 부시는 케이플런의 저서 『타타르로 가는 길(Eastward to Tartary)』에 푹 빠져 2001년 3월 케이플런을 백악관으로 초대해 45분간 토론을 벌이기도 했는데, 케이플런은 2002년 3월 『워싱턴포스트』와의 회견에서 당시 자신이 느꼈던 부시의 세계관에 대해 다음과 같이 말했다.

"부시는 우선 이 세상을 미국에 위해를 가할 수 있는 수많은 나쁜 사람이 득실대는 사악한 곳으로 보고 있다. 말하자면 부시는 세계를 선과 악으로 나누어 보는 일종의 도덕적 세계관을 이미 당시부터 갖고 있었던 셈이다. 9·11테러는 부시가 자신의 음울한 세계관이 옳다는 것을 확인한 계기가 되었을 수도 있다." (변창섭 2002)

부시는 케이플런의 책도 제대로 읽었다기보다는 자신의 이분법적 세계관을 충족시키는 쪽으로 잘못 읽었을 가능성이 컸다. 게다가 어떻게 읽든지 케이플런도 이분법적 세계관을 가진 인물인데다 그의 책은 '전쟁 예찬론'의 소지가 다분하므로 전쟁 가능성은 더욱 커졌다고 볼 수 있다. 케이플런의 주장은 무엇인가? 케이플런은 자신의 조언을 구하는 미 국방부 관리들에게 예루살렘 히브리대학의 전쟁사학자 마틴 반 크레벨드(Martin van Creveld)의 『전쟁의 변형(The Transformation of War)』이라는 책을 꼭 읽어보라고 권했는데, 이 책은 전쟁에 대해 다음과 같이 말하고 있다.

"'사람은 왜 음식을 먹는가' 혹은 '사람은 왜 잠을 자는가' 묻는 것은 부질없는 짓이다. 먹고 잠자는 것은 그 자체가 목적이기 때문이다. 마찬가지로 싸움 역시 여러 면에서 수단이 아니라 목적이다. 역사상 어느 때 어느 곳에서나 전쟁의 끔찍함을 얘기하는 사람이 있는가 하면, 반대로 인간에게 허용된 모든 경험 가운데 가장 훌륭한 경험을 전쟁 속에서 찾는 사람도 있었다. 평생 자신의 무용담을 자식과 손자들이 질릴 정도로 되풀이 늘어놓는 사람들이 얼마나 많은가." (Kaplan 2001)

케이플런은 미 "국방부 고위 관리들은 반 크레벨드에게 홀딱 빠져 있다"고 말했다. 그러나 그들은 크레벨드보다 한 걸음 더 나아가 미국의 외교정책에 영향을 주려고 애쓰는 케이플런에게 더 홀딱 빠져 있었다. 케이플런은 사실상 국방부의 권능을 더 강화해야 한다는 주장을 해대기 때문이었다. 케이플런(Kaplan 2001)은 "미국 같은 선진 기술사회에서 오랜 기간 평화가 유지되는 것은 심각한 해악을 초래할 수 있다. 또 단일한 세계기구의 자비로운 통치 아래 영구적 평화를 누리는 세계라는 이상(理想)은 미래에 대한 낙관적 견해가 아니라 오히려 불길한 시각이다"라며 다음과 같이 주장했다.

"1차 세계대전 전까지만 해도 전쟁은 존경할 만한, 심지어 숭고한 노력이었다. 왜냐하면 평화는 물론 전쟁 역시 진보를 의미할 때가 많았기 때문이다. …… 전쟁은 혁신적인 거대 정부에 대한 존경심을 낳는 데 반해 평화는 제도상의 공백을 만들어내고, 그 공백은 오락지향적인 기업 따위로 메워진다. …… 악과 싸우기 위해 전쟁이 필요한 때조차 전쟁을 막거나 늦출 수 있다고 말하는 힘 있는 유엔 사무총장에게는 철학적 위험성이 내재해 있다. …… 유엔은 늘 미국의 외교정책 목표에 동조했을 때 가장 신뢰받는 존재가 되어왔다."

케이플런뿐만이 아니었다. 『워싱턴포스트』의 자유주의 논객 세바스천 맬러비(Sebastian Mallaby)는 9·11테러 이후 국수주의자가 되었는데 자신을 일컬어 '마음이 내키지 않는 제국주의자(reluctant imperialist)'라고 불렀다. 그는 『포린 어페어스(Foreign Affairs)』 2002년 4월호에 기고한 글에서 "지금 세계의 무질서가 미국으로 하여금 제국주의 정책을 추구할 수밖에 없게 하고 있다"며, 국가 도산, 통제 불능의 인구증

가, 부패와 폭력 등 제3세계국가들의 어두운 장면을 묘사하면서 그런 결론을 내렸다.(Golub 2002)

"부시는 아이큐(IQ) 88 얼간이"

2002년 4월 영국 대중지 『미러(mirror)』는 토니 블레어(Tony Blair) 영국 총리를 비꼬아 "부시의 푸들(애완견)"이라고 불렀다. 블레어가 줏대 없이 늘 부시 대통령의 대외정책을 추종한다는 뜻이었다. 미국 『워싱턴포스트』도 블레어 총리를 두고 같은 말로 비판했다. 영국 일간 『가디언(The Guardian)』은 두 사람이 "영주와 가신" 관계에 있다고 비아냥댔다. 영국 팝가수 조지 마이클은 7월 "착한 강아지(블레어)야, 그(부시)를 위해 이리저리 뒹굴고 있네"라고 노래하는 뮤직비디오를 내놓기도 했다.

2002년 5월 랠프 네이더는 스톡홀름에서 한 스웨덴 녹색당 초청연설에서 부시 대통령이 "무모함과 숨 막힐 것 같은 의견으로 나라를 위험에 빠뜨리고 있다"며 "부시는 통제 불능의 보안관"이라고 비난했다. 그는 이어 "옛 소련 붕괴 이후 미국에 맞설 적대국이 없는 상황에서 국방예산이 2차 세계대전 이후 최고를 기록하고 있다"며 미국 정부가 "헌법에 보장된 국민의 권리와 자유를 공격하고 있다"고 지적했다.(김학준 2002)

그러나 미국 여론은 여전히 부시의 편이었다. 2002년 6월 부시 대통령은 육군사관학교 졸업식에서 "미국은 더 이상 안보를 보장받기 위해 집단동맹에 의존하지 않겠다"고 밝혔다. 2차 세계대전 이후 50여 년간 유지해온 동맹관계를 근본적으로 재검토하겠다는 선언이었다.

2001년 7월 영국 체커스의 총리 지방관저를 방문한 조지 W. 부시 대통령. 토니 블레어 영국 총리의 환영을 받고 있다.

헤리티지 재단의 제임스 캐러파노(James Carafano) 연구원은 "21세기에 집단동맹은 큰 의미가 없다"면서 "미국은 앞으로 일대일의 양자관계에 더욱 치중하게 될 것"이라고 전망했다. 미국 내 신보수주의 강경파들 사이에서는 "더 이상 미국과 유럽이 같은 세상을 바라보고 있는 것처럼 위장하지 말자"(로버트 케이건 카네기재단 선임연구원)는 노골적 주장까지 나왔다.(중앙일보 특별취재팀 2003b)

2002년 6월 부시 행정부는 연방정부 내의 기존 정보관련 기관 22개를 통합해 국토안보부(Department of Homeland Security)라는 거대한 부서를 창설했지만, 9·11테러 공포로 인해 200년 이상 지켜온 독립기념일 행사도 치르지 못했다.

2002년 7월 1일 '가장 미국적인 배우'로 꼽히는 톰 크루즈(Tom

Cruise)는 한 신문과의 인터뷰에서 테러 위협, 범죄, 기업 부정이 횡행하는 미국의 현실을 언급하면서 "내 아이들은 미국에서 키우지 않겠다. 내 아이들이 올바른 선택을 할 만큼 충분히 성숙할 수 있는 곳에서 자라길 희망한다"고 말했다.

2002년 7월 4일 영국 언론인 존 필저(John Pilger)는 『데일리미러(Daily Mirror)』에 실은 「7월 4일(미국 독립기념일)을 애도함」이라는 제목의 글에서 미국이 아프가니스탄에서 '선 사격·폭격, 후 추적'이라는 "체계적인 살인 방식"을 택해 9·11 동시 테러 때 세계무역센터에서 희생된 사람보다 더 많은 아프간 민간인이 숨겼다며 "미국은 이제 세계의 지도적 불량국가로서의 자격을 갖췄다"고 주장했다.

2002년 7월 민주당의 다이앤 왓슨(Diane Watson) 하원의원(캘리포니아)은 미국의 주요 정책은 아버지 조지 부시 전 대통령이 주도하는 '그림자 정부'에 의해 이뤄지며 정작 부시 대통령 자신은 결정할 능력이 없다고 지적하면서 "부시는 아이큐(IQ) 88 얼간이"라고 쏘아붙였다.(김학준 2002)

2002년 7월 노엄 촘스키(Noam Chomsky)는 "9·11테러는 오랜 통념에 극적인 변화를 불러일으키고 있다"며 이렇게 말했다. "즉, 과거에는 모든 역사에서 부유하고 강력한 국가들이 독점적으로 폭력을 행사했지만 현대적 기술로 인해 그것이 더 이상 통용되지 않는 것이다. 비록 테러리즘이 도처에서 두려움을 불러일으키며 그것은 사실상 견디기 어려운 '야만으로의 복귀'를 뜻하긴 하지만, 경험이 다르면 그것의 본실에 관한 인식도 서로 다를 수밖에 없다는 점은 전혀 놀랄 일이 아니다. 하지만 끔찍한 범죄에 면역이 될 만큼 익숙해진 자들은 이런

사실을 무시할 것이다."(Rai & Chomsky 2003)

이매뉴얼 월러스틴(Immanuel Wallerstein)은 『포린 폴리시(Foreign Policy)』 2002년 7~8월호에 기고한 「독수리의 요란스런 추락(The Eagle Has Crash Landed)」이라는 글에서 베트남전쟁을 벌이면서 시작된 미국 패권주의의 소멸이 9·11테러를 기해 가속이 붙어 급박하게 진행되고 있다고 주장했다. 9·11테러는 제2, 제3의 베트남이고 앞으로 수많은 보통명사 베트남들이 미국 패권의 숨통을 끊어놓게 돼 있다는 주장이었다.(강정구 2002)

"부시는 히틀러"

그러나 이런 일련의 비판은 부시에게 아무런 영향을 미치지 못했다. 2002년 8월 31일 부시는 텍사스 주 크로포드에서 "우리 국가는 선을 추구하는 역사상 가장 위대한 세력이다"라고 말했다. 이런 독선을 겨냥한 듯, 2002년 9월 헤르타 도이블러-그멜린(Herta Däubler-Gmelin) 독일 법무장관은 "부시는 히틀러"라고 말해 파문을 일으켰다. 부시 대통령이 독일 제3제국의 독재자 아돌프 히틀러처럼 국제관례를 무시하고 제멋대로 행동한다는 것이다. 부시 대통령과 미국 행정부는 화가 나 총선에서 이겨 재집권에 성공한 게르하르트 슈뢰더(Gerhard Schröder) 총리에게 축전조차 보내지 않았다. 이 발언으로 그멜린은 관직에서 물러나야 했다.(Johnson 2004, 김학준 2002)

2002년 10월 4일, 1년 전 부시가 양원 합동회의에서 행한 연설에서 밝힌 '부시 독트린'의 구체적 청사진이 나왔다. 미국의 국가이익에 대한 어떠한 도전도 허용하지 않는 한편 '미국적 국제주의(American

아프가니스탄에 주둔한 미군부대(위)와 반전시위를 벌이는 영국 런던 시민의 모습(아래).

internationalism)'를 통해 '자유롭고 열린 사회(free and open society)'를 지원하기 위해 미국의 군사·경제력을 총동원하며, 대량파괴무기를 개발 중인 적대적인 국가 또는 테러리스트 그룹들에게 미국이 사전 선제공격(pre-emptive action)을 가한다는 전략이 핵심이었다.

이에 대해 최병권(2002)은 "먼로(Monroe) 독트린이 남북 아메리카는 미국의 것이니 따라서 유럽 열강들은 아메리카 대륙에 곁눈질하지 말라고 요청한 것이었다면, 부시 독트린은 아예 지구 전체를 이제는 미국의 것이라고 간주하는 것이다"라며 다음과 같이 말했다.

"문제는 부시의 독트린이 매우 편향적이고 단순한 국제관을 기반으로 하고 있다는 점이다. 미국과 이스라엘의 국가 이익은 분리할 수 없는 것으로 되어 있고, 우유부단한 유럽 국가들 중에서는 터키와 영국만이 '좋은 놈들(good guys)'로 되어 있다. 부시 독트린에서 '나쁜 놈들(bad guys)'은 중국과 북한, 시리아, 이란, 이라크 들이다."

중앙일보 특별취재팀(2003g)은 부시 독트린의 바탕에는 네오콘(Neo-Conservative; 신보수주의자)의 3대 보고서가 있다고 했는데, 그 가운데 '보고서2'의 내용을 보자면 이렇다. "1998년 클린턴 대통령에게 보낸 공개서한이다. 리처드 펄(Richard Perle)이 대표 집필한 이 서한에 서명한 18명의 인사 중 10명이 부시 정부에 참여하고 있다. '새로운 미국을 위한 프로젝트(PNAC)'라는 공화당의 정책개발팀 멤버의 대부분이 서명했다. 이라크 침공을 촉구하는 내용이었다. 클린턴이 그들의 요구를 거절하자 그들은 르윈스키 스캔들을 가지고 클린턴을 궁지로 몰았다. 결국 클린턴은 그해 12월 '사막의 여우' 작전으로 70일간 이라크를 공습했다."

2002년 10월 22일 『월스트리트저널』은 워싱턴의 권력이 백악관으로 집중되면서 부시 대통령이 지난 30년의 기간 중 가장 강력한 대통령으로 군림하고 있으며 이로 인해 의회의 권한이 상대적으로 약화되고 있다고 전했다. 닉슨 전 대통령 보좌관 존 딘(John W. Dean III)은 "워터게이트 사건의 주인공 리처드 닉슨 이후 의회에 대해 이렇게 오만했던 정권은 존재하지 않았다"고 했으며, 로버트 버드(Robert Byrd, 1917~2010) 민주당 상원의원은 "나의 의회 동료 상당수는 (제왕적 대통령 부시를 따르는) 근대 군주제 지지자들과 같다"고 했다.

공화당의 "100여 년 만의 대승리"

왜 그런 일이 벌어진 걸까? 먼저 부시 행정부를 구성하고 있는 핵심인사들이 의회를 불신하고 의회의 행정부 견제 역할에 불만을 품고 있다는 점이 꼽혔다. 기업 최고경영자(CEO) 출신으로 닉슨 행정부에서 일한 경험이 있는 딕 체니 부통령이나 도널드 럼스펠드(Donald Rumsfeld) 국방장관은 워터게이트 사건과 베트남전쟁 직후 막강해진 의회의 위상에 대해 항상 강한 불만을 토로해왔다는 것이다. 이들은 그동안 의회의 협조 요청을 번번이 거절해 불협화음이 끊이지 않았다. 급기야 2002년 2월 미 에너지기업 엔론(Enron)의 파산 사건을 조사하고 있던 미 의회 산하 회계감사원(GAO; General Accounting Office)이 자료 요청을 거부한 체니 부통령을 1981년 역사상 처음으로 고소하는 사태로까지 악화되기도 했다.

당파 간 불협화음으로 좀처럼 의견 일치를 보지 못하는 상하원의 구조적인 문제도 또 다른 요인이었다. 버드 상원의원이 이끄는 상원

세출위원회와 공화당이 주도하는 하원 세출위원회의 갈등이 대표적인 예로 지목되었다. 그러나 무엇보다 백악관에 힘을 실어준 결정적인 사건은 바로 9·11테러 이후 계속되고 있는 '대테러전쟁' 이라는 분석이 힘을 얻었다. 국가안보를 이유로 백악관은 그 어느 때보다 독단적인 권한을 행사하고 있다는 것이다. 『월스트리트저널』은 "백악관과 의회의 거리가 멀어질수록, 대통령이 독단적인 결정을 내리는 횟수가 많아질수록 그 책임의 무게를 백악관이 져야 하며 이는 그만큼의 위험 부담을 의미하는 것" 이라고 경고했다.(김정안 2002)

부시의 '보안 강박증'도 한몫했다. 손현덕(2002)에 따르면, "조지 부시 대통령의 백악관 관리에는 두 가지 대원칙이 있다. 공공장소에서 대통령과 이견을 드러내지 말라는 것과 알고 있는 사실을 사전 허가 없이 발설하지 말라는 것이다. 철저한 비밀주의. 비밀을 지키는 것은 충성이고 그렇지 않으면 불충이다. 텍사스 카우보이처럼 자유분방할 것 같은 부시 대통령이지만 백악관 주변에서 들리는 얘기로는 무서울 정도로 조직을 장악한다. 정보가 그 무기다. 백악관에서 내부적으로 검토하는 사항들이 새어나가거나 비밀로 분류된 작업이 유출되면 그 순간 끝장이다."

그런 문제에도 불구하고 부시는 2002년 11월 5일 치러진 중간선거에서 승리한 사상 첫 공화당 출신 대통령이 됐다. 집권당이 중간선거에서 패하는 것은 미국 정치의 오랜 전통이었다. 민주당은 1934년과 1998년 두 차례 이 징크스를 깨뜨렸지만 공화당은 한 번도 백악관과 의회를 동시에 장악한 적이 없었다. 공화당 쪽은 "100여 년 만의 대승리"라며 환호했다.

부시는 대통령의 정치적 이점을 최대한 활용해 징크스를 넘어섰다. 체니 부통령과 함께 사상 최고액인 1억 8000만 달러의 정치자금을 모았고, 거의 모든 내각 인사를 각 지역 유세장에 보냈다. 선거유세 막바지 닷새간은 15개 주, 17개 도시를 방문하는 강행군을 펼쳤다. 또 동생 젭 부시 플로리다 주지사가 재선에 성공함으로써 부시 가문의 정치적 입지도 강화됐다. 민주당은 플로리다 주지사 선거에 900만 달러 가까이 지원하며 부시 주지사를 떨어뜨리려 했었지만 실패로 돌아가고 말았다. 2000년 대선 개표 파동으로 정당성에 약점을 갖고 있던 부시 대통령은 중간평가로 간주되는 이번 선거로 적어도 형식적 정당성만큼은 완벽하게 확보한 셈이었다.(태원준 2002, 황상철 2002)

"부시는 저능아"

그러나 미국 밖의 여론은 달랐다. 2002년 11월에 실시한 여론조사에서 영국인의 3분의 1은 사담 후세인보다 조지 부시를 세계평화에 더 위협적인 존재로 간주했다. 이런 기류를 말해주듯, 2002년 11월 하순에 이른바 '저능아' 사건이 터졌다. 캐나다 총리실 대변인 프랑스아즈 뒤크로(Françoise Ducros)가 북대서양조약기구(NATO) 정상회담장 주변에서 부시를 '저능아(moron)'라고 부른 것이다. 뒤크로는 "부시 대통령이 나토의 확대 문제를 논의해야 하는 자리에 와 대(對)이라크전 개전에 대한 도덕적 지지를 얻으려 한다"며 "얼마나 저능아냐(What a moron)"라고 비아냥댔다. 이 발언 사건을 계기로 캐나다-미국 관계가 새삼 도마에 올랐다. 미국의 우파들은 "캐나다는 새로운 세계질서에 대해 칭얼대는 어린애", "캐나다는 실망스러운 나라"라고 비판했지만, 총리인 장 크레티앵(Jean Chrétien)은 '저능아' 발언을 한 뒤 크로의 사임을 처음에는 반려하고 두둔했다. 다시 사표를 제출하자 이를 수락하면서도 아쉬움을 표현했다.(민병두 2002a · 2002b)

영국의 한 상업방송도 부시 대통령을 풍자하는 만화광고를 제작하면서 '얼간이' 취급을 했다. 이 광고는 부시 대통령이 "비디오테이프나 볼까" 하면서 토스터와 비디오 플레이어를 구분하지 못해 토스터에 비디오테이프를 넣어 새까맣게 태우는 모습을 담았다. 영국 방송광고심의센터는 11월 광고주한테 "부시 대통령의 허락을 받아오면 방영할 수 있다"고 판정해 사실상 이 광고의 방영을 금지시켰다.(김학준 2002)

미국 대중문화는 반미주의에 구애받지 않았다. 미국을 싫어하고 증오하기까지 하는 나라의 사람들이라 하더라도 미국 대중문화는 사랑한다는 것이다. 이를 잘 보여준 게 이라크인들의 미국 대중문화 사랑이었다. 『중앙일보』 2002년 10월 26일자는 "1996년 식당과 호텔 바 등에서 주류 판매가 금지된 이후 이라크인들에게 가장 인기 있는 음료수는 펩시콜라다. 양고기든 닭고기든 곁들여 마시는 음료는 거의 펩시콜라고 나머지도 스프라이트나 미란다, 환타 등 미제 음료들이다. '아랍에미리트나 이집트 등 인근 국가를 통해 우회 수입된 것' 이라는 게 한 식당 지배인의 설명이다. 담배 역시 말보로가 2000디나르(약 1200원)로 가장 비싸지만 인기가 높다. 노점상에서 이라크 담배 '수메르' 를 하나 골랐더니 가이드를 맡은 이라크 공보부 직원은 '이게 더 낫다' 며 미제 '폴로 클럽' 을 권해준다" 며 다음과 같이 말했다.

"영화관에서는 이것저것 규제가 많은 아랍 영화보다는 아널드 슈워제네거(Arnold Schwarzenegger)나 재키 찬(Jackie Chan, 청룽)이 주연한 할리우드 영화에 관객이 몰린다. 비디오 · DVD 대여점에도 중국 등지에서 불법복제된 미국 영화가 주류를 이룬다. 미국 문화 선호는 젊은 세대로 내려갈수록 더하다. 이라크의 신세대들은 워크맨에서 나오는 팝송을 흥얼거리며 리바이스 청바지를 입은 친구를 부러워한다. 알 사둔 거리에서 만난 여고생 무니라 알자웨(17)는 '디카프리오의 브로마이드 사진을 갖고 있다'고 자랑했다. 최근 우후죽순 생겨나고 있는 비디오 게임방에서 신세대들에게 'FIFA 축구' 만큼이나 인기 높은 게임도 2차 세계대전 당시 독일군과 싸우는 미국 특수부대의 활약을 소재로 한 '무공훈장'이다."(이훈범 2002)

미국 대중문화 사랑에 관한 한 지식인들도 다르지 않았으며, 이 또한 오래된 전통이었다. 구춘권(2001)은 "미국을 비판했던 많은 유럽의 지식인이 열렬한 미국 음악(재즈)의 팬들이었다는 사실은 잘 알려졌다"며 다음과 같이 말한다. "『극단의 시대(The Age of Extremes)』의 저자인 에릭 홉스봄(Eric Hobsbawm)은 한 라디오와의 인터뷰에서 무인도에서 살게 될 경우 지참할 첫 번째 물건으로 찰리 파커(Charlie Parker, 1920~1955)의 음반을 꼽았다. 독일의 대표적인 사회참여 지식인이자 1999년 노벨문학상 수상자였던 귄터 그라스(Günter Grass)는 자기 인생의 가장 행복했던 순간이 쾰른의 한 재즈클럽에서 우연한 기회에 루이 암스트롱(Louis Armstrong, 1901~1971)과 같이 연주할 기회를 가졌던 것이라 회고한다. 1960년대 미국을 공개적으로 비판했던 대표적인 프랑스 지식인이 장 폴 사르트르(Jean Paul Sartre, 1905~1980) 역시 열렬한 재즈 팬으로 알려졌다."

미국식 상업주의의 대표격이자 세계화의 상징인 맥도날드. 종종 반세계화론자들의 표적이 되곤 하지만 여전히 전 세계에서 수많은 점포들이 성업중이다.

이와 관련, 『뉴욕타임스』 칼럼니스트 토머스 프리드먼(Thomas Friedman)은 "반미주의자들은 흔히 리바이스 청바지를 입고 맥도날드 햄버거를 먹으면서 반미 구호를 외친다"고 꼬집었다. 그게 위선인가? 프리드먼은 그런 뉘앙스를 풍기면서 주장했지만, 미국이 가진 '소프트 파워'의 힘으로 보는 게 옳지 않을까? 미국의 '소프트 파워'를 껴안으면서도 미국의 '하드 파워'는 비판하는 게 모순일까? 2002년 여름 두 명의 한국 여중생이 미군의 장갑차에 치여 사망하고 미군 군사법정은 이 군인들에게 무죄판결을 내리면서, 한국은 그런 질문의 시험대로 부각된다. 그 어떤 나라보다 더 미국의 소프트 파워를 사랑해온 한국에서 반미 촛불시위가 벌어지고 그간 반미(反美) 제스처를 보여온 노무현이 대통령에 당선하면서, 순탄치 않은 한미관계가 전개되기 때문이다. 물론 노무현의 반미(反美)는 전부는 아닐망정 상당 부분 국내용 '포퓰리즘'일 뿐이라는 게 곧 입증되긴 하지만 말이다.

참고문헌 Chinoy 2010, Donaldson 2007, Golub 2002, Johnson 2004, Kaplan 1997·2001·2002, Miller 2003, Nye 2000·2002·2004, Pritchard 2008, Putnam 2002, Qwindlen 2002, Rai & Chomsky 2003, Soros 2004, Woodward 2004, 강정구 2002, 구춘권 2001, 김동춘 2004, 김민웅 2001a, 김정안 2002, 김종목 2010, 김창희 2006, 김학준 2002, 매일신문 2002, 민병두 2002a·2002b·2002c, 변창섭 2002, 세계일보 2002, 손현덕 2002, 엄기영 2008a, 유승우 2002, 이정민 2002, 이훈범 2002, 조갑제 2001, 중앙일보 2002, 중앙일보 특별취재팀 2003b·2003g·2003h, 최병권 2002, 최원기 2003, 태원준 2002, 한겨레 2002, 한승동 2009, 홍규덕 2002, 황상철 2002

'철의 삼각구조'
엔론 사태와 로비 파워

미국 대기업들의 회계 부정

2001년 12월 자산 규모 630억 달러로 미 최대의 에너지 유통회사이자 세계 6대 기업에 속했던 엔론(Enron)이 파산했다. 엔론은 왜 파산한 걸까? 엔론의 조직문화는 치열한 경쟁을 숭배한 나머지 부정한 방법을 취해도 회사 안에서는 별 문제가 되지 않았다는 점에 주목할 필요가 있다.(Lipman-Blumen 2005) 엔론만 그런 게 아니었다. 2002년 7월에 파산한 세계 최고의 인터넷 서비스업체이자 미국 제2의 전화사업자인 월드콤(WorldCom) 등 미국의 주요 대기업들의 회계 부정은 상상을 초월하는 수준의 것이었음이 밝혀졌다.

권터 오거(Günter Ogger 2004)는 "GE, IBM, 마이크로소프트, 타이코(Tyco International, Ltd.), 글로벌 크로싱(Global Crossing), 제록스 같은 세계적인 기업들도, 발생하지도 않은 이익을 발생한 것처럼 위장하기 위해 회계를 조작했다. 이들이 저지른 분식회계 사건은 가히 회계 조작의 예술이라 할 수 있을 정도다"며 다음과 같이 말했다.

"영국의 경제학자인 앤드루 스미스는 미국 대기업들 대부분이 2000년에 이익을 약 20퍼센트 정도 부풀려 회계 장부에 기록했다는 사실을 밝혀냈다. 이 사실이 알려지면서 사람들은 절망할 수밖에 없었다. 기업의 회계를 감사하기 위해 고용된 회계사들이 오히려 기업과 한통속이라는 사실 그리고 그들의 감사보고서도 사실 별 가치가 없다는 사실을 투자자들도 이제 알았다. 세계 최고의 회계법인 중 하나인 아서 앤더슨(Arthur Anderson)까지 엔론 그룹의 회계 부정에 가담했으니 더 이상 할 말이 없는 형편이었다."

엔론을 비롯한 여러 대기업의 대대적인 회계 부정은 4년 전 미국이 아시아 외환위기의 원인을 '정실 자본주의' 때문이라고 비웃었던 것을 무색하게 만들었으며, 이에 따라 회계처리의 투명성, 선거자금 모금의 개선, 기업지배구조 개선, 규제 완화에 대한 악영향 등이 주요 이슈로 떠올랐다.(Drouin 2009, 강문성 2002)

엔론은 텍사스 주 휴스턴에 기반을 둔 회사로 오래전부터 조지 W. 부시와 끈끈한 관계를 맺어왔다. 엔론 회장 케네스 레이(Kenneth Lay, 1942~2006)는 부시가 텍사스 주지사였을 때부터 서로 친한 사이로 2000년 대선 당시 고액을 기부했다. 부시는 2000년에만 그를 두 번 만난 적이 있다고 시인했지만, 유착 혐의를 받는 것은 억울하다고 주장했다. 부시는 2002년 1월 22일 자신의 장모도 엔론사 주식 8200달러어치를 갖고 있는데, 그 회사 주가가 바닥을 치는 바람에 지금은 40여 달러 가치밖에 되지 않는다면서 "우리가 엔론이 망할 줄 일었으면 우리 장모님이 그 주식을 팔지 않고 지금까지 가지고 있었겠느냐"고 항변

했다.(조화유 2002)

그러나 그건 별로 설득력이 없는 변명이었다. '텍사스 정실 자본주의의 상징'으로도 불리는 엔론은 부시와 친한 정도를 넘어 부시 행정부를 지원하는 싱크탱크, 지식인, 우익 종교운동가들에게까지 돈을 뿌리는 '정치 기업'이기도 했다. 엔론으로부터 수만 달러에서 10만 달러에 이르기까지 돈을 받은 사람 중에는 윌리엄 크리스톨(William Kristol), 어윈 스텔저(Irwin Stelzer), 래리 쿠드로(Larry Kudlow), 페기 누넌(Peggy Noonan), 랄프 리드 2세(Ralph E. Reed, Jr.) 등이 포함되었다. 심지어 부시 행정부와는 거리가 있는 경제학자이자 칼럼니스트인 폴 크루그먼(Paul Krugman)도 엔론에서 5만 달러를 받았다.(Lind 2003)

2002년 2월 미 의회 회계감사국은 백악관을 상대로 에너지정책 입안 과정에 엔론 등 석유기업들이 어떤 역할을 했는지를 파악하기 위해 유례없는 소송을 제기했다. '2001년 국가에너지 전략보고서' 작성팀이 어느 석유회사의 누구를 만났는지를 회계감사국이 조사하려 했으나 거부당하자 소송을 낸 것이다.

2002년 3월 엔론의 국제사업부장을 지낸 아툴 다브다(Atul Davda)는 『내셔널 인콰이어러(The National Enquirer)』와의 인터뷰에서 "엔론은 1990년대 중반 아프가니스탄에서 송유관 공사를 하기 위해 탈레반 정권과 은밀한 커넥션을 구축했다"고 털어놨다. 로비자금으로 탈레반 측에 수백만 달러가 건네졌다는 것이다. 탈레반이 오사마 빈 라덴 일당에게 은신처를 제공하고 있다는 사실을 미 정보당국이 이미 파악하고 있을 때였다. 아프가니스탄에 탈레반 정권이 들어선 이듬해인 1997년 아프간의 고위 관리들이 엔론사 초청으로 나흘간 텍사스 주

슈거랜드(Sugar Land)를 방문한 사실이 미 국무부에 의해 확인되기도 했다.

"이 돼지에게 립스틱을 칠합시다"

미 의회 회계감사국이 낸 소송은 법원이 권력분립을 해칠 수 있다며 기각하는 바람에 흐지부지되고 말았지만 '2001년 국가에너지 전략보고서' 작성을 주도했던 체니 부통령이 엑슨모빌(Exxon mobil Corporation) 등 석유회사 경영진을 여러 차례 만난 것은 더 이상 비밀이 아니었다. 이 보고서는 "에너지 안보를 미 외교정책의 최우선 순위에 둬야 한다"면서 "걸프 지역에서 미국의 석유 접근권을 확대하기 위해 군사적 개입이 필요하다"고 제안했다. 반전론자들은 이를 근거로 이라크전은 석유를 위한 전쟁이라고 주장했다.(중앙일보 특별취재팀 2003e)

2002년 7월 김철웅(2002)은 "미국의 국가 현안이 정치에서 경제로 급속히 그 무게중심을 옮기고 있다. 연일 매스컴을 장식하고 있는 기업 회계부정 사태 때문이다. 9·11테러는 국민들이 정부를 믿게 하고 미국을 결속시킨 측면이 있었다. 그런데 이번에 나타난 내부의 적은 미국을 일대 신뢰위기로 몰아넣고 있다"며 다음과 같이 말했다.

"요즘 회계부정의 소용돌이 속에서 미국 언론이나 지식인들은 '신뢰'와 '신용'이란 단어를 부쩍 자주 사용하고 있다. 이는 미국민이 미국과 미국정부를 신뢰하지 못하게 되었음을 방증한다. 부시 미국 대통령은 여전히 '악'과의 전쟁을 쉴 새 없이 강조하고 있다. 그는 테러리즘을 '악'으로 규정해 테러와의 전쟁을 시작했다. 북한이 '악의 축'으로 분류되는 불운을 맞은 것도 그 와중이었다. 그러다가 회계부정 사건이 잇따라 터지자 다시 회계부정이란 '악'을 척결하겠다고 나섰다."

무엇이건 문제만 나타나면 악(惡)으로 지목하는 부시의 버릇에 대해 이매뉴얼 월러스틴은 "부시가 저명한 신학자는 아닌 것으로 안다"면서 "서양의 위대한 세 가지 종교(유대교 · 기독교 · 이슬람교)가 악의 존재 이유라는 문제에 대처해온 방식은 '신이 인간에게 자유의지를 부여했다'고 말함으로써였다"면서 부시의 단순 우직한 선악관을 꼬집었다.(김철웅 2002)

맬컴 글래드웰(Malcolm Gladwell 2010)은 엔론 사태를 "정보시대의 패러다임 변화를 말해주는 스캔들"로 보았다. 엔론 전문가인 회계학자 앤서니 캐터나크(Anthony Catanach)와 법학자 스티븐 슈워츠(Steven Schwartz)의 견해에 근거한 진단이다. 캐터나크는 "아마 엔론의 회계법인 아서 앤더슨 담당자들도 그 거래를 완전히 이해하지 못했을 겁니다. 고위임원들이나 알 수 있는 내용이었지요. 회계를 가르치는 저도 회계보고서를 도표로 풀어내는 데 두 달이 걸렸습니다. 정말 복잡하게 꼬인 거래였어요"라고 말했다. 또 슈워츠는 "엔론 사태는 갈수록 금융거래가 복잡해지는 시대에 기업이 정보를 많이 공개할수록 좋다는 생각은 시대착오적이라는 사실을 말해준다"고 했다.

그러나 아무리 봐도 파산한 미국 대기업들의 최고경영진과 이사진들은 악(惡)에 무감각한 사람들이었다는 것은 분명한 것 같다. 아니면 미국적 시스템이 악이었거나. 2002년 7월 30일 영국 『파이낸셜 타임스』가 지난 18개월간 파산한 25개 미국 대기업의 최고경영진 및 이사진 208명을 대상으로 조사한 결과 이들이 지난 1999년부터 2001년 말까지 3년간 급여와 주식 매도로 벌어들인 수입은 모두 33억 달러에 달하는 것으로 밝혀졌다. 액수별로는 1억 달러 이상을 챙긴 간부만도 모두 여덟 명이나 됐으며 5000만 달러 이상이 16명, 2500만 달러 이상과 1000만 달러 이상도 각각 31명과 52명에 달한 것으로 조사됐다.

이들 가운데는 미국 역사상 최고 파산액수를 기록한 월드컴을 비롯해 엔론과 글로벌 크로싱 등 미국경제와 증시는 물론 전 세계 경제 전반에도 엄청난 파문을 불러일으킨 대기업 간부들이 대거 포함된 것으로 나타났다. 특히 이 조사에서 가장 많은 수입을 거둔 인물은 글로벌 크로싱의 게리 위닉(Gary Winnick) 회장으로 3년간 수입이 모두 5억 1200만 달러에 달했으며 엔론의 케네스 레이 전 회장도 2억 4700만 달러를 벌어들인 것으로 조사됐다.

"이 돼지에게 립스틱을 칠합시다(Let's put some lipstick on this pig)." 온라인 증권거래로 성공을 거둔 찰스 슈왑(Charles Schwab)사가 2002년 초 엔론 사태가 불거져 나온 직후 월스트리트의 부도덕성을 질타한 광고다. 증권사들이 싸구려 주식을 번지르르하게 포장해 순진한 투자자들에게 양심의 가책도 느끼지 않고 파는 행위를 비꼰 것이다.

이 광고는 월스트리트의 다른 경쟁사들을 자극했다. 이들은 "적어도 넘어진 사람에게 발길질하지는 않는 것이 상도의 기본"이라면서 슈왑의 광고를 비열한 행위라고 비난했다. 그동안 이런 비난에도 아랑곳하지 않던 찰스 R. 슈왑은 2002년 11월 "경쟁사들을 흥분시킨 광고는 본인이 원했던 바가 아니다"면서 "그들이 나에게 호의를 보인다면 증권사 경영진들에게 사과할 것"이라고 말했다. 그러나 월스트리트는 슈왑의 이런 사과 발언에 진심이 담겨 있다고 보지 않았다. 오히려 자신을 평가절하했던 다른 증권사들이 먼저 반성해야 한다는 토를 달았기 때문이다.

슈왑은 월스트리트의 이단자였다. 증권사의 고유 업무영역에 속하는 인수업무를 하지 않고 온라인 주식거래를 도입해 스스로 의사결정을 하려는 주식 투자자들을 대상으로 저렴한 수수료를 내세워 커다란 성공을 거뒀다. 슈왑의 눈에 기존 증권사들은 고객으로부터 수수료를 챙기는 집단이며 특히 엔론, 월드컴 등 대기업들의 회계부정 사건들이 터지면서부터는 비행의 근원지나 다름없었다. 그러나 기존 증권사들의 시각은 달랐다. 슈왑의 아이디어는 혁신적이거나 새로운 게 아니라는 것이다.(손현덕 2002a)

미국은 '로비집단들의 위원회'

사실 로비로 인한 정치부패와 비리는 해묵은 사안이었으며, 이를 막기 위해 법적 규제를 가하려는 노력도 꾸준히 이뤄져 왔다. 미 연방의회는 1913년, 1929년 그리고 1935년에 로비에 관한 광범위한 조사를 한 후 불법 로비에 관련된 상당한 정보를 입수한 끝에 비로소 1946년 연방로비규제법(Federal Regulation of Lobbying Act)을 제정했다. 1961년 아이젠하워(Dwight D. Eisenhower, 1890~1969) 대통령이 퇴임식에서 군산복합체의 폐해를 경고한 바 있었으나, 군산복합체는 해체되기는커녕 오히려 상하 양원의 의원, 보좌관 등을 끌어들여 공고한 삼각구조를 만들었다.

청원권을 박탈하는 어떠한 입법도 할 수 없다는 수정헌법 1조가 로비 규제의 가장 큰 난관이었다. 그 후 수차례의 개정으로 보완작업이 지속되어 1995년 로비공개법(Lobbying Disclosure Act)으로 정착되었다. 명칭에서도 알 수 있듯이 본질적으로 규제를 위한 법이라기보다는 로비활동의 공개를 유도하여 시민사회의 감시하에 두려는 장치였다. 이러한 법제도적 장치는 미국 국민이 로비활동을 이익 표출의 정상적 방법이자 정치참여의 중요한 양태로 이해하고 있다는 것을 의미했다. (이정희 2002)

그러나 그런 이해가 곧 로비활동의 건강성을 말해주는 것은 아니었다. "우리나라 참여 민주주의의 가장 큰 적(敵) 중의 하나는 특별 이익집단이 퍼부어대는 어마어마한 양의 돈이 미치는 영향력이다." 민주당 하원 원내총무 낸시 펠로시(Nancy Pelosi)가 2002년 PBS 인터뷰에서 한 말이다. 물론 그 '어마어마한 양의 돈'은 로비활동을 통해 퍼부어졌다. 이젠 이런 문제를 비판해왔던 대학들마저 국방관련 연구프로젝트에 대거 참여하면서 더욱 확대된 MAGIC(군·정·산·학 복합체; Military-Academic-Governmental-Industrial Complex) 구조에 동참함으로써 문제 해결의 가능성은 더욱 어려워졌다.

이정희(2002)는 "로비활동을 통해 로비집단과 행정부, 의회 간의 인적교류는 삼자 간의 협조관계로 이어지고 이후 그들만의 이해를 위한 관계로 발전되어 '철의 삼각구조(Iron-Triangle)', 또는 '안락한 삼각구조(Cozy-Triangle)'로 굳어진다. 일단 철의 삼각구조가 공고화하면 그 내부의 정책결정 과정은 외부의 시선을 받지 않게 돼 정책결정의 탄력성을 잃게 된다"며 다음과 같이 말했다.

"혹자는 미국은 더 이상 국가가 아니라 '로비집단들의 위원회'라고 평가하고, 이를 극복하기 위하여 사법적 민주주의(Juridical democracy)의 필요성을 제기하기도 한다. 그러나 한편 '철의 삼각구조'를 깨뜨릴 수 있는 대응집단의 출현과 다양한 공익집단의 분출로 로비의 균형을 이루고 있다는 사실을 직시해야 한다. 이것이 미국 다원주의의 저력이다. 7년여의 산고 끝에 올해 개정된 선거자금법도 소프트 머니 규제에 대한 다양한 찬반 로비활동의 결과였으며, 이에 대한 로비는 종결된 것이 아니라 지금도 지속되고 있다."

2003년 6월 13일 발표된 미 상원의 재산공개 결과 100명의 의원 중 최소한 40명(공화당 22명, 민주당 18명)이 100만 달러 이상의 재산을 소유하고 있는 것으로 나타나 미 상원이 부자들의 집합소라는 명성을 다시 확인했다. 이 가운데 최고 갑부 의원은 억만장자 부인을 둔 민주당의 대선후보 존 케리(John F. Kerry, 매사추세츠) 의원으로 그의 신고 재산은 최소 1억 6400만 달러의 순자산 가치를 지닌 것으로 평가되었다.(김승일 2003)

2003년 10월 초 미 육군공병단은 이라크전이 끝난 2003년 5월 이후 굴착기술과 시추 장비 등 유전개발 관련 종합 엔지니어링 업체인 핼리버튼(Halliburton)이 이라크에서 따낸 수주 규모는 13억 9000만 달러라고 발표했다. 대부분 손상된 유전을 복구하는 공사였다. 2003년 8월 초 타미르 가드반(Thamir Ghadhban) 이라크 석유장관 직무대행은 이라크 석유산업을 재건하는 데 16억 달러가 소요될 것으로 전망했는데, 핼리버튼이 이라크 유전 복구사업을 사실상 '독식'한 것이다.

핼리버튼과 백악관의 유착관계는 널리 알려진 사실이었다. 부시 대통령과 짝을 이뤄 백악관에 입성하기 전까지 딕 체니 부통령은 핼리버튼의 최고경영자(CEO)였다. 1995년부터 2000년까지 5년 동안 받은 보수는 총 4500만 달러(약 520억 원)에 달했다. 2003년 5월 초 헨리 왁스먼(Henry Waxman, 민주당) 미 하원의원은 "핼리버튼이 미 정부의 금수(禁輸)조치에도 불구하고 1980년대부터 이란·이라크·리비아 등과 거래해왔다"며 자료를 공개하기도 했다.

부시 행정부와 석유업계의 긴밀한 커넥션을 보여주는 사례는 한둘이 아니었다. 2000년 대선 당시 미 석유회사들은 부시·체니 진영에 2670만 달러의 후원금을 기부했다. 2002년 중간선거 때도 1800만 달러를 제공했다. 이라크전쟁 당시 미군은 임시기지를 이라크에 건설하면서 엑슨모빌 등 특정 석유회사 이름을 붙였다. 카자흐스탄 유전 개발권을 따내는 과정에서 뇌물을 제공한 혐의를 받은 셰브런 텍사코(Chevron Texaco)는 이 회사 고문으로 일해온 콘돌리자 라이스 백악관 안보보좌관의 이름을 유조선에 붙여주기도 했다. 부시 행정부가 출범하자 미국에서는 "'오일 커넥션'의 집권"이라는 말이 나돌았다.(중앙일보 특별취재팀 2003e)

유대인 로비 파워

수많은 로비단체 중에서도 유대인 로비는 미국에서 가장 강력한 인종로비로 꼽혔다. 유대인은 600만 명 안팎으로 미국 인구의 약 2퍼센트에 불과했지만 의회와 행정부에 발휘하는 영향력은 이보다 훨씬 막강했다. 이들의 로비는 이스라엘의 생존에 필요한 군사력을 확보하는 데 주력했다. 그 덕분에 이스라엘은 미국으로부터 가장 많은 원조를 받는 나라가 되었다. 미국의 대 이스라엘 원조 규모는 연간 30억 달러 규모로 3분의 2가 군사 원조였다. 1967년 이집트, 이라크, 요르단, 시리

미국 워싱턴에서 이스라엘의 평화 유지와 군사·경제적 원조 등을 위해 로비활동을 벌이는 미국·이스라엘 공공문제위원회(AIPAC).

아 등 4개국의 30퍼센트에 불과했던 이스라엘의 국방비 지출은 미국 원조 덕분에 2002년에는 이들 4개국 합계보다 30퍼센트 이상 많았다.

많은 유대인 단체 가운데서도 미국·이스라엘공공문제위원회(AIPAC; American Israel Public Affairs Committee)의 활동력은 독보적이었다. AIPAC 집행위원회는 미국의 주요 유대인 조직체의 단체장으로 구성되어 있으며, 회원이 5만 5000명이었다. 100명의 유급 상근직원을 두고 연간 예산만 1420만 달러를 썼다. AIPAC가 의원들과 끈을 맺고 여론을 조성하는 데 발휘하는 힘은 로비스트 사회의 신화로 여겨질 만큼 타의 추종을 불허했다. "저변의 뿌리에서부터 로비하라"는 게 이 단체의 모토였다. 특히 '미국 선거에서 가장 중요한 것은 돈'이라며 정치자금 모금에 열심이었다.(남경욱 2002)

남경욱(2002)은 "유대인 로비는 미국의 외교정책을 왜곡하고 있다는 비판도 받고 있다. 종족의 이익이 국가 이익에 우선하도록 정부를 설득한다는 것이다. 그러나 미국의 대통령에게 로비가 먹혀들지 않았던 적도 많다"며 다음과 같이 말했다.

"친이스라엘적이었던 로널드 레이건 전 대통령은 AIPAC의 강한 반대에도 사우디아라비아에 공중조기경보기(AWACS)를 판매했다. 조지 H. W. 부시 전 대통령은 팔레스타인 자치 지역 내 이스라엘 정착촌 건설은 불법이며 비생산적이라고 말했다. 현 조지 W. 부시 대통령은 아버지 부시 대통령보다는 이스라엘에 동정적이나 중동 문제를 이스라엘의 운명이 아니라 석유 공급이라는 관점에서 보는 공화당의 시각을 갖고 있다. 공화당은 유대인들을 부유한 백인 그룹 중 유일하게 습관적으로 민주당에 투표하는 집단으로 보고 있다. 제임스 베이커(James Baker) 전 국무장관은 '유대인들 엿 먹어라. 그들은 우리를 위해 투표하지 않는다'고 말한 적이 있다."

로비의 개념을 넓게 본다면, 유대인의 진정한 로비력은 그들의 뜨거운 교육열에서 나온다고 보아야 하지 않을까? 학계의 유대계 파워는 막강했다. 아이비리그 대학교수의 30~40퍼센트를 유대계가 차지한다는 것은 학계에서는 정설이며, 명문대 진학률에서도 유태인은 타의 추종을 불허했다. 유대계 대학생 관련 지원단체인 힐렐(Hillel: The Foundation for Jewish Campus Life)에 따르면 2003년 기준으로 유대계 학생 비율은 하버드대 29.6퍼센트 예일대 26.7퍼센트 프린스턴대 10.6퍼센트 등에 이르렀다. 아이비리그 전체로는 23.6퍼센트인데, 이는 인구 비율의 10배 이상에 이르는 통계다.(김동석 2007)

유대인이 처음부터 로비에 적극적이었던 것은 아니다. 『뉴요커』

1999년 4월 19일자는 7년간 『뉴욕타임스』 103년의 역사를 연구해온 수전 티프트(Susan E. Tifft)와 앨릭스 존스(Alex S. Jones)의 기고문을 통해 『뉴욕타임스』가 20세기 중반까지 미국 내에 팽배하던 반(反)유대주의를 의식해 반유대주의의 경계선까지 넘나들었다고 폭로했다. 이 기고문의 요지는 다음과 같다.

19세기 중반 독일에서 건너온 유대인 후손 아돌프 오크스(Adolph Ochs, 1858~1935)는 유대인 부인 이피제니아 와이스(Iphigenie Wise) 가문의 도움을 얻어 1896년 파산 상태이던 『뉴욕타임스』를 인수했다. 유대인들은 오크스를 도왔다. 그러나 어려서부터 반유대주의를 겪은 오크스는 되도록 전면에 나서지 않고 뒤에 숨었다. 1914년 조지아 주에서 유대인 사업가 레오 프랭크(Leo Frank, 1884~1915)가 공장의 13세 소녀를 강간한 뒤 살해한 혐의로 체포됐다. 오크스는 프랭크가 단지 유대인이라는 이유로 체포됐다고 보고 『뉴욕타임스』를 통해 구명운동을 벌였다. 그러나 반유대주의 군중은 프랭크를 감옥에서 끌어내 직접 교수형에 처했다. 『뉴욕타임스』에는 유대인 신문이라고 욕하는 항의편지가 쇄도했다. 그 후 오크스는 유대인 문제를 병적으로 기피했다.

오크스한테서 신문을 이어받은 사위 아서 설즈버거(Arthur Ochs "Punch" Sulzberger) 역시 유대인이라는 이유만으로 호텔 예약이 취소되는 수모를 당하면서 반유대주의에 가담했다. 『뉴욕타임스』는 유대인 고용을 제한하는 취업광고가 불법이라는 검찰의 경고를 받을 때까지 그런 광고를 실었다. 1944년 7월 2일자 신문에서는 헝가리 유대인 40만 명 처형소식이 12면으로 밀렸다. 유대인으로는 처음으로 1963년에 존 오크스(John Bertram Oakes)가 논설실장, 1969년에 A. M. 로젠탈 (Rosenthal, 1922~2006)이 편집국장이 됨으로써 유대인 차별이 막을 내렸다. 1963년 회사를 인수받아 1992년까지 발행인을 지낸 설즈버거는 편집과 소유를 분리하고 편집에 간여하지 않는 전통을 확립해 유대인 편향이라는 오해로부터 신문을 구했다. 그리고 세계 정상의 신문으로 발전시켰다.(홍은택 1999d)

유대계 로비단체들의 언론통제

물론 『뉴욕타임스』의 그런 거리 두기는 옛날이야기일 뿐이다. 2001년 4월 중순 제네바에서 열린 인권위원회에서 이스라엘이 팔레스타인에 대해 전쟁을 일으키고 있다고 비난한 결의안이 상정돼 52개 회원국 중 미국과 과테말라를 제외한 50개국 찬성으로 채택되었을 때, 『뉴욕타임스』는 어떻게 보도했던가? 이 신문은 이 같은 사실을 전하면서 「유엔 인권위원회는 웃음거리」라고 제목을 달았다.

이에 대해 이승철(2001b)은 '타임스가 이스라엘이나 유대인 관련 사건만 터지면 '독특한 시각'을 보이는 이유는 사주뿐 아니라 소속 기자 중 상당수가 유대인이라는 사실과 밀접하게 관련돼 있다. 이 신문은 유대인인 아돌프 오크스에 의해 1896년 재창간됐으며 이후 미국 내 유대인들을 대변해왔다. 타임스는 지난해 대선 때는 민주당의 앨 고어 대통령후보보다 유대인인 조지프 리버먼 부통령 후보에 초점을 맞추어 보도했다'고 분석했다.

2002년 6월 진보 성향의 시사주간지 『네이션』(2002년 6월 10일자)은 미 유대인의 파워에 주요 언론사마저 위협을 느끼고 있다고 보도했다. 특히 이스라엘과 팔레스타인의 분쟁이 격화되면서 유대인의 압력은 집단적인 구독거부 운동으로 발전해 '친 팔레스타인'으로 낙인찍힌 언론사들이 곤욕을 치르고 있다는 내용이었다.

대표적인 사례로 『뉴욕타임스』 6월 6일자가 꼽혔다. 이 신문에는 전날 맨해튼 도심에서 동시에 벌어진 이스라엘 정책에 대한 찬반 시위 사진이 실렸다. 그러자 신문 구독중지는 물론 불매 운동을 벌이겠다는 유대인의 '협박 전화'가 빗발치기 시작했다. 사진에 친(親)이스라엘 시위대의 모습이 배경으로 처리되고 반(反)이스라엘 시위대가 눈에 띄게 부각됐다는 게 항의의 이유였다. 『뉴욕타임스』는 끝내 압력에 굴복, 다음 날인 7일자에 사과문을 게재했다. 편집국은 유대인의 영향력에 무릎을 꿇었다는 자괴감으로 분위기가 무거웠다고 『네이션』은 전했다.

『로스앤젤레스타임스』도 2002년 5월 말 이스라엘-팔레스타인 분쟁이 격화된 시점에서 팔레스타인에 우호적인 보도를 했다는 이유로 하루에 1000명의 독자가 구독중지를 신청했다. 『시카고 트리뷴(Chicago Tribune)』, 『필라델피아 인콰이어러(The Philadelphia Inquirer)』, 『마이애미헤럴드(Miami Herald)』, 『스타 트리뷴(Star Tribune)』 등도 유대인 독자들의 항의 이메일과 구독거부운동에 시달리고 있었다. 한 주요 신문의 기자는 "신문사들이 유대계 로비 단체들을 두려워하고 압력에 취약해 유대인과 관련한 보도를 기피하고 있다"고 말했다.

유대인 단체들은 언론에 대해서는 집단적 항의운동을 조지하는 한편 정·관계에 대해서는 로비에 주력했다. 『네이션』은 "6만여 명의 회원과 수백억 달러의 로비자금을 동원한 미국·이스라엘공공문제위원회(AIPAC) 등 미국 내 유대계 로비단체들이 미국의 외교정책은 물론 언론에까지 영향력을 행사하고 있다"고 말했다. 2002년 5월에 개최된 AIPAC의 연례회의에는 민주당의 토머스 대슐(Tom Daschle) 상원 원내총무를 비롯한 상원의원 절반 이상이 참석, 마치 상원을 옮겨 놓은 형국이었다는 것이다.(김정안 2002a)

역설 같지만, 유대인 문제는 유대인 문제가 아니다. 유대인 문제는 엔론 사태와 더불어 전반적인 로비 파워가 말해주는 '철의 삼각구조'를 말해주는 방증일 뿐이다. 즉, 로비의 지배를 받는 미국 시스템의 근본 문제를 외면한 채 유대인의 로비 파워를 강조하는 것은 본말 전도의 위험이 있다는 것이다. 이와 관련, 유대계와 정반대일 정도로 대비되는, 즉 로비에 무관심한 소수민족으로 '코리안 아메리칸'의 삶에 주목하지 않을 수 없겠다.

참고문헌 Current Biography 2003c, Drouin 2009, Gladwell 2010, Lind 2003, Lipman-Blumen 2005, Ogger 2004, 강문성 2002, 김동석 2007, 김승일 2003, 김정안 2002a, 김철웅 2002, 남경욱 2002, 손현덕 2002a, 연합뉴스 2002, 이승철 2001b, 이정희 2002, 조화유 2002, 중앙일보 특별취재팀 2003e, 홍은택 1999d

'코리안 아메리칸'의 삶
한국인의 미국 이민 100년

히스패닉 인구, 흑인 인구 추월

미국 헌법에는 의회의 적절한 의석수 배분을 위해 10년에 한 번씩 인구조사를 하도록 명시돼 있다. 미국 최초의 인구 조사는 조지 워싱턴이 대통령에 취임한 직후인 1790년에 이루어졌다. 18개월이 소요된 결과 당시 미국 인구는 390만 명이었다. 그로부터 210년이 지난 2000년 4월 1일 현재 미국에 거주하는 인구수는 2억 8142만 1906명이었다.

2000년 인구조사에서 응답자들은 처음으로 한 개 이상의 인종 항목을 고를 수 있게 되었는데, 이런 선택을 한 사람은 700만 명(2.4퍼센트)에 달했다. 단일 인종인 2억 7500만 명 가운데 백인은 75.1퍼센트, 흑인 12.3퍼센트, 아시아계 3.6퍼센트, 인디언 0.9퍼센트 등이었다.(Davis 2004)

혼혈인은 모두 57가지로 분류되었는데, 이 가운데 백인과 아메리칸 인디언 사이에 출생한 사람이 125만 명으로 가장 많았다. 그다음이 백인과 아시아인 혼혈인으로 약 86만 명에 이르렀다. 백인과 흑인 혼혈인은 79만 명이었으며, 이밖에 백인과 기타 인종 사이에서 태어난 사람이 232만 명가량이었다.(국기연 2005b)

어떤 인종군에도 속할 수 있는 히스패닉계에 대한 정보는 별도로 취합되었는데, 3550만 명으로 미국 총인구의 13퍼센트에 이르렀다. 흑인 인구 3420만 명을 웃돈 것이다. 2005년에 히스패닉이 흑인을 제치고 미국 소수계 인종 가운데 최대 그룹이 될 것이라는 예상을 5년이나 앞당긴 결과였다. 특히 캘리포니아는 미국 최초로 소위 '포스트 마이너리티' 주가 되었다. 즉, 비(非)히스패닉 백인이 캘리포니아 인구의 절반 이하로 떨어졌다는 뜻이다.(Davis 2004, Halstead & Lind 2002)

히스패닉은 1990년대의 10년 동안 무려 60퍼센트나 늘었다. 1980년 인구조사에서 흑인은 미국 인구의 11.7퍼센트를 차지했으나 1990년에는 12.1퍼센트, 2000년에는 12.6퍼센트로 지난 20년 동안 0.9퍼센트포인트가 늘었다. 반면 히스패닉은 같은 기간 6.4퍼센트에서 9퍼센트 그리고 12.5퍼센트로 6.1퍼센트포인트 증가했다. 히스패닉은 언어, 종교, 문화 등에서 동질성을 갖고 있지만 멕시코, 푸에르토리코, 쿠바, 엘살바도르 등 출신 국가에 따라 다양한 차이를 보였다. 멕시코 출신이 전체 히스패닉의 60퍼센트 이상을 차지했으며, 그다음으로 많은 푸에르토리코 출신은 300만 명가량이었다. 카리브해의 작은 섬인 푸에르토리코는 미국의 한 자치주이기 때문에 미국으로의 이민에 아무런 제한이 없다.

히스패닉의 종교는 대부분 가톨릭이다. 언어는 어떤가. 히스패닉 가운데 영어만 사용하는 인구는 12퍼센트에 불과하며, 70퍼센트 이상이 가정에서는 스페인어를 사용했다. 히스패닉은 주로 캘리포니아, 텍사스, 뉴멕시코, 마이애미, 뉴욕 등 특정 주나 도시에 집중돼 있기 때문에 정치인들이 무시할 수 없는 표밭이었다. 전체 435개 선거구 중 4분의 1이 넘는 122개 선거구에서 13퍼센트 이상의 비중을 차지했으며, 특히 이들의 75퍼센트 이상이 서부와 남부에 몰려 있어 전국 최다인 캘리포니아(하원 52석), 텍사스(30석) 같은 초대형 선거구에서 입김은 절대적이었다. 특히 텍사스는 유권자의 60퍼센트가 히스패닉계였다.

2000년 6월 14일 빌 클린턴 대통령은 "나는 미국 역사에서 스페인어를 모르는 마지막 대통령이 되고 싶다"고 했다. 2000년 대선기간에 조지 부시는 동생 젭 부시 플로리다 주지사의 아들을 자주 데리고 다녔는데, 젭 부시의 아내가 멕시코계 히스패닉이었기 때문이다. 부시 자신도 히스패닉이 많은 지역에서는 스페인어로 연설하곤 했다.(송기도 2003)

부시가 대통령이 된 후 2001년 라디오 주례 방송에서 멕시코 노동절을 기념하며 영어와 스페인어로 연설하자 민주당도 부랴부랴 주례 라디오 방송을 두 가지 언어로 내보내는 일까지 벌어졌다. 워싱턴 정계의 스페인어 학습 열기도 갈수록 뜨거워졌다. 어학 테이프로 자습하는 의원이 있는가 하면 히스패닉계 친구를 사귀어 개인 교습을 받는 정치인도 적지 않았다. 강사를 초빙해 의사당에서 스터디 클럽을 운영하는 경우도 있었다. 전 하원의장 뉴트 깅리치는 "2002년 11월 중간 선거를 시작으로 앞으로 20년 동안 미국 정치는 히스패닉 유권자의 성향에 달려 있다"고 말했다.(김범수 2002)

이를 불길한 시선으로 바라보는 백인이 많았다. 새뮤얼 헌팅턴

조지 W. 부시 대통령이 백악관에서 멕시코 승전 기념일인 Cinco De Mayo 행사를 앞둔 댄서들을 접견하고 있다.

(Samuel P. Huntington 2004)은 "2003년 9월 4일 민주당 대통령후보들의 첫 번째 토론은 영어와 스페인어 모두로 진행되었다"며 이렇게 우려했다. "이와 같은 추세가 앞으로도 계속된다면, 히스패닉과 앵글로 사이의 문화적 분열은 흑인과 백인 사이의 인종적 분열을 대신해 미국 사회의 가장 심각한 균열이 될 것이다. 두 언어와 문화를 갖는 이중적 미국은 한 언어와 (역사가 300년이 넘는) 앵글로-개신교도 핵심 문화의 한 문화를 갖는 미국과 근본적으로 달라질 것이다."

'코리안 아메리칸'은 200만 명

'코리안 아메리칸(Korean American; 한국계 미국인)' 인구는 얼마였던가? 재미한인교육봉사단체인 한미연합회(KAC) 정보센터가 미 센서스국이 실시한 2000년도 인구조사 결과자료 등을 토대로 한인 인구를 추산(오차범위 ±5퍼센트포인트)한 결과, 미국에 거주하는 한인이 103만~105만 명에 이르는 것으로 추산됐다. 또 대표적인 한국계 밀집 지역인 캘리포니아 주 남부의 로스앤젤레스와 오렌지카운티에 거주하는 한인은 23만 4435명으로 추정됐다. LA카운티는 17만 7426명으로 10년 전보다 22퍼센트, 오렌지카운티는 5만 7009명으로 59퍼센트 증가했다. 그러나 103만~105만 명은 미국 정부의 통계이며, 로스앤젤레스 총영사관의 추계에 따르면 미국 내 동포는 1999년 말 기준으로 206만 명으로 추산됐다.(정의길 2001)

1999년 아시아계 민족 사업조사를 실시한 『로스앤젤레스타임스』는 "중국계와 한국계 사업 양상의 가장 큰 차이는 급성장하는 첨단산업에 대한 직간접적인 관여 여부"라며 그 점에서 "한국계는 중국계에 비해 크게 뒤처진다"고 말했다. 또 민족적 유대가 사업에 도움을 주냐는 질문에 중국계의 60퍼센트가 그렇다고 대답한 반면에 한국계는 25퍼센트에 그쳤다. 폐쇄적이면서도 민족적 유대는 약한 것이다. 이 신문은 그러면서도 한인들이 소수민족으로는 중국계에 다음가는 경제 규모를 이룬 것은 놀라운 일이라고 지적했다.(정의길 2001)

1999년 11월 30일 『워싱턴포스트』는 미국 이민을 원하는 한국의 중산층 사람들이 중간브로커 농간에 속아 미 동부 지역의 닭 도살장에 취업돼 고된 일로 폐인이 되는 경우가 허다해 경찰과 이민 당국이 수사에 나섰다고 보도했다. 이 신문은 워낙 국내 취업자가 없어 별다른 기술 없이도 이민할 수 있는 분야인 닭 공장 취업이 중간 브로커에 의해 한국에서는 '자동화공장 취업' 등으로 소개돼 전직 교수, 은행가, 회사 중역 등 화이트칼라 이민자들이 몰리고 있다고 전했다.

1999년 한 해만 해도 주한 미 대사관에서 360건의 비자가 발급된 이 닭 도살장 취업은 신청자들이 어떤 곳인지 사전에 전혀 알지 못한데 다 빠른 비자 발급과 가족 비자 발급이라는 혜택 때문에 브로커에게 웃돈을 주고 오는 이민자들이 많았다. 이민 신청자들은 1만 3천 달러 의 경비 외에 예치금 등 수천 달러의 돈을 들이지만 미국 도착 뒤에야 취업지가 닭 도살장이라는 사실을 알게 되며, 이후 중노동에 시달리 다 갖가지 병을 얻어 폐인이 되는 경우가 허다했다. 이들은 그러나 브 로커에게 1년 계약을 조건으로 맡겨놓은 5000달러 이상의 예치금을 찾기 위해 닭 도살장을 벗어나지도 못하며, 이곳을 벗어날 경우 장래 시민권 발급에 지장이 생길 것을 우려해 고된 일을 견디고 있다고 신 문은 전했다.(최철호 1999a)

『동아일보』 2000년 8월 14일자는 "역사상 최장기 호황을 누리고 있 다는 미국. 하지만 그 속의 한인(韓人)들은 그 열매를 향유하지 못하고 있다. 미국 내 최대 한인 거주지인 로스앤젤레스와 뉴욕의 교포들은 하 나같이 '사업이 예전만 못하다' 고 말했다"며 다음과 같이 보도했다.

"많은 교포들은 제살깎기식 과당경쟁을 큰 원인으로 꼽았다. 봉제 업, 잡화점, 세탁소, 손톱 관리업 등 몇몇 업종에 몰려 과열경쟁을 낳고 있다는 지적이다. …… 인종갈등도 부담이다. 뉴욕 맨해튼 이스트빌 리지의 한인 델리(식료품상) 앞에서는 요즘 매일같이 불매운동 시위가 벌어지고 있다. 히스패닉과 흑인들이 '이 업소 노동자들이 착취를 당 하고 있다' 고 주장하며 '보이콧, 보이콧' 을 외친다. 뉴욕 델리의 80퍼 센트를 차지하는 한인업소들은 대부분 불법입국한 히스패닉을 고용 하고 있는데 시간당 5달러 15센트 이상을 지급해야 하는 최저임금제나 초과 근무수당 규정을 지키지 않고 있는 점을 문제 삼고 있는 것이다. 불매운동을 견디지 못하고 문을 닫는 한인상점들이 늘고 있다."

이 기사는 "그래도 희망은 있다"고 했다. "최근 '주류 사회'로 진출하기 시작한 이민 1.5세나 2세가 한인사회의 희망이다. 이들이 사회경험을 쌓으면서 안정된 둥지와 한인들의 전통적인 업종을 박차고 새 사업에 뛰어들고 있기 때문이다. 2만 5000달러로 인터넷 쇼핑몰 가격 비교 사이트 마이사이먼닷컴(mysimon.com)을 차려 7억 2000만 달러에 팔고 새로운 사업에 뛰어든 마이클 양(28)이나 골드만삭스에서 연봉 10만 달러의 안정된 일자리를 박차고 인터넷 택배업체 코즈모닷컴(cozmo.com)을 세운 지 3년 만에 종업원 3000명의 기업으로 일궈낸 조지프 박(28) 등이 대표주자다."(권재현 2000a)

그러나 이때까지도 8년 전 로스앤젤레스 흑인폭동의 망령은 사라지지 않고 있었다. 2000년 11월 흑인들은 워싱턴 D. C. 북동쪽에 있는 한인 소유의 식료품점을 소이탄으로 공격했다. 숯처럼 까맣게 탄 벽들에는 스프레이 페인트로 이런 메시지가 쓰였다. "그들을 몽땅 태워버리자. 그들을 몽땅 문 닫게 하자. 블랙 파워!"(Chua 2004)

'로스앤젤레스 한인 동포경제권'

『한겨레』(2001년 3월 23일자)는 기사에서 "'대한민국 서울특별시 나성구.' 미국에서 두 번째로 큰 도시인 태평양 연안 로스앤젤레스 도심의 서쪽 올림픽 거리를 중심으로 웨스턴·후버·윌셔·파크 거리에 걸쳐 있는 코리아타운을 이르는 말이다. 1972년 김진형 씨 등 아홉 명의 동포 상인으로 구성된 코리아타운 번영회가 한글간판 운동을 벌이면서부터 모습을 갖추기 시작한 이곳에는 길게는 지난 100년, 짧게는 최근 30년간의 북미지역 동포 이민사가 집약돼 있다"며 다음과 같이 말했다.

"동포업소 주소록에 나오는 업체 수만 5000곳이 넘고, 하루 30만 명의 유동인구가 오간다. 북미 지역 최대의 소수민족 거리인 미국 샌프란시스코와 뉴욕의 차이나타운에 버금가는 규모다. 중국인들이 150년간에 걸쳐 만든 것을 한국인은 30년 만에 건설했다. 북미 지역에서도 압축적인 고도성장을 이룬 셈이다. …… 로스앤젤레스 동포경제권에 대한 평가는 다양하다. 실체가 과연 있느냐는 회의론부터 나름대로 독립적인 경제권을 이뤘다는 적극적 긍정론까지 논란이 많다. 이 지역 코리아타운은 1970년대 초반 이후 성장 일변도였다. 1992년 로스앤젤레스 폭동이라는 재앙도 있었으나 동포업체의 증가는 수그러들지 않았다. 그러다 1997년 본국에서 외환위기가 터지자 경기가 본국만큼이나 급전직하했다. 이 때문에 이 지역의 동포경제권이란 지난 30년간 본국의 경제성장에 따른 자금 유입의 결과일 뿐 결코 자생적이고 독립적인 것은 아니라는 평가가 나오기도 했다."

이어 이 기사는 "북미지역 동포들은 개인적으로는 평균소득 수준이 다른 소수민족에 비해 높은 편이다. 그러나 사업의 규모나 형태는 소수민족 평균치에 비해 영세성과 폐쇄성이 심한 것으로 나타나고 있다. 미국 내에서도 가장 다양한 인종과 민족이 섞여 사는 캘리포니아주 로스앤젤레스와 오렌지카운티 일대의 소수민족 사업 조사는 이를 잘 보여준다"며 다음과 같이 말했다.

"메릴린치가 한 이 조사에서 우선 사업 소유형태를 보면 전체 소수

뉴욕 맨하탄 32번가에 있는 한인타운. ⓒ chensiyuan

민족은 26퍼센트가 법인인 반면 동포 사업체들은 5퍼센트만이 법인일 뿐 90퍼센트가 개인소유다. 사업 분야 구성에서 동포업체들은 특정 분야에 집중적으로 몰려 있다는 것이다. 제조업에서는 봉제 · 의류(43퍼센트)가, 서비스업에서는 미용 · 세탁(40퍼센트)이, 소매업에서는 의류 · 식료 · 주류(각각 20퍼센트 이상)가 중심이다. 전체 소수민족의 경우 연간 매출액 50만 달러 이상 사업체는 21퍼센트, 100만 달러 이상의 사업체가 11퍼센트인 반면에, 동포업체는 각각 15퍼센트, 8퍼센트에 그친다. 미국 내 교류를 보여주는 지역 상공회의소 참가정도는 전체 소수민족이 21퍼센트인 반면에 동포들은 13퍼센트였다. 동포업체의 이런 영세성과 폐쇄성은 우선 이민 역사의 일천함에서 원인을 찾을 수 있다. 동포 사업주의 99퍼센트가 한국에서 태어난 데 비해 소수민족 전체로는 74퍼센트의 사업주가 본국 태생이다."(정의길 2001)

'미국 이민 100년 한인사회의 위상'

1903년 한국인을 태운 최초의 이민선이 미국 하와이에 도착한 이래 100년이 흐른 2002년, 미국 내 한국인 수는 210만 명으로까지 추산될 정도로 큰 규모로 성장했다. 『조선일보』 기자 강인선은 '미국 이민 100년'을 맞아 코리안 아메리칸의 삶을 총정리한 특집기사를 여러 차례 연재했는데, 내용이 탁월하다. 기사의 주요 내용을 음미해보자. 우선 강인선(2002)은 "미국 내 한국 교민들에 관한 각종 통계 숫자와 이민 연구학자들의 연구를 종합해보면 '평균적인 코리안 아메리칸'의 모습이 드러난다"며 다음과 같이 말했다.

"코리안 아메리칸의 75퍼센트는 뉴욕·로스앤젤레스·워싱턴·샌프란시스코·휴스턴·시카고 등 대도시 주변에 모여 살고, 집에서 대부분 한국말을 사용하며 한국 음식을 먹는다. 이들의 50퍼센트 이상은 잡화점이나 세탁소 등 자영업을 하고, 30퍼센트는 한국계 상점이나 기업에서 일한다. 또한 자녀교육에 전력투구해 2세들을 미국의 명문대학에 진학시키고 의사나 변호사·박사를 만들기를 원한다. 코리안 아메리칸의 70퍼센트는 기독교인이며, 이들 중 80퍼센트가 매주 한 번 교회에, 그것도 미국 전역에 흩어진 4000여 개의 한인교회에 주로 나간다. 이들은 매일 미국에서 발행되는 한국어 신문을 읽고, 한국어 방송을 들어 한국 사정에 훤하다. 단일 언어·단일 민족의 순수성을 자랑하는 코리안 아메리칸들의 유대는 강하고 끈끈해서, 외부의 위협이 있을 때는 강력하게 단결하여 대응한다. 그러나 1세대들의 상당수는 여전히 영어 때문에 고통받고, 미국 사회를 잘 모른다."

2001년 4월 중국계 미국인 단체인 백인회(百人會)가 미국 전역의 18세 이상 성인 1200명을 대상으로 실시한 전화 여론조사에 따르면, 68퍼센트의 미국인들이 중국계와 아시아계 미국인에 대해 부정적인 인상을 갖고 있는 것으로 나타났다. 아시아계 미국인들이 특정 산업 분야에서 지나치게 큰 영향력을 행사하는 점, 출신국에 더 충성심을 보이고 친구가 되기 어렵다는 점 등이 이유로 조사됐다. 사우스캐롤라이나 대학의 신의항 교수(사회학)는 "한국 이민사회는 짧은 기간에 교육 · 경제 · 종교 면에서는 괄목할 만한 성장을 이뤘지만, 미국 정계와 관계(官界) 진출이 부진하고 동화 과정이 더디다는 문제점을 안고 있다"고 지적했다.(강인선 2002)

강인선(2002)은 "'이민의 나라'인 미국의 이민사회 유형은 흔히 중국형 · 일본형 · 유태인형(猶太人型)으로 분류된다"며 이렇게 말했다. "19세기말 중국인에 대한 차별을 피해 차이나타운을 형성해 모여 살았던 중국인들은 아직도 여전히 차이나타운을 중심으로 미국 문화와 뒤섞이지 않고 살아간다. 2차 세계대전 때 일본인이라는 이유로 강제 수용됐던 경험이 있는 일본인들은, 눈에 띄는 일본인 사회를 형성하기보다는 미국 사회에 스며들어 미국인으로 살아간다. 유대인들은 미국 주류(主流) 사회에 적극 참여하면서도 한편으로는 유대교를 통해 문화 · 종교 · 민족적 정체성(正體性)을 유지해나간다."

미국계 일본인 시민연맹(JACL)의 크리스티안 미나미(Christian

샌프란시스코에 있는 차이나타운. 뒤로 Bay Bridge가 보인다. ⓒ Christian Mehlfuhrer

Minami)는 "미국계 일본인들은 자신이 일본인이기 이전에 미국인이라고 생각하고 완전히 동화되며, 눈에 띄는 공동체를 형성하지 않는 것이 특징"이라고 말했다. 그러나 차이나타운을 중심으로 살아가는 중국이민 사회는 한국이민 사회와 유사했다. 중국계 미국인 기구(OCA; Organization of Chinese Americans)의 크리스티안 첸(Christian Chen)은 "약 240만 명의 중국계 미국인들의 대다수는 1965년 이후 이민자들"이라며, "따라서 아직도 차이나타운이 초기 정착이나 생활의 중심이 되고 있다"고 했다.(강인선 2002)

뉴욕 퀸즈대학 사회학과의 민병갑 교수는 미국 이민사회의 유형을 크게 '흑인형(型)'과 '인디언형', '유대인형'으로 분류했다. 미국의 흑인들은 강제로 아프리카의 문화전통과 단절된 채 미국 사회에 흡수

돼 살아가고, 이민이라기보다는 원주민에 해당하는 인디언들은 도시 문화에 저항하면서 정체성을 지키기 위해 인디언 보호구역이라는 섬 안에서 살아가며, 유대인은 동화와 정체성 유지라는 두 마리 토끼를 다 잡는 데에 성공했다는 것이다. 민 교수는 "한국인들이 코리아타운 을 중심으로 고립된 생활을 극단적으로 고집하면, 아메리칸 인디언들처럼 코리아타운 밖에서는 경쟁력을 잃게 될 위험이 있다"며, 동화도 외면하지 않는 유대인들의 경험을 참고할 필요가 있다고 지적했다. (강인선 2002)

'코리안 아메리칸'의 종교활동

1903년 하와이에 첫발을 디딘 한국인들이 미국 땅에 첫 한인교회를 설립한 이래, 약 100년 동안 미국 내 한인교회의 수는 약 3000개로 증가하는 폭발적인 성장을 기록했다. 미국 내 한인인구를 연방인구조사국(United States Census Bureau)의 공식집계 숫자인 107만 명으로 볼 때, 미국 내 한국인 360명당 한 개의 교회가 있는 셈이었다. 한편, 500만 명 규모의 미국 내 유대인 사회에는 4000여 개의 유대교 회당 (Synagogue)이 있어, 1250명당 한 개의 유대교 회당이 있었다.

1990년 미국에 이민 온 이기호(버지니아 주)는 한국에서는 기독교인이 아니었지만, 이민 직후부터 교회에 나가기 시작했다. 그는 "초기 정착과정에서 정신적인 안정은 물론 인간관계를 넓히고 사업 관련 정보를 얻어 사업을 시작하기까지 교회의 도움을 많이 받았다"고 말했다. "중국인 세 명이 모이면 식당을 열고, 일본인 세 명이 모이면 회사를 설립하고, 한국인 세 명이 모이면 교회를 세운다"는 말이 있을 정도로, 미국의 한국인 이민사회를 특징짓는 가장 중요한 요소는 바로 '교회(개신교)'였다.(강인선 2002a)

무슨 이유에서 비롯되었건, 한인들의 그런 종교적 열정은 한국을 세계적인 선교대국으로 만들었으며, 그 주요 근거지는 미국이었다. 2000년 7월 24일부터 28일까지 미국 시카고의 휘튼대학 빌리 그레이엄 센터에서 열린 제4회 한인 세계선교대회(KWMC; Korean World Mission Conference 2000)에는 전 세계 150여 개국에서 온 700여 명의 한국 선교사와 미주(美洲) 지역 교계 대표 3400여 명 등 4000여 기독교 지도자들이 한자리에 모였다. 미국에서 공부 중인 선교사들의 증언에 의하면 미국 신학교에서 한국 학생들이 빠져나가면 학교 운영이 어려울 정도였다. 세계 기독교 지도자들은 "한국 선교사를 제외하면 제3세계 선교는 불가능할지도 모른다"고 말했다.(김용삼 2000)

미국의 한인사회를 연구해온 사회학자들의 통계에 따르면, 코리안 아메리칸의 70퍼센트는 교회에 다니며, 대부분이 일주일에 한 번은 교회에 가는 것으로 나타났다. 한인 기독교 주간신문인 『크리스천투데이』(캘리포니아 주 로스앤젤레스)가 2001년에 실시한 조사에 따르면, 한국인들이 가장 많이 집중돼 있는 캘리포니아 주에는 1000개가 넘는 한인교회가 있고, 100개 이상의 교회가 있는 주(州)도 뉴욕(345개), 일리노이(169개), 뉴저지(150개) 등 일곱 개에 달했다.

『크리스천투데이』의 서인실 국장은 "1903년 미국인 선교사의 주선으로 하와이에 첫발을 디딘 한국인들이 가장 먼저 한 일은 교회를 세우고 예배를 드린 것"이라며, "한국인들의 미국 이민역사 100년은 곧 한인교회 100년의 역사"라고 말했다. 미국에 인구 730명당 한 개의 교회가 있는 데 비해, 한인사회는 약 360명당 한 개의 교회가 있었다. 1999년 한국 통계청의 조사결과 한국 전체인구 중 기독교인의 비율이 34.7퍼센트인 점을 감안할 때, 기독교 신자 비율이 70퍼센트를 웃도는 미국의 한인사회는 가히 '기독교 공동체'라 할 수 있었다. 워싱턴 지역의 경우, 1951년 '워싱턴 한인교회'가 이 지역에서 최초로 설립된 이래, 워싱턴, 버지니아, 메릴랜드 주 등 워싱턴 인근 지역의 교회 수는 약 300개로 증가했다. 지난 50년 동안 연평균 여섯 개의 교회가 새로 설립되어온 셈이다.

한인교회는 종교적인 기능 이외에도, 한인 간의 '교제의 장' 역할도 하고, 자녀교육 등에 관한 정보도 교환하며, 취업과 사업 알선에 이르기까지 이민생활의 고민을 해결하고 애환을 달래주는 한인 공동체의 중심 역할을 했다. 실제로 한인교회들이 한인사회를 위해 제공하는 프로그램들은 매우 다양했다. 워싱턴한인교회의 경우, 홈리스(homeless)와 노인 돕기 등 각종 봉사활동 단체가 70종류에 달하고, 장학재단을 운영하며, 성경공부와 교회사 연구 등 교육 프로그램이 있고, 이민 2세들을 위한 한글학교도 열었다. (강인선 2002a)

하나님을 열심히 믿는 동시에 경제적 성공과 자녀교육을 위해 '올인'을 하며 그걸 긍지로 삼으면서 과시하려는 한인들의 태도에 모순은 없는가? 한인 1세들은 별 모순을 못 느끼겠지만, 일부 한인 2세들은 그것을 모순으로 보았다. 어느 한인 2세의 주장에 따르면, "저는 한국의 어른들이 어떻게 같은 교회 사람들 앞에서 자기 아이가 아이비리그 대학에 갔다고 자랑하거나 돈 있는 것을 과시할 수 있는지 이해가 안 가요. 자기 이미지만 신경을 쓰는데, 제 부모님도 그러한데, 어떻게 기독교인이면서 그럴 수 있는지 모르겠어요. 그들은 영적인 문제에 대해서는 신경을 쓰는 것 같지 않아요. 진정한 기독교인이라면 겸손해야 하는데요. 불행하게도 제 또래 친구들에게서도 그런 비슷한 태도가 보이는데, 부모들에게 영향을 받은 것 같아요. 속물적이고 비도덕적이죠. 진정한 기독교인은 아니라고 생각해요."(김수정 2003)

그렇게 엄밀하게 따지자면 이 지구상에 '진정한 기독교인'은 얼마나 되겠는가 하는 생각이 들지만, 그만큼 한인들이 세속적 성공에 집착하고 있다는 걸로 이해하면 되겠다. 또 일부 2세들은 미국의 한인교회들이 이민 1세들의 정착에 기여해온 순기능에도 불구하고 한인교회가 한인사회를 미국의 주류 사회로부터 고립시키는 역기능을 하고 있다고 지적했다. 이민 2세인 이성배(KAC; 한국계 미국인 연맹)는 "한인교회들이 멀리 남미까지 선교사를 파견하면서도 정작 주변의 어려운 사람들이나 다른 인종에 대한 관심은 부족한 것 같다"고 말했다. 워싱턴 중앙장로교회의 이원상 목사도 "지금까지 미국의 한인교회들이 지나치게 교회의 발전에만 치중하는 자기중심적 성격을 보이면서 교회 밖의 일에는 냉담해, 비판을 받아온 것이 사실"이라며, 이제부터는 다인종 문화 속에 더 적극적으로 참여할 때라고 말했다.

『크리스천투데이』가 2001년 말 실시한 조사에 의하면, 미국 내 한인교회는 현재 2924개인 것으로 나타났다. 2000년 조사 결과는 2763개였으나, 1년 동안 161개가 더 생겨, 5.8퍼센트의 증가율을 보였다. 이 신문의 조사에 따르면, 1985년 1000개 미만이었던 한인교회는 10년 동안 약 2000개가 증가해 1994년에는 3000개를 넘는 급성장을 보였다. 그러나 1990년대 중반 이후 서서히 증가 추세가 둔화되기 시작해 정체 상태에 있다가 2000년에 처음으로 감소했고, 2001년부터 다시 교회 수가 증가하기 시작했다. 교단별로는 장로교 44퍼센트, 침례교 15퍼센트, 감리교 12퍼센트, 순복음교 8퍼센트, 성결교 7퍼센트로 나타났다. 한편, 미국 이외의 지역에 있는 한국교회의 수는 캐나다가 247개이며, 호주(146), 일본(131), 브라질(55), 아르헨티나(53), 영국(49), 독일(49), 멕시코(12), 파라과이(10) 순이었다.(강인선 2002a)

'코리안 아메리칸'의 경제활동

1997년 미국의 경제통계 조사에 따르면, 한국계 미국인이 소유한 기업은 13만 5571개인 것으로 나타났다. 미국 전체 기업 수는 2082만 1934개로, 이 가운데 한국인 소유 기업이 차지하는 비율은 약 0.65퍼센트에 해당했다. 한국계 소유기업의 연평균 매출액은 약 33만 9000달러로 조사됐다. 이 액수는 일본계의 51만 1000달러, 중국계의 42만 달러, 인도계의 40만 5000달러에 이어 4위였고, 히스패닉(15만 5000달러), 필리핀계(13만 1000달러), 베트남계(9만 5000달러), 흑인(8만 6000달러)보다는 훨씬 높았다. 또한 한국계 미국인들은 인구당 자영업자 수가 중국계와 인도계에 이어 세 번째로 많은 소수민족이었다.

특히 한국인들의 소매업 점유율은 눈에 띄게 높아서, 미국 전체 인구의 0.38퍼센트에 불과한 한국인들이 미국 소매업계의 1.49퍼센트를 점했다. 소매업계 중에서도 의류·장신구 상점, 식품점, 잡화점 등은 각 업계의 3퍼센트 이상을 점하는 높은 비율을 보였다. 한국인들이 주로 운영하는 자영업 분야의 특징은 노동집약적이고 가족들이 함께 참여하거나 혼자 하는 업종으로, 대개 이민 역사가 짧은 소수민족들에게 공통적으로 나타나는 현상이다. 칼스테이트 LA대 유의영(사회학) 교수는 "한국인들은 이윤 이외에도 자기 사업을 운영하는 '사장'이 된다는 심리적인 만족감을 중시해 좀 더 위험부담이 크더라도 자영업을 택하는 경우가 많다"고 말했다.(강인선 2002b)

다른 소수민족과 비교하여 한인의 소득수준은 어떠했던가. 미 연방 인구조사국의 2000년 통계에 따르면, 미국 내 11개 아시아계 소수민족의 평균 연소득은 5만 9324달러로 미국 평균의 5만 46달러보다 높았다. 인구구성비 순위로 소득을 보면 ①중국계(23.8퍼센트) 6만 58달러 ②필리핀계(18.3퍼센트) 6만 5289달러 ③인도계(16.2퍼센트) 7만 708달러 ④베트남계(10.9퍼센트) 4만 7103달러 ⑤한국계(10.5퍼센트) 4만 7624달러 ⑥일본계(7.8퍼센트) 7만 849달러 ⑦캄보디아계(1.8퍼센트) 3만 5621달러 ⑧몽고계(1.7퍼센트) 3만 2384달러 ⑨라오스계(1.6퍼센트) 4만 3542달러 ⑩파키스탄계(1.5퍼센트) 5만 189달러 ⑪태국(1.1퍼센트) 4만 9635달러 등이었다.(황유석 2004)

2002년 5월 서던캘리포니아대학(USC) 부설 러스크 부동산 센터가 로스앤젤레스, 리버사이드, 오렌지카운티 등에 거주하는 아시안을 상대로 조사해 발표한 자료에 따르면 캘리포니아 남부의 한인주택 소유율은 47.9퍼센트로 2가구당 한 가구에 채 미치지 못했다. 이는 중국계의 68.2퍼센트, 일본계 62.3퍼센트, 필리핀 59.3퍼센트, 인도 60퍼센트 등에 비해 크게 낮은 것이었다. 보고서를 작성한 USC의 게리 페인터(Gary Painter) 교수는 "대부분 한인들은 다른 아시안에 비해서 이민 연도가 짧아 평균 소득도 낮고 주택소유비율도 낮다"고 분석했다. 이는 뉴욕과 샌프란시스코에서도 마찬가지였다. 뉴욕 한인들의 주택소유율은 38.4퍼센트로 일본계(25.4퍼센트)를 제외한 중국(55.4퍼센트), 필리핀(51.7퍼센트), 인도계(53.9퍼센트)에 비해서 낮았다. 샌프란시스코도 한인들의 주택소유율은 캘리포니아 남부보다는 다소 높은 48퍼센트였으나 중국(69퍼센트), 필리핀(61.7퍼센트), 인도(59퍼센트) 등에 못 미쳤다.(문태기 2002)

『로스앤젤레스타임스』 2004년 12월 16일자에 따르면, 미국에서 가장 성공한 아시아계 이민자는 인도인으로 나타났다. 인도인은 가계 소득, 교육 수준, 전문직 진출, 영어 구사력 등에서 1위였으며, 연간 가계 소득에서는 일본인이 7만 849달러로 1위, 인도는 7만 708달러로 2위, 한국은 4만 7624달러로 7위를 차지했다. 사무직 또는 전문직 종사자 비율은 인도 60퍼센트, 중국 52퍼센트, 일본 51퍼센트, 한국 39퍼센트 등인 것으로 나타났다.(정용환 2004)

『뉴욕타임스』 2005년 4월 21일자는 「언어장벽이 건강의 위협을 부른다」라는 기사를 통해 병원에서 겪고 있는 한국인 등 이민자들의 어려움을 상세히 보도했다. 미국으로 이민 간 한국인들이 영어를 못해 병원 치료조차 제대로 받지 못하고 있다는 것이다. 뉴욕 한인회 조사에 따르면 한국인 응답자 중 40퍼센트가 병원에서 언어 때문에 어려움을 겪었으며, 47퍼센트는 적절한 치료를 받지 못했다고 답했다.(고승욱 2005)

『애틀랜타 저널 콘스티튜션(The Atlanta Journal-Constitution)』 2005년 4월 24일자는 한국에서 중산층이었던 사람들이 미국에서는 막일꾼 노릇을 하고 있다고 보도했다. 이 기사에 따르면, "김재술(42) 씨는 부산에서 수학, 과학 및 어학학원 원장이었다. 일요일이면 테니스를 하거나 교외로 드라이브를 즐겼다. 김 씨는 이민 브로커에게 1만 달러(약 1000만 원)를 주고 3월 조지아 주로 건너왔다. 10대의 두 딸 등 가족과 함께. 김 씨가 잡은 직장은 동남부의 소도시 클랙스턴의 닭 공장이었다. 안경을 낀 김 씨는 가녀린 손에 볼펜 대신 도살용 칼을 쥐었다. 작업복에 장화 장갑을 착용한 그는 한 시간에 7달러를 받으며 닭 날개를 잘라내는 일을 하고 있다. 김씨는 '닭 공장 일이 힘들다' 면서도 '아이들을 교육시키고 더 나은 삶을 위해 이 일을 한다' 고 말했다."
(이진 2005)

"미국의 주름은 우리 한국인들이 잡고 있습니다." 2005년 7월 말 현재 미국위 전체 세탁소 4만 529곳 가운데 31.2퍼센트인 1만 2647곳이 한국인에 의해 운영되었으며, 캘리포니아 주에서는 5875개 가운데 39.3퍼센트인 2309개가 한인이 운영하는 것으로 나타났다. 그밖에 뉴욕 주에서는 3718곳 중 1993곳, 일리노이 주는 2291곳 중 1593곳, 뉴저지 주는 2087곳 중 1575곳, 펜실베이니아 주는 1615곳 중 638곳, 메릴랜드 주는 862곳 중 624곳, 버지니아 주는 1053곳 중 505곳이 각각 한인 세탁소였다. (경향신문 2005)

'부끄러운, 그러나 미워할 수 없는 우리, 한국인에게'

2005년 11월 29일 미국 의회예산국(CBO; Congressional Budget Office)이 발표한 '미국 노동 시장에서의 외국 이민자 역할' 이라는 보고서에 따르면, 한국에서 출생해 미국에서 근로자로 일하고 있는 16세 이상 사람은 40만 명 정도로 외국 출신 미국 근로자의 2퍼센트 정도를 차지하며 인도, 캐나다, 영국 출신에 이어 4위의 고학력 소지자들인 것으로 조사됐다. 미국 노동인력 전체의 평균 수학 기간은 13.5년이며 이 가운데 미국 출신은 13.7년, 외국 출신은 12.2년인 것으로 나타났다. 반면 인도 출신 근로자의 평균 수학 기간은 16.1년으로 평균이 대학 졸업 학력을 가진 것으로 나타났다. 이어 영국 출신이 15.1년으로 2위, 캐나다 출신이 14.8년으로 3위, 한국 출신이 14.7년(4년제 대학 3학년 2학기 중퇴)으로 4위를 기록했다.(국기연 2005)

2005년 8월 재미목사 최상진(2005)은 미 전역에서 매년 한흑 갈등, 인종혐오나 기타 사고로 목숨을 잃는 한인 수는 60~70명에 이른다며 한인사회와 대사관·총영사관의 적극 대응을 주문했다. 그는 "한동안 한인 희생자가 많았던 워싱턴 시내 흑인 빈민가에서는 2000년부터 지금까지 한인이 희생된 사건이 단 한 건도 발생하지 않았다. 평화나 눔공동체를 포함한 모두가 빈민 현장에 들어가 한인의 사랑을 보여준 결과라고 본다"고 말했다. 그는 교회들의 지역사회에 대한 인식도 바뀌어야 한다고 말했다.

"이곳 흑인 빈민가에서 목숨을 걸고 노동한 대가로 모은 수익 일부를 교회에 헌금하는 신도들을 많이 접하게 된다. 일부 상인들은 '지금껏 교회에 헌금했는데 교회가 빈민 현장보다 해외선교에만 치중한다'고 말했다. 한 유명 선교학자의 말처럼 '지역선교는 지역정부에 기금을 만들어 바치거나 시청 앞에 꽃을 심어주면서 교회가 새로 건물을 지을 때의 부작용을 줄이는 사업이 아니라 그 주변의 가난하고 소외된 이웃에게 그리스도의 사랑을 실천하는 것'이다."

한국계 미국인들의 정치성향은 어떨까? 민주당 지지가 많지만 공화당 지지자도 적지 않았다. 삶에 대한 철학의 차이가 주요 이유였다.

딸을 하버드대 학생회장으로 키운 이동준(세인트존스대학 전산학과 교수)은 2002년 "이민자들이 정부 지원을 바라는 것은 자연스러운 것 아닌가요"라는 기자의 질문에 다음과 같이 답했다.

"30년 전과 비교하면 요즈음은 이민자들에게 의료 · 주거지원 같은 복지 혜택이 아주 많습니다. 이민법을 완화하고, 사회보장을 늘린 민주당 덕이죠. 그렇지만 이건 이민자들의 장래를 망치는 겁니다. 약소민족이라도 열심히 하면 잘 살 수 있는 게 미국 아닙니까. 이민자들이 20년, 30년 전보다 일을 열심히 하지 않습니다. 그렇게 해서 건강한 사회가 유지될까요."(김연광 2002)

로스앤젤레스 경찰청 허가 담당 커미셔너로 일하는 김진형은 2002년 『부끄러운, 그러나 미워할 수 없는 우리, 한국인에게』라는 책을 발간해 모든 한국인에게 애정 어린 고언을 했다. "로스앤젤레스에서는 식당에서 담배 피우는 것을 법으로 금하고 있습니다. 그런데 금연 단속에 걸린 사람 중 25퍼센트가 한인이라는 통계치가 나왔습니다. LA 지역의 한인 수를 생각할 때 25퍼센트는 엄청난 것입니다. …… 최근 LA 지역에서 한인들의 범죄율이 1위를 차지하고 있습니다. 매춘, 장물아비, 마약사범, 이민사기, 불법입국, 상표도용 등 파렴치한 것이 많은데, 대부분 본국에서 일어나는 것과 같다는 점입니다. …… 조국이 깨끗해야 교포사회도 깨끗해질 수 있는 거지요."(김순자 2002)

조국이 깨끗해야 교포사회도 깨끗해질 수 있다는 말이 가슴에 와 닿는다. 코리안 아메리칸들의 본국(미국)과의 유대 · 교류가 워낙 강하고 끈끈하기 때문이다. 그런 유대 · 교류는 코리안 아메리킨의 미국 내 위상과 관련해서는 그늘의 축복이자 저주라는 명암(明暗)을 갖고 있지만, 축복임을 전제로 해서 문제점들을 교정해나가는 게 훨씬 더 현실적인 방안이지 않을까?

참고문헌 Chua 2004, Davis 2004, Halstead & Lind 2002, Huntington 2004, 강인선 2002 · 2002a · 2002b, 경향신문 2005, 고승욱 2005, 국기연 2005 · 2005b, 권재현 2000a, 김범수 2002, 김수정 2003, 김순자 2002, 김연광 2002, 김용삼 2000, 문태기 2002, 송기도 2003, 윤인진 2004, 이진 2005, 정용환 2004, 정의길 2001, 최상진 2005, 최철호 1999a, 황유석 2004

제4장

9·11테러와 이라크전쟁

"미국은 기도의 나라"
이라크전쟁

WMD 논쟁

미국은 세계 최대의 무기 수출국으로 2003년 세계 무기 거래액의 56.7 퍼센트인 145억 달러 어치(약 16조 8000억 원)를 판매했다. 미 의회 조사국의 보고서에 따르면, 2000년부터 2003년까지 4년 동안 구매계약 완료 기준으로 미국산 무기 5대 수입국은 ①아랍에미리트 71억 달러 ②이집트 62억 달러 ③이스라엘 51억 달러 ④한국 37억 달러 ⑤폴란드 37억 달러 등이었다. 이 기간 중 무기 인도 완료 기준으로 7대 수입국은 ①사우디아라비아 63억 달러 ②이집트 47억 달러 ③대만 45억 달러 ④이스라엘 29억 달러 ⑤그리스 29억 달러 ⑥일본 28억 달러 ⑦한국 25억 달러 등이었다. 한국은 1996년~2003년에 무기 구매계약 완료 기준으로 외국에서 모두 88억 달러어치의 무기를 구매함으로써 세계 7위의 무기수입국으로 나타났는데, 이 가운데 미국에서 수입한 무기의 규모는 62억 달러로 전체의 70.4퍼센트를 차지했다.

국제적으로 미국의 무기 수출에 대해서는 말이 없었지만, 일부 국가들이 독자적으로 개발하는 무기에 대해선 WMD(Weapons of Mass Destruction; 대량살상무기)라는 이름까지 붙여 이에 대한 논란이 매우 뜨거웠다. WMD는 미국의 부시 행정부가 이라크를 침공한 주요 이유였으며, 이후 핵과 더불어 북한을 문제 삼는 주요 이유가 되었기 때문이다. 2003년 1월 10일 북한의 핵확산금지조약(NPT; Nuclear Non-proliferation Treaty) 탈퇴 선언은 북한의 '악의 축'이라는 부시 행정부의 주장을 입증해주는 것처럼 보였지만, 당시까지도 미국의 주된 관심은 이라크였다.

부시 대통령은 기회 있을 때마다 사담 후세인 이라크 대통령을 '흉악한 폭군', '야수', '살인자' 등으로 지칭했다. 그는 후세인 정권이 "핵무기를 만들고 있으며 생화학무기로 미국을 공격할 음모를 꾸미고 있다"며 "우리는 최악의 사태를 막아야 할 의무가 있다"고 주장했다. 이에 대해 이라크는 되레 미국을 '악마'라고 맞받아쳤다. 이라크는 2002년 12월 7일 유엔에 "정확하고 전면적이며 완전한" 내용이라며 대량살상무기 관련 보고서를 제출했으나 이전부터 '전화번호부'라고 비아냥거렸던 미국은 누락된 내용 등이 있어 "유엔 결의안에 대한 실질적인 위반"이라고 평가했다. 이에 이라크가 "미국 중앙정보국이 직접 사찰을 해도 좋다"고 하자 미국은 이를 "술책"이라고 일축했다.

이라크가 미국의 어떤 공격도 "한 시간 내에 대응할 준비가 돼 있다"고 공언하자, 미국의 한 군사분석가는 "미국 지상군은 공격 두 번째 날이 끝날 때 (이라크 수도) 바그다드 교외에 진주할 것"이라며 "미군 탱크가 보이기 시작할 때 후세인의 귀에는 아직도 폭격 소리가 울리고 있을 것"이라고 말했다. 타하 야신 라마단(Taha Yassin Ramadan, 1938~2007) 이라크 부통령은 2002년 10월 "전쟁 대신 부시 대통령과 후세인 대통령이 1대 1 결투를 벌이자"며 "이 방식이 미국인과 이라크 국민 모두를 구하는 길"이라고 제안하기도 했다.(김학준 2002)

2003년 1월 부시는 국정연설에서 "우리가 소중히 여기는 자유는 세계에 대한 미국의 선물이 아니라 인간에 대한 하나님의 선물이다"라고 했다. 이게 부시만의 생각은 아니었던 것 같다. 2002년 12월 갤럽이 실시한 조사에서 대상자 중 48퍼센트가 창조론을 믿었다. 진화론 신봉자는 그 절반 수준인 28퍼센트에 불과했다. 악마(devil)의 존재를 믿는 미국인은 68퍼센트나 됐다. 부시 대통령처럼 자신을 '복음주의자 또는 다시 태어난 기독교인'이라고 답한 사람들은 46퍼센트에 이르렀다.

이와 관련, 『뉴욕타임스』 칼럼니스트인 니컬러스 크리스토프(Nicholas D. Kristof)는 「신, 악마 그리고 미디어」라는 칼럼에서 "대부분의 미국 저널리스트들이 46퍼센트의 미국인에 대해서는 잘 알지 못할 것이다"라고 했다. 이 46퍼센트의 '복음주의자와 다시 태어난 기독교인'이 부시 행정부에서는 대통령을 정점으로 미국 사회의 변두리에서 주류가 된 것일 뿐, 그들이야말로 종교적으로는 '전형적인 미국인'이라는 것이다.(정은령 2003)

'늙은 유럽(Old Europe)' 논쟁

물론 유럽인들도 46퍼센트의 미국인에 대해서는 잘 알지 못했다. 2003년 1월 22일, 독일과 프랑스 정상이 이라크전 반대 입장을 분명히

2003년 11월 24일 도널드 럼스펠드 미 국방장관이 2004 회계연도 국방 예산안 서명을 위해 국방부를 방문한 부시 대통령의 연설 도중 손뼉을 치고 있다.

한 데 대해 도널드 럼스펠드 미 국방장관은 '늙은 유럽(Old Europe)'이라는 표현을 써가며 비난하는 동시에 이라크전쟁을 지지하고 나선 동유럽 10개국을 '신유럽(New Europe)'이라고 치켜세웠다.(김재두·심경욱 2003)

럼스펠드는 부시 부자(父子)와는 묘한 인연을 가지고 있는 호전파였다. 포드 행정부 시절에 국방장관을 지냈고 아버지 부시 대통령 시절에 의원을 하고 있었던 럼스펠드는 부시를 논쟁과 땀나는 일을 회피하는 나약한 인물로 폄하하면서 그런 증상을 '록펠러 신드롬(부잣집 아들들의 일반적 증상)'이라고 부르기까지 했다. 그랬던 럼스펠드가 오랜 정적(政敵)의 아들 밑에서 두 번째로 국방장관을 맡은 것이다. 럼스펠드는 자신감이 지나칠 정도로 강했고, 군 고위 장성들에게도 오만하게 대하는 것으로 악명(惡名)을 떨친 인물이었다.(Woodward 2003)

유럽인들은 럼스펠드의 '늙은 유럽'이라는 말에 분노했다. 오랜 역사를 자랑하는 이 표현은 유럽에 대한 노골적인 경멸을 담고 있었기 때문이다. 1816년 토머스 제퍼슨(Thomas Jefferson, 1743~1826)은 다음과 같이 말했었다. "늙은 유럽은 우리의 어깨에 기대야 할 것이다. 그리고 우스꽝스러운 사제와 왕들의 그물에 걸린 몸으로 절뚝거리며 우리를 쫓아와야 할 것이다. 우리는 얼마나 거대한 존재(colossus)가 될 것인가."(Ferguson 2010)

프랑스 정부 대변인인 장 프랑수아 코페 장관은 1월 23일 국무회의가 끝난 뒤 "늙은 대륙, 즉 역사·문화·경제적 전통을 가진 오래된 대륙은 그렇기 때문에 지혜를 갖고 있다"며 "친구는 올바른 결정을 내리기 위해 서로의 장점과 미덕을 살려야 한다"고 강조했다.

독일과 프랑스의 지식인·작가·예술가 23명도 공개적으로 반박하고 나섰다. 이들은 1월 24일자 『프랑크푸르터 알게마이네 차이퉁(Frankfurter Allgemeine Zeitung)』에 독일·프랑스 정상을 옹호하면서 미국을 비난하는 의견을 실었다. 독일 철학자 위르겐 하버마스는 "럼스펠드의 발언은 주객이 전도된 것"이라고 비판했다. 그는 "유럽은 이라크 사태에서 미국식 민주주의의 이상을 대변하고 있으며, 이 이상을 지지하는 사람이 '상당히 겉늙어 보이는 신세계(미국)'보다 유럽에 더 많은 것 같다"고 주장했다.

프랑스 철학자 자크 데리다(Jacques Derrida, 1930~2004)는 "럼스펠드의 발언은 쇼킹하고 추잡스러운 것"으로 규정한 뒤 "이는 유럽의 과거·현재·미래에 대한 무시의 소산"이라고 비난했다. 이어 그는 "이로써 본의 아니게 유럽 통합이 얼마나 시급한 과제인지 잘 증명되고 있다"고 말했다. 프랑스의 역사학자 조제프 로방(Joseph Rovan)도 "럼스펠드의 발언은 유럽이 미국·중국·러시아처럼 강대국이 돼 미국의 우위로부터 벗어나야 할 필요성을 역설하고 있다"고 주장했다.

독일 작가 페터 슈나이더(Peter Schneider)는 "럼스펠드가 미국의 일방주의에 반대하는 사람들을 '늙은 유럽' 으로 지칭했다면 미국인의 절반 이상은 '늙은 유럽인' 일 것"이라고 비꼬았다. 프랑스 영화감독 뤽 봉디(Luc Bondy)도 "만약 '늙은 유럽' 이 전쟁을 원치 않는 이성을 가졌다면 나는 기꺼이 실제로는 젊은 '늙은 유럽' 편에 설 것이다"라고 말했다.

독일의 여권운동가인 알리스 슈바르처(Alice Schwarzer)는 "독일과 프랑스의 우호관계, 특히 게르하르트 슈뢰더 총리가 자랑스럽다"고 말했고, 프랑스 작가인 미셸 투르니에(Michel Tournier)는 "자크 시라크와 슈뢰더가 이라크전을 반대하는 데 대해 행복하게 생각한다"며 두 정상에 대한 지지를 표시했다. 당시 독일 공영 제2 ZDF 텔레비전에 방영돼 인기를 모은 드라마 〈나폴레옹(Napoléon)〉에서 나폴레옹 역을 맡아 열연했던 프랑스 배우 크리스티안 클라비에(Christian Clavier)는 "살다 보면 '늙었다' 는 말이 '지혜' 와 동의어로 통하는 때가 종종 있다"고 의미 있는 한마디를 던졌다.(유재식 2003)

그러나 미국인들은 럼스펠드 발언에 적극적으로 공감을 표시했다. 『월스트리트저널』 2월 14일자는 프랑스와 독일의 행동을 '족제비들의 일방주의' 라고 비난하면서, 시라크 프랑스 대통령을 '찍찍대는 쥐' 라고 깎아내렸다. 이에 맞서 프랑스의 보수 일간지 『르 피가로(Le Figaro)』가 미 언론을 '백악관의 푸들' 이라고 비난하는 등 한동안 치열

한 지상전(紙上戰)이 전개되었다.(Soros 2004, 김재두·심경욱 2003)

"이 나라는 기도의 나라입니다"

2003년 2월 6일 부시 대통령의 아침 식사 기도는 유난히 길었다. 대통령이 관례적으로 참석하는 제51회 연례 국가조찬기도회(National Prayers Breakfast) 때문이었다. 이날 그는 9분에 걸쳐 "이 나라는 기도의 나라입니다(this is a nation of prayer)" 등의 내용으로 열띤 '강론'을 펼쳤고 참석자들은 다섯 번이나 우레 같은 박수로 연설을 멈추게 했다.

종교전문 웹진 '빌리프넷(beliefnet)'의 데버러 콜드웰(Deborah Caldwell) 프로듀서는 이날 연설의 마지막 부분에 신경을 곤두세웠다. "모든 삶과 역사에는 신의 손에 의해 정해진 목적과 헌신이 있다"고 말한 대목이었다. 그녀는 곧 부시 대통령의 신앙관을 분석하는 기사를 빌리프넷 홈페이지에 올렸다. '진화하는 신앙'이라는 제목의 이 기사에서 콜드웰은 부시가 개인의 영적 자각에 가치를 두는 감리교인(Wesleyan)에서 예정된 신의 계획을 수행하는 데 삶의 무게 중심을 두는 칼뱅주의자(Calvinist)로 옮아가고 있다고 진단했다. 그녀가 대통령의 '종교적 변화'에 관심을 가진 이유는 명확했다. "그 변화가 테러리즘과 이라크, 대통령직에 임하는 자세에 영향을 미칠 것이기 때문이다."(정은령 2003)

기도를 받아주는 신(神)이 각기 다르기 때문인가? 2003년 2월 14일 호주를 시작으로 미국의 이라크 침공에 반대하는 목소리가 세계 곳곳에서 거세게 터져 나왔다. 2월 15일에는 유럽·미주·중동·아시아·아프리카 등 모든 대륙에서 2차 세계대전 이후 사상 최대 인원이

세계 곳곳의 반전시위 현장.
(좌측 페이지 상단부터)이탈리아 로마, 미국 워싱턴 D.C., 영국 런던 의회 광장.
(우측 페이지 상단부터)스페인 마드리드, 남아프리카 케이프 타운.

모여 반전을 외쳤다. 이날은 지구촌 반전운동가들이 연대해 마련한 '국제반전의 날'이었다. 세계 100여 개국 1000여 개 도시에서 피부색과 종교와 상관없이 함께 반전을 외친 숫자는 1000만 명을 넘어섰다.

영국, 프랑스, 스페인, 이탈리아 등 미국의 전통 맹방에서도 미국이 주도할 이라크전쟁에 반대하는 시위가 잇달았다. 시위 참가인원은 스페인 400만 명, 이탈리아 300만 명, 영국 200만 명, 독일 60만 명, 프랑스 50만 명 등 서유럽에서만 1000만 명을 넘어섰다. 각국 경찰은 시위 규모를 이보다는 적게 파악했지만 '역사상 가장 큰 시위'라는 데 의견을 같이했다.

'이라크전과 미국에 반대', '석유를 위한 피 흘림을 거부한다', '부시는 인류평화의 위협자' 등 각종 반전·반미 구호와 플래카드, 현수막은 더블린에서 모스크바까지 뒤덮었다. 로마, 런던, 마드리드 등에서는 적게는 수십만, 많게는 수백만 명이 모여 평화를 외쳤다. 경찰 추산으로 오슬로 6만, 브뤼셀 5만, 스톡홀름 3만 5000, 더블린 8만, 베른 4만, 글래스고 3만, 코펜하겐 2만 5000, 빈 1만 5000 등 유럽의 유서 깊은 도시에 각각 수만 명의 시위대가 집결, 미국의 이라크 침공을 거부하는 연대를 실현했다.

시위에는 정치인, 노동운동가, 배우 등 유명인사가 참가하고 사회 각계 여러 단체가 정파에 상관없이 하나의 목소리를 냄으로써 유럽의 반전 단일대오를 과시했다. 특히 15일 베를린에서는 볼프강 티어제(Wolfgang Thierse) 독일 하원의장과 위르겐 트리틴(Jürgen Trittin) 환경장관, 하이데마리 비초레크초일(Heidemarie Wieczorek-Zeul) 대외개발원조장관 등 집권 연정 각료들이 시위대 속에서 반전구호를 함께 외쳤다.

　세계인의 이목이 집중된 미국 뉴욕 유엔본부 주변에는 세계 각지 평화운동가를 비롯한 50만 명이 운집, 전 세계적인 반전시위에 동참했다. 경찰은 집회 참가인원을 추산하지는 않았으나 시위행렬이 20개 블록에 이어졌다고 전했다. 이 유엔본부 앞 집회에는 남아프리카공화국 인권운동가 데스몬드 투투(Desmond Tutu) 주교, 미 영화배우 수전 서랜던(Susan Sarandon)과 대니 글로버(Danny Glove) 등이 참석해 시위대의 뜨거운 호응을 받았다. 투투 주교는 "미국은 나머지 세계의 목소리에 귀를 기울여야 한다"고 연설했으며 시위대는 '평화'를 연호했다. 이밖에 로스앤젤레스 10만 등 시카고, 필라델피아, 시애틀, 샌디에이고, 마이애미 등 미국에서만 수십여 개 도시에서 반전집회가 열렸다.
　이웃한 캐나다 몬트리올에서는 영하 20도의 혹한 속에서 10만여 명의 인파가 평화시위를 벌였으며 토론토에도 7만 5000명 이상의 시민이 운집했다. 멕시코, 쿠바, 칠레, 파라과이 등 중남미 국가에서도 수백 수천 명이 대도시를 중심으로 반전시위를 조직해 미국의 이라크 침공 의도를 비난했다. 또 인도 캘커타, 남태평양의 호주·뉴질랜드, 일본, 한국 등 아시아·태평양 국가와 중동·아프리카 국가에서 크고 작은 반전집회가 일제히 열려 전쟁을 반대하고 평화를 염원했다.(안치용 2003)

부시는 '대통령인가 성직자인가'?

　반면 미국인들은 그런 반전 목소리와는 생각을 달리하면서도 어떤 '심리적 공황상태'에 빠져든 것처럼 보였다. 2월 17일 시카고 사우스

미시건가 24번 소재 '이피터미' 나이트클럽에서 20여 명이 사망한 대형참사 사건이 발생한 것이 그런 '심리적 공황상태'의 증거로 거론되었다. 시카고 WBBM 텔레비전의 기자는 "무도장 플로어 안에서 난투극 소동이 벌어지자 사람들이 우르르 몰려나갔고 여기다 장내에 최루가스(일명 메이스)가 뿌려지는 등 순식간에 클럽 전체가 아비규환으로 변했다"고 전했다. 현지에서는 사람들이 살포된 최루가스를 순간적으로 가스테러 등으로 오인한 것 같다는 분석도 나왔다. 사망자 대부분이 출입문 쪽으로 나오다 인파에 밀려 쓰러진 뒤 질식사한 것으로 밝혀졌다. 이 사고는 1979년 신시내티의 한 콘서트장 사고(관객 11명 사망), 1991년 뉴욕의 한 농구 경기장 사고(청소년 아홉 명 사망) 등을 능가한 최악의 인파 혼잡 사건으로 기록되었다.

부시 대통령은 2월 17일 주례 라디오 연설을 통해 "살인마들이 숨어서 테러하는 상황에서 완벽한 안보란 있을 수 없지만 미국은 이를 차단하기 위한 '24시간 감시체제'를 가동하고 있다"면서 국민들에게 안정을 당부했다. 그러나 이 사건과 때를 같이해 80년 만에 최대의 폭설이 내린 워싱턴 등 미 동부 일대에선 교통·통신두절 사태 등으로 당황한 시민들이 생필품을 확보하려고 비상이 걸린 가운데 혼란스러운 '사재기' 파동을 겪었다.(이태희 2003)

2003년 2월 26일 이라크 침공 여부를 놓고 미국과 유엔의 줄다리기가 한창이던 상황에서 워싱턴 힐튼 호텔에서는 보수 성향 싱크탱크인 미 기업연구소(AEI; American Enterprise Institute)의 연례 만찬행사가 열렸다. 특별한 인물이 이날 연사로 초대됐다. 대통령이었다. 부시 대통령은 연설에서 "사담 후세인을 몰아내면 중동에 평화가 올 것"이라며

이라크 침공 의사를 분명히 했다. 전후 프로그램까지 밝혔다.(중앙일보 특별취재팀 2003f)

2003년 3월 시사주간지 『뉴스위크』와 『유에스 뉴스 앤드 월드 리포트(U. S. News and World Report)』(3월 10일자)는 커버스토리를 통해 부시 대통령의 일과를 소개했는데, 이는 부시가 과연 '대통령인가 성직자인가' 하는 의문을 갖게 하기에 족했다. 기사들에 따르면, 부시는 오전 5시 30분 기도와 성서 읽기로 하루를 시작한다. 7시 전에 출근해 오후 5시 30분쯤 퇴근한다. 집무 도중 짬짬이 눈을 감고 기도를 한다. 늦은 저녁까지 집무실에 남아 있는 일은 없다. 주 1회 이상 콘돌리자 라이스 백악관 안보담당관 등 백악관 직원 10여 명이 모이는 성경 읽기 모임에 참석한다. 저녁 파티와 외식은 최근 2년 새 손에 꼽을 정도. 술은 입에도 안 댄다. 일과는 기도로 마무리한다.(박소영 2003)

입만 열었다 하면 부시의 입에서는 성경 구절이 튀어나온다. 에이브러햄 링컨(Abraham Lincoln, 1809~1865)에서 지미 카터, 로널드 레이건, 빌 클린턴에 이르기까지 역대 미 대통령들은 공식 연설에서 성경을 즐겨 인용했지만 부시처럼 자주, 광범위하게 성경 구절을 인용한 예는 없었다. 근본주의 성격이 강한 복음주의 교파에 속하는 부시의 종교관은 외교정책에서 '선과 악'의 이분법과 '권선징악(勸善懲惡)'적 접근법으로 나타난다. 단적인 예가 9·11테러다. 부시는 9·11테러를 계기로 걸핏하면 성서를 인용하고, 악과의 대결을 강조하고 있다. '악의 축'이라는 말도 그래서 나왔다. 9·11테러의 주범인 오사마 빈 라덴이 그렇듯 사담 후세인 이라크 대통령도 그에게는 악이다. 부시 대통령은 악을 제압하는 것이 자신에게 부여된 신의 소명이라고

믿는다.(박소영 2003)

부시 대통령이 좋아하는 장은 시편이다. 또 오스월드 체임버스(Oswald Chambers, 1874~1917) 목사가 지은 복음주의 설교집 『주님은 나의 최고봉(My Utmost for His Highest)』(1927)을 매일 읽는다. 이 설교집은 "신이 모든 삶과 역사를 쓰고 있다"는 선지자 이사야의 가르침을 전하고 있다. 그는 이라크의 사담 후세인 대통령을 '악'으로 규정하고 있다. 악을 처단하는 것은 신의 뜻이다. 아버지 조지 부시 전 대통령은 1991년 걸프전을 벌일 당시 전쟁이 신의 뜻에 어긋난다는 성공회 주교의 지적을 받자 참모들에게 아우구스티누스(Aurelius Augustinus, 354~430)와 토마스 아퀴나스(Thomas Aquinas, 1225?~1274)와 같은 신학자의 저술을 뒤져 '정당한 전쟁'의 신학적 근거를 찾으라고 명령했다.(홍은택 2003)

이와 관련, 홍은택(2003)은 "하지만 아들 부시 대통령에게 그런 일은 불필요해 보인다. 왜냐하면 후세인 대통령은 명백히 '악'이기 때문. 부시 대통령의 종교적 수사(修辭)를 들어보면 일부 미국인에게는 대통령을 선출한 것인지, 목사를 뽑은 것인지 혼동을 줄 정도"라며 다음과 같이 말했다.

"백악관은 경건함으로 가득 차 있다. 성경공부 모임이 여기저기서 열린다. 비서실장 앤드루 카드의 부인은 감리교 목사이며, 국가안보 보좌관 콘돌리자 라이스의 부친도 목사였다. 그는 퇴근 후 만찬 행사를 거의 갖지 않지만 가진다고 해도 콜라 한 잔 마시고 바로 식사를 시작해 밤 10시 이전에 끝낸다. 그에게는 읽어야 할 자료가 있다. 라이스 보좌관이 작성한 6~10쪽짜리 보고서와 콜린 파월 국무장관이 쓴 짧은 메모. 그리고 바로 잠자리에 든다. 아침 일찍 읽어야 할 보다 중요한 책이 있기 때문이다."

이라크전쟁 개시

2003년 3월 19일 부시는 전시내각 회의를 주재한 자리에서 이라크전쟁 개전을 명령하면서 "신(神)이여, 우리 군대를 축복하소서"라는 기도로 회의를 끝냈다. 카타르의 사령부에 있으면서 백악관에 설치된 화상에 모습을 드러낸 토미 프랭크스(Tommy Franks) 중부군 사령관도 "신이여, 미국을 축복하소서"라는 말로 응답했다.(주용중 2003)

2003년 3월 20일 오전 6시 13분(바그다드 시각) 미국의 미사일 공습으로 드디어 이라크전쟁이 시작되었다. 그날 CNN 방송은 한국의 노무현 대통령이 이라크에 공병대 등을 파병하기로 결정했다는 내용을 종일 보도했다.(최우석 2003)

나중에 밝혀진 사실이지만, 미 중앙정보국(CIA)은 이라크 공격 전, "사담 후세인의 섹스 비디오를 만들어 이라크 전역에 배포한다. 비디오를 본 이라크 국민이 실망할 때 공격해 정권을 무너뜨린다"는 '섹스 비디오 시나리오'의 실행을 검토했다. 미국의 안보 분야 전문 칼럼니스트인 제프 스타인(Jeff Stein)이 전직 CIA 관계자의 말을 빌려 쓴 글에 따르면 당시 중앙정보국은 후세인으로 분장한 배우가 10대 소년들과 성관계를 갖는 비디오를 제작했다. 비디오는 일부러 흐릿하고 은밀한 각도로 찍어 몰래카메라인 것처럼 보이게 했다. 후세인이 하야를 발표하는 허위 텔레비전 방송도 계획됐다. 가짜 후세인이 "아들 우다이(Uday Hussein, 1964~2003)에게 자리를 물려주겠다"고 말하는 장면

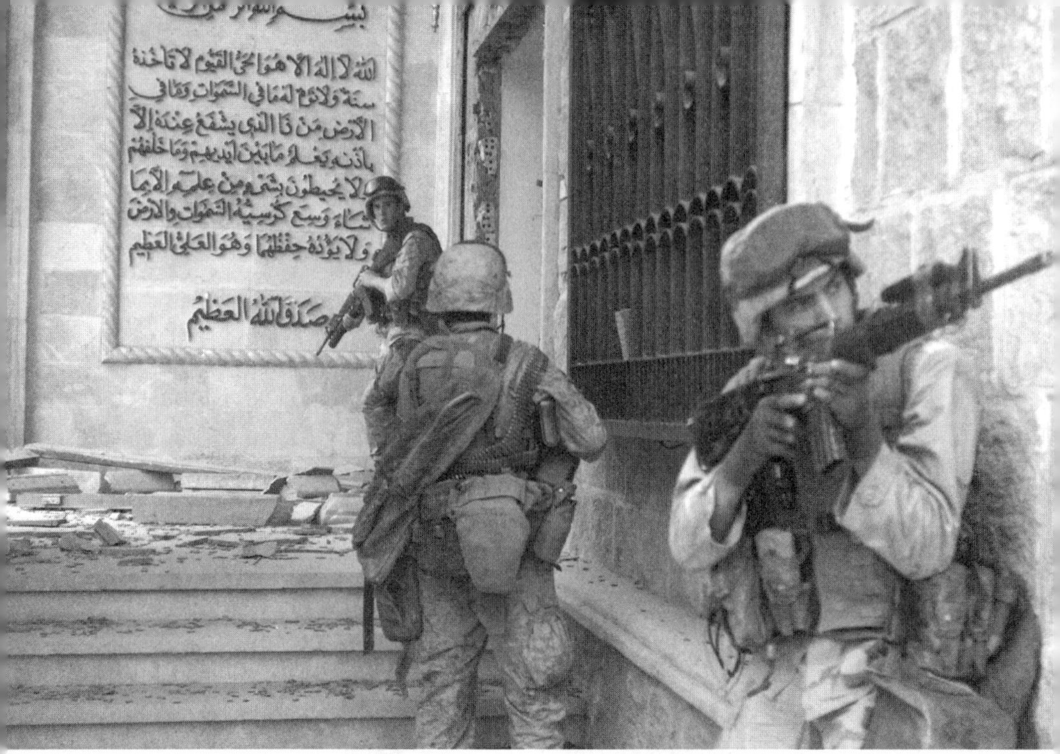
الله لا اله الا هو الحي القيوم لا تاخذه
سنة ولا نوم له ما في السموات وما في
الارض من ذا الذي يشفع عنده الا
باذنه يعلم ما بين ايديهم وما خلفهم
ولا يحيطون بشيء من علمه الا بما
شاء وسع كرسيه السموات والارض
ولا يؤوده حفظهما وهو العلي العظيم
صدق الله العظيم

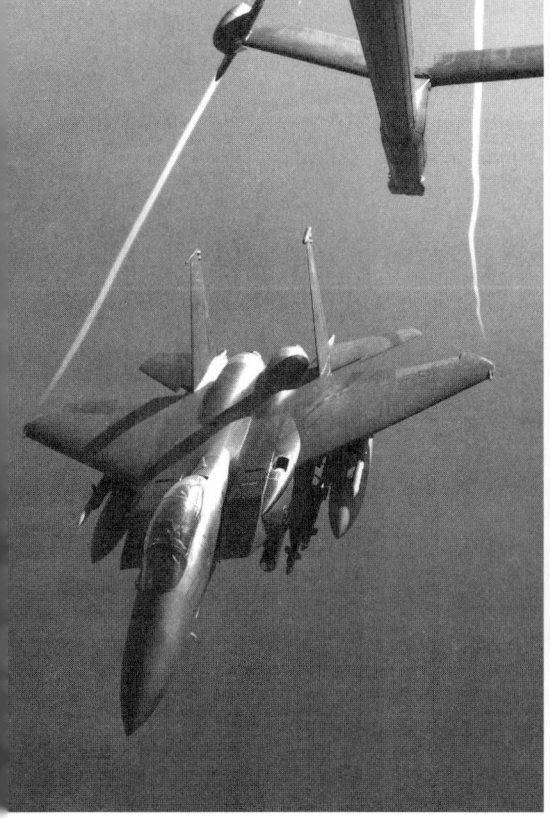

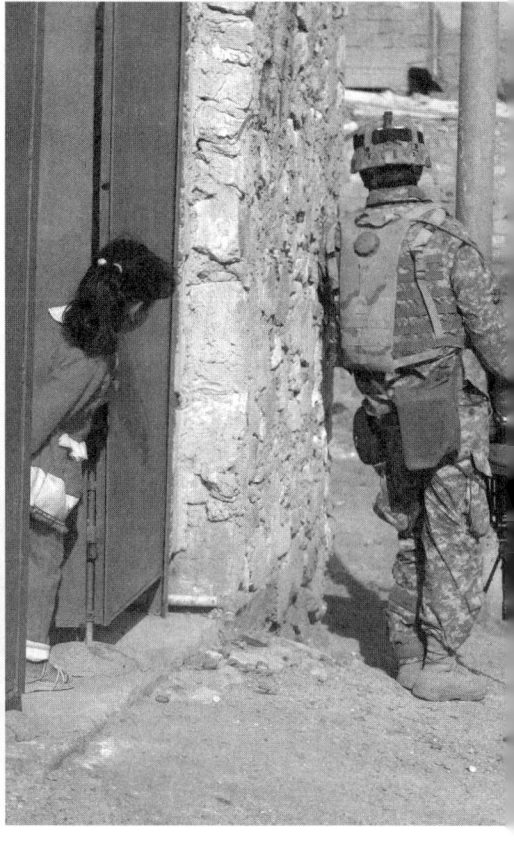

(좌측 페이지 위)바그다드의 사담 후세인의 왕궁에 진입을 시도하는 미군.
(좌측 페이지 아래 왼쪽)KC-10 Extender 공중 급유기로부터 분리된 F-15E 전투기.
(좌측 페이지 아래 오른쪽)이라크의 시내를 순찰하는 미군을 바라보는 이라크 소녀.
(우측 페이지 위)이슬람 근본주의자들의 주요 공격 대상이 된 중동지역의 기독교인들인 칼데아 가톨릭 난민들.
(우측 페이지 아래)기지로 귀환하는 아버지를 기다리는 미 해병대 군인의 딸.

을 이라크 텔레비전에 내보낼 계획이었다. 같은 내용의 자막을 화면에 넣는 방법도 연구됐다.

또 알카에다 지도자 오사마 빈라덴이 만취한 채 심복들과 난리를 피우는 비디오도 만들었다. 물론 모든 출연자는 중앙정보국이 고용한 가짜 인물이었다. 그러나 이 아이디어들은 당시 공작부서 책임자인 제임스 파빗(James Pavitt) 등 고위층의 거부로 실제 실행되진 않았다. 이와 관련, 영국 일간 『가디언』은 "미 정보기관이 희한한 공작 음모를 꾸민 게 처음이 아니다"며 "전 쿠바 국가평의회 의장 피델 카스트로 암살 작전도 그중의 하나로 『피델 카스트로를 암살할 638가지 방법(638 Ways to Kill Castro)』(2006)이라는 책까지 나왔다"고 전했다. 『가디언』이 소개한 대표적인 카스트로 암살 작전은 카스트로가 즐겨 피우는 시가에 폭탄을 설치하는 것이었다.(이승호 2010)

4월 2일 미국은 개전 이래 가장 반가운 소식을 접했다. 미 특수부대가 이라크군에 붙잡혔던 미 여군 포로 제시카 린치(Jessica Lynch)를 남부 나시리아에서 구출하는 개가를 올린 것이다. 당시 18세였던 린치 일병은 이라크 군인들에게 붙잡히기 전 온몸으로 항거하다 큰 부상을 입은 것으로 전해지면서 '용감한 영웅'으로 추앙됐다. 특히 '선한 미국'과 '악한 이라크'의 대립구도를 부각해 미국의 침공을 정당화하는 구실로 쓰였다.

하지만 석 달 후 이 영웅담이 조작되었다는 게 밝혀진다. 린치는 이라크 군인들과 싸운 적이 없고 구출 과정에서 이라크인 의료진의 도움을 받았다는 것이다. 훗날(2007년 4월 24일) 미 하원 산하 감독및정부개혁위원회(위원장 민주당 헨리 왁스먼 의원)가 연 청문회에 증인으로 출석한 제시카 린치는 "(나에 관해) 어린 여군이 '람보' 처럼 싸웠다는 식의 위대한 영웅주의적 이야기들이 말해졌지만 모두 사실이 아니었다"고 말했다. 그녀는 "이제는 잘못된 정보와 과장에 맞서 오로지 진실만을 말할 때"라고 강조하며 "꾸며낸 거짓말 없이도 미국인들 스스로 누구를 영웅으로 볼 것인지를 결정할 수 있다고 본다"고 말했다. (김유진 2007)

한편 한국에서는 이라크 파병 문제가 큰 사회적 논란거리로 대두되었다. 리영희는 『한겨레』 2003년 4월 8일자 인터뷰에서 이라크 사태를 미국의 '침략' 으로 규정하면서 '침공' 과 '침략' 의 차이에 대해 다음과 같이 말했다.

"침공은 자국의 권익이 일시 상대방에 의해 침해받을 때 그 권익의 회복을 위해 전쟁을 벌이는 것이다. 침략은 국제연맹과 유엔 결의에 규정돼 있다. 단순히 국가 권익의 보호나 회복 목적이 아닌 무력 침탈로, 군사적 점령만이 아니라 영토에 대한 폭격과 무기 사용, 항만 봉쇄, 선박 나포 등을 망라한다. 유엔결의 제1조는 침략을 한 나라가 다른 나라의 주권과 영토, 정치적 독립에 대해 무력을 행사하는 행위로 정의하고 있다. 여기에 비춰볼 때 미국이 이라크에 한 것은 침공이 아니라 침략이다."(리영희·권태선 2003)

4월 10일 후세인 정권의 몰락이 기정사실로 되자 그간 이라크전쟁과 거리를 두었던 프랑스와 독일은 재빨리 전쟁의 조기종식에 환영을 표시하며 미국에 화해 제스처를 보냈다. 그러나 이에 대한 미국 측의 반응은 냉랭했다. 2003년 5월 1일 부시는 주요 전투 종료를 선언함으로써 이라크전쟁은 '42일 전쟁' 으로 끝나는 듯 보였다. 전쟁은 그 후 새로운 국면으로 접어들지만, 당시엔 '팍스 아메리카나'의 기세가 하늘을 찌르는 듯했다.

그런 분위기에 압도당했던 걸까? 2003년 5월 13일, 미국을 방문한 한국 대통령 노무현은 뉴욕 피에르 호텔에서 가진 미국 내 친한(親韓) 인사 모임인 '코리아 소사이어티' 초청 연설 말미에 "미국과 여러분이 한국을 도와줘야 한다"는 말을 다섯 차례나 반복해 강조하면서 "만약 53년 전 미국이 우리 한국을 도와주지 않았다면 저는 지금쯤 정치범 수용소에 있을지도 모른다는 생각을 하고 있다"고 말했다.(김정훈 2003)

이 발언은 한국에서 '굴욕외교' 논란을 불러일으켰다. 리영희는 5월 21일 CBS 시사프로그램 〈시사쟈키 오늘과 내일〉과의 인터뷰에서 "방미 전후 노 대통령의 발언이나 행동을 보면 표현이 안 됐지만 미국이라는 나라의 정책이나 부시 정부의 근본적 목표가 뭐라는 것인지 전혀 모르고 있었고 국가 원수로서 국제관계의 기본적 움직임에 대한 이해나 지식, 인식이 너무도 막연했던 것 같다"며 "변한 것은 없고 무식하다는 것"이라고 비판했다. 그는 이어 미국에서의 노 대통령의 행동을 시골 사람이 서울에 올라와 겪는 문화 충격에 비유해 '노 대통령의 방미 태도 등은 시골 사람이 옳은 인식 한다고 하다가 주저앉은 것과 같다'고 혹평했다.(안준현 2003)

"우리의 적은 악마"

반면 미국에서는 부시 비판자들이 봉변을 당하고 있었다. 2003년 3월 10일, 미국 3인조 여성 컨트리 그룹 '딕시 칙스(Dixie Chicks)'의 싱어

미국의 3인조 여성 컨트리 그룹 딕시 칙스는 공연도중 부시를 비난한 것을 이유로 온갖 탄압에 시달렸다. 왼쪽이 나탈리 메인스, 오른쪽이 에밀리 로비슨. ⓒ ViVr

나탈리 메인스(Natalie Maines)는 영국 런던의 콘서트장에서 "부시가 텍사스 출신인 것이 부끄럽다"고 말했다. 이 말이 3월 12일자 영국 『가디언』에 짤막한 기사로 실린 뒤 이들은 온갖 탄압에 시달렸다. 미국에서 음반 판매량이 급감한 건 물론이고 빌보드 컨트리 부문 1위였던 '여행하는 병사(Travelin' Soldier)'라는 노래가 아예 순위에서 빠졌고, 일부 라디오 방송국들은 그들의 노래를 방송 금지했다. 2003년 3월 20일 드디어 이라크전쟁이 터지면서 탄압은 더욱 거세졌다. 연예전문지 『엔더데인먼트 위클리(Entertainment Weekly)』 5월 2일사 표시는 멤버들의 누드 사진을 실으면서 '매국노', '후세인의 천사' 등의 문구를 새겨넣었다. 남부 보수단체들은 딕시 칙스의 음반을 불도저로 깔아뭉 갰다.(백승찬 2010b, 한국일보 2003)

수전 서랜던, 팀 로빈스(Tim Robbins) 등 이라크전 반대에 앞장섰던 배우들에게는 변변한 배역이 주어지지 않았으며, 전쟁 발발 직전 이라크를 방문했던 배우 숀 펜(Sean Penn)에게 폭스 뉴스 앵커인 빌 오라일리(Bill O'Reilly)는 '반역자'라는 낙인을 찍었다. 할리우드 영화평론가인 데이비드 프리드먼은 "영화의 실험적 속성 때문에 할리우드가 진보 성향을 보인 측면이 있지만 지금은 전형적인 미국식 영웅들과 보수 메시지가 관객에게 먹히고 있다"면서 "브루스 윌리스와 아널드 슈워제네거가 다시 뜨고, 멜 깁슨이 복고풍의 예수 영화를 다시 만드는 것도 이런 분위기와 무관치 않다"고 설명했다.(중앙일보 특별취재팀 2003c)

2003년 6월 부시 대통령은 이라크 대량살상무기(WMD) 정보가 왜곡됐다는 주장에 대해 "수정주의(revisionist) 역사가 같은 행태"라고 비난했다. 이에 하버드대 역사학 교수 알렉산더 케이사(Alexander Keyssar)는 『워싱턴포스트』(6월 24일자) 기고문을 통해 "부시 대통령은 수정주의 역사 연구가 마치 불법적이고 나쁜 행동인 것처럼 낙인찍었지만 이는 역사가 본연의 임무"라고 비판했다. 새로운 증거가 발견되면 기존 역사책을 사실에 더 가깝도록 끊임없이 수정하는 작업이 역사 서술의 가장 기본이라는 것이다.

케이사는 전쟁에 대한 첫 번째 역사 서술은 항상 승자가 제공한 자료를 토대로 작성되며 이는 대부분 결함이 많고 불완전하다고 지적했다. 수정주의 역사 서술은 승자의 입장을 대변하는 역사를 끊임없이

선글라스를 쓰고 시위에 참석 중인 미국의 영화배우 숀 펜. 미국의 이라크 침공 직전 바그다드를 방문해 전 세계를 향해 반전 메시지를 보내는 등 자신의 진보적 성향을 숨기지 않았다. ⓒ Elvert Barnes

재검토하는 것이라는 주장이었다. 이라크전쟁의 첫 번째 역사는 미국 정부가 제공한 대로 "WMD 위협을 제거하려고 공격했다"는 것이지만 WMD 증거가 왜곡됐다면 다음 작업은 이를 고쳐 쓰는 것이라고 그는 주장했다. 케이사는 부시 대통령이 전쟁 명분에 대한 비판을 껄끄러워하는 것은 이해되지만 수정주의 역사가를 범죄 용의자 취급해서는 안 된다고 강조했다. 그는 "수정주의 사관에 대한 억압은 일반적으로 독재의 신호이며 히틀러, 스탈린 그리고 후세인이 보여왔던 행태"라고 지적하면서 "조지 W. 부시 대통령에게서 독재자 기질이 보인

다"고 말했다.(태원준 2003)

그러나 부시와 그의 열성 지지자들이 관심을 갖고 있는 분야는 '역사'라기보다는 '종교'였다. 2003년 6월 국방부의 윌리엄 보이킨(William Boykin) 정보담당 부차관은 제복 차림으로 한 종교 집회에 참석해 "이슬람교 극단주의자들은 미국이 기독교 국가이자 뿌리가 유대-기독교 국가라는 이유로 증오하고 있다"며 "우리의 적은 악마"라고 주장했다. 그는 또 미군이 1993년 소말리아내전에 개입한 것을 언급하면서 "나의 신은 그들의 신보다 더 크다"며 "나는 내 신이 진짜 신이고 그들의 신은 우상이라는 것을 알고 있다"고 했다.

이 발언이 몇 달 뒤 언론에 공개돼 논란을 빚자 도널드 럼스펠드 국방장관은 "그는 눈에 띄는 공적을 기록한 장교"라고 치켜세우면서 "테러와의 전쟁은 종교를 강탈하려는 사람들에 대한 전쟁"이라고 옹호했다. 부시도 그에게 징계나 보직 변경 조처를 취하라는 비판자들의 요구를 묵살했다. 얼마 뒤 보이킨이 낸 사과 성명에는 '신이 부시 대통령을 백악관으로 보냈다고 믿는다'라는 구절을 포함시켰다가 국방부에 의해 삭제되는 소동을 빚었다."(김지석 2004)

부시도 보이킨이나 럼스펠드 못지않았다. 그는 2003년 7월 이라크에서의 미군 공격과 관련 '덤벼봐(bring 'em on)'라고 말을 해 논란을 빚었다. 이에 대해 2004년 민주당 대통령후보 지명전에 출마할 뉴욕의 앨 샤프턴(Al Sharpton) 목사는 7월 6일 CBS 방송의 〈페이스 더 네이션(Face the Nation)〉 프로그램에 출연해 "대통령이 '덤벼봐'라고 말하는 것은 이라크 사람들에게 미군을 죽여보라고 도발하는 것과 다를 바 없다"면서 "그의 말은 세계의 민주주의와 재건을 이끌려 하는 사

람이라기보다는 중남부 로스앤젤레스의 깡패 두목처럼 들린다"고 말했다.(김대영 2003)

미국의 보수·우경화 바람

"지금 조지 부시 행정부 내에서 네오콘(Neo-Conservative)이 이기고 있다. 그들은 대통령의 마음을 사로잡았고, 미국 외교정책 어젠다를 지배하고 있다." 이라크 침공이 승리로 끝난 직후인 2003년 7월, 미 상원 외교위에서 조지프 바이든(Joseph Biden) 의원(민주)이 한 말이다. 그의 말은 곧 광범위한 공감을 얻었고, 네오콘에 대한 숱한 논쟁과 비판이 뒤따랐다. 네오콘에 대해선 나중에 따로 살펴보기로 하자.

보수·우경화 바람은 미 전역을 강타했다. 갤럽 조사 결과 "동성 간 결혼을 인정해서는 안 된다"는 여론이 2002년 4월 46퍼센트에서 2003년 7월 57퍼센트로 높아졌다. 1999년 이후 가장 높은 수치였다. 2003년 3월 버클리대 조사에서는 성인 남녀의 69퍼센트가 학교 내 주기도문 암송에 찬성했다. 2003년 하버드대 신입생들의 부시 대통령에 대한 지지율은 60퍼센트였다. 그동안 소속 정당에 관계없이 대통령에 대한 지지율이 늘 절반 이하였던 하버드대의 전통이 깨진 것이다.

출판계에선 진보주의자를 공격하거나 최소한 '패트리어트(애국자)'라는 단어가 들어가야 베스트셀러 반열에 오르는 현상이 나타났다. 변호사 앤 콜터(Ann Coulter)는 『반역(Treason)』(2003)이라는 책에서 "매카시즘은 진실이며 오히려 조지프 매카시(Joseph McCarthy, 1908~1957) 상원의원이 좌파 언론인들의 먹이가 됐다"고 주장했다. 미국 사회를 마녀사냥으로 몰고 갔던 극우 정치인까지 재평가하고 나선 것이다. 『테러리즘의 덫(The Terrorism Trap)』(2002)의 저자 마이클 파렌티(Michael Parenti)는 "미국의 독립기념일은 영국의 식민 지배를 회상하며 자유와 평등의 소중함을 되새기는 날이었다. 그런데 올해는 다들 미국의 세계 지배는 말하지 않고, '위대한 미국'만을 외쳤다. 그러나 누구도 이에 토를 달지 못했다"고 개탄했다.(중앙일보 특별취재팀 2003c)

2003년 7월 미 국무부와 국토안보부는 신원검색 시스템인 매트릭스를 전국적인 시스템으로 확장하기 위해 1200만 달러(144억여 원)를 지원했으며, 다른 주(州)들도 앞다투어 매트릭스를 도입하기 시작했다. 매트릭스는 주(州) 간 반테러정보교환시시템(Multistate Anti-Terrorism Information Exchange)의 약자로, 컴퓨터가 인간을 지배하려 한다는 내용의 동명 영화에서 따온 이름이다. 플로리다의 정보검색 시스템 업체인 사이신트사가 2001년 9 · 11테러 직후 개발해 주 당국에 기증한 매트릭스가 다른 신원검색 프로그램과 다른 점은 경찰의 범죄기록과 은행, 백화점 등 일반 기업은 물론 소규모 상점들이 가지고 있는 개인의 광대한 정보를 순식간에 검색해 종합할 수 있다는 점이었다.

정보기관 고위 관리 출신인 필 레이머는 "정보기관 1만여 곳이 보유한 자료를 모두 뒤져야 나올 만한 분량의 정보가 몇 초 만에 구해진다. 특정 개인은 물론 이웃들의 사진까지 모니터에 나타날 정도"라고 놀라워했다. 이러한 위력에 감탄한 국무부와 국토안보부는 매트릭스의 적극 지원에 나선 것이다. 인권단체인 민주주의정보센터(CDT)의 부회장 애리 슈월츠(Ari Schwartz)는 "미국인 2억 8000만 명의 개인정보가 고스란히 공개돼 기업이나 범죄단체 등에 의해 악용될 가능성도

있다"고 경고했지만, 그의 경고는 전혀 먹혀들지 않았다.(최문선 2003)

미 중앙정보국(CIA)은 제2의 전성기를 맞았다. 2003년 CIA 예산은 50억 달러로 책정되었는데, 이는 전년도에 비해 50퍼센트 이상 증액된 것이었다. 정보기관 하면 바로 CIA가 연상되지만 CIA는 미 연방정부 산하 13개 정보기관의 하나일 뿐이다. 2002년 경우 CIA는 미국의 전체 정보예산 300억 달러(36조 원)의 10퍼센트 정도만을 사용했다. 정보예산 대부분은 최첨단 첩보위성을 운용하는 국방부 소속 국가정찰국(NRO; National Reconnaissance Office)과 국가 영상 · 지도제작국(NIMA) 그리고 국가안보국(NSA; National Security Agency) 등이 사용했다.

특히 NSA는 현역 군인 및 민간인 3만 8000여 명으로 구성된 세계 최대의 첩보기관으로 조직 규모는 CIA의 두 배였다. 트루먼 대통령 시절인 1952년 만들어졌지만 실체가 알려지지 않아 "그런 기관은 없다(No Such Agency)" 또는 "아무 말도 묻지 마라(Not Say Anything)" 따위로 통했다. 미국에서 가장 많은 수학자를 고용한 NSA는 120여 개의 위성을 기반으로 한 세계적인 도 · 감청 네트워크인 '에셜론(Echelon)'과 1초에 1000의 6승(乘)까지 계산할 수 있는 엑사플롭(Exaflop)급 슈퍼컴퓨터로 외교기밀은 물론 수백만 통의 전화, 팩스, e-메일 등을 매일 도청, 해독했다. 한국에도 여덟 개 감청기지를 운영하고 있었다. NRO가 운용하는 첩보위성은 지상 수백 킬로미터 높이에서 축구공 크기 물체의 움직임까지도 정확하게 포착해낼 수 있었다.(김승일 2002, 중앙일보 특별취재팀 2003)

미국 동북부 지역의 정전 사태

이렇듯 놀라운 '전쟁' 관련 기술력을 자랑하는 미국이 2003년 8월 14일 '민생' 관련 기술력에선 전 세계적으로 '개망신'을 당했다. 이날 오후 4시 미 역사상 최대 규모의 정전 사태가 발생했기 때문이다. 이날 정전 사태로 뉴욕, 뉴저지 등 미국 동북부 지역, 미시간, 오하이오 등 중서부 지역, 캐나다 온타리오 주 등 미국 일곱 개 주와 캐나다 한 개 주가 암흑천지로 변했다. 10곳 이상의 공항이 폐쇄됐고, 10곳의 핵발전소가 가동을 멈췄다. 피해 주민은 5000만 명에 달했다.

정전 사태는 현대 문명사회가 작은 사고로도 얼마나 큰 혼란에 빠질 수 있는지를 보여줬다. 교통신호가 꺼지고 지하철이 멈추자 시민들은 걸어서 집으로 향하거나 아예 귀가를 포기하고 노숙을 택하는 진풍경이 벌어졌다. 어떤 이는 엠파이어스테이트 빌딩 전망대에 있다가 엘리베이터가 멈추자 계단을 걸어서 내려오기도 했다. 친지의 안전을 염려하는 전화가 폭주해 휴대폰이 불통됐으며, 냉장고가 꺼져 큰 손해를 입은 상인도 많았다. 때마침 30도를 넘는 불볕더위가 기승을 부려, 시민들은 암흑과 더위에 힘겹게 맞섰다. 2년 전 9·11테러를 겪었던 뉴욕 시민들은 또 다른 테러의 불안에 떨기도 했다. 밤사이 일부 지역에는 불이 들어오기 시작했지만, 완전 복구에는 그 후로도 3일 이상이 필요했다.

정전 원인을 두고 미국과 캐나다는 서로 상대방 탓을 했다. 양국 공동조사단이 꾸려졌고, 재난 원인은 미국 오하이오에 있는 한 발전소의 정전에 있었던 것으로 밝혀졌다. 이 발전소에 갑작스럽게 정전이 발생하자 주변 발전소로 전기 수요가 몰렸고, 수요를 감당하지 못한

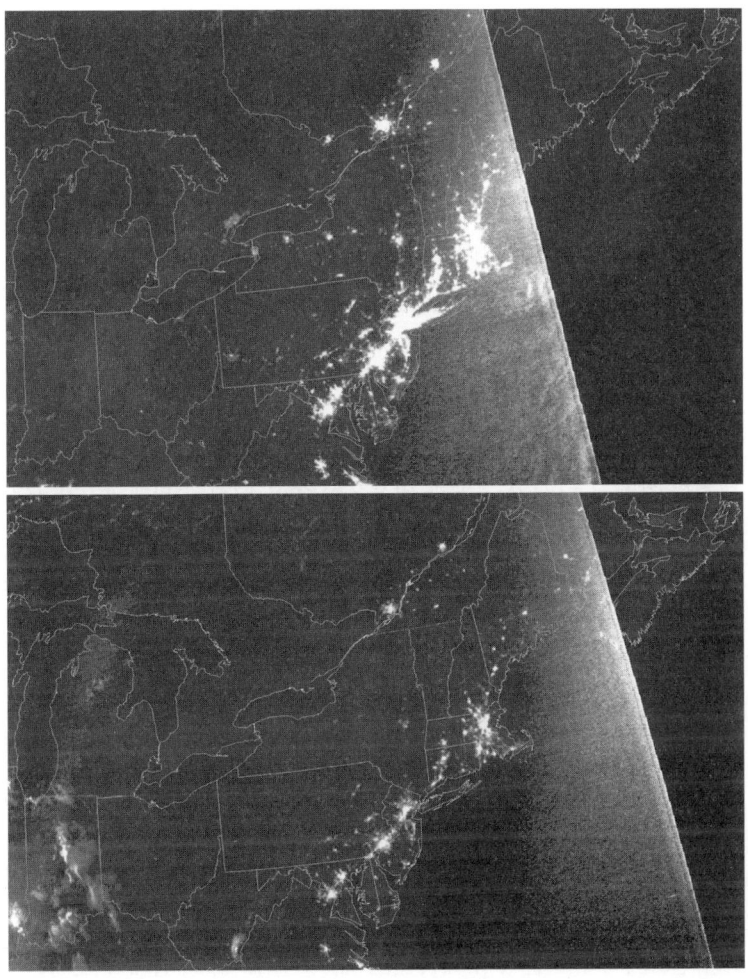

2003년 8월 14일 뉴욕과 뉴저지 등 미국 동북부 지역과 캐나다 온타리오 주 등에서 대규모 정전 사태가 일어났다. 사진은 정전 사태 직전(위)과 직후(아래)의 위성 사진으로 정전 후 밝은 부분이 50% 이상 사라졌다.

발전소들이 연쇄적으로 가동을 멈췄다는 것이다.

다행스럽게도 정전으로 인한 범죄는 많지 않았다. 시민들은 나이든 이웃을 보살피거나 자체적으로 교통신호 자원봉사를 하며 성숙한 시민의식을 보였다. 귀가하지 못해 노숙을 택한 시민들은 야외에서 벌어진 즉석 재즈 공연을 들으며 예기치 않은 여름밤의 낭만을 즐기기도 했다.(백승찬 2009b)

2003년 8월 미국 캘리포니아 주지사 선거에는 오스트리아 출신 영화배우 아널드 슈워제네거가 나섰다. 영어 발음도 신통치 않은 그가 공화당 후보로 나서자 조롱과 비웃음이 쏟아졌다. 슈워제네거가 〈터미네이터(The Terminator)〉(1984, 감독 제임스 캐머런)에서 했던 '나는 돌아온다!(I'll be back!)'라는 서툰 대사는 코미디 프로그램과 토크쇼의 단골 패러디 대상이었다. 그럼에도 슈워제네거는 당선됐다. 캘리포니아를 심각한 재정적자에 빠뜨린 민주당 현역 주지사에 대한 심판의 성격이 강한 것으로 분석되었다.(박찬수 2010)

2003년 9월 독일의 미(美) 마셜펀드(GMFUS)가 미국·유럽인 8000명을 대상으로 미국의 역할에 대한 의견을 조사한 결과, 미국인 응답자 77퍼센트가 "국제 분쟁에 미국 정부가 적극적으로 개입해야 한다"고 답했다. 세계 경찰로서 미국의 역할 확대를 지지한 미국인 응답자가 77퍼센트를 차지한 것은 GMFUS가 지난 47년 미·유럽 인식조사를 실시해온 이래 가장 높은 수치였다. 반면 미국의 리더십에 지지를 나타낸 유럽인은 전년의 64퍼센트보다 크게 떨어진 45퍼센트에 머물렀다. 유럽 응답자 55퍼센트는 "유럽·미국의 관계가 일방적인 의존보다는 평등한 파트너십을 형성해야 한다"고 답했다. 특히 영국, 네덜란드, 폴란드 등 이라크전 당시 미국을 지지했던 유럽국 응답자들 사이에서 미국에 대한 지지도가 높게 나타난 데 비해 프랑스, 독일, 이탈리아 응답자들은 미국의 리더십에 강한 거부감을 드러냈다.

한편, 미국 응답자 대다수는 "대량살상무기(WMD)를 제거하기 위해 해당 국가에 무력수단을 사용할 수 있다"고 답했다. 부시 행정부가 이라크 WMD 관련정보 조작설에 휘말려 곤경에 처해 있는 것과 달리 미국 국민은 대통령의 이라크 무력 침공 결정을 지지하고 있음을 보여준 것이다.(오애리 2003)

"미국이 전 세계 사람들을 위협하고 있다"

2003년 9월 『뉴욕타임스』가 9·11 2주년을 앞두고 실시한 여론조사에서 9·11테러가 발생한 지 2년이 지난 상황에서 미국을 보는 세계인의 시각이 급랭하고 있는 것으로 나타났다. 미국에 대한 호감도는 2002년만 하더라도 9·11 당시와 큰 차이가 없었으나 2003년 들어 현격하게 떨어져 대부분 국가에서 50퍼센트를 밑돌았다. 이 같은 현상은 친미(親美) 국가에서도 마찬가지였다.

조사결과에 따르면 2년 새 대미 호감도가 가장 크게 떨어진 나라는 인도네시아와 터키로 각각 60퍼센트포인트와 37퍼센트포인트씩 떨어져 두 나라 똑같이 15퍼센트를 기록했다. 이들 국가 외에도 15퍼센트포인트 이상 떨어진 국가는 브라질, 프랑스, 독일, 이탈리아, 모로코 등이었다. 한국은 58퍼센트에서 46퍼센트로 대폭 감소했다. 친미 국가로 분류되는 영국과 캐나다도 각각 13퍼센트포인트, 8퍼센트포인트 떨어졌다. 반면 호감도가 상승한 나라는 나이지리아(61퍼센트)로 1년 전보다는 감소했으나 2년 전과 비교할 때엔 15퍼센트포인트 올랐다.

『뉴욕타임스』는 조사결과를 바탕으로 미국은 9·11 당시 세계인들에게 테러의 희생자라는 동정과 지지를 받았으나, 지금은 일방주의적이고도 불공정하게 군사력을 행사하며 세계여론에 도전하고 있는 제국으로 비쳐지고 있다고 분석했다. 아울러 이러한 미국에 대한 반감에는 부시 대통령 개인에 대한 비판과 분노가 상당히 작용하고 있는 것으로 분석되었다. 조사에 응한 많은 사람이 부시 대통령에 대해 기껏해야 미국의 이익을 말하는 무능력한 대변인이나, 최악의 경우에는 국제적 협약도 무시한 채 세계의 석유를 통제하려는 서부의 총잡이쯤으로 치부했다는 것이다.

『뉴욕타임스』는 미국에 대한 세계의 여론이 급격히 악화된 데는 이라크전쟁이 결정적이었다고 진단했다. 이라크전쟁 때문에 미국은 군사력으로 세계를 지배하고 석유를 통제하려는 전형적인 제국이라는 인식이 광범위하게 퍼졌다는 것이다. 시카고대학 미어샤이머(John Mearsheimer) 교수는 "미국 혼자서 세계를 운영할 수는 없다"면서 "문제는 우리가 그동안 동맹국들과의 관계에 많은 흠집을 냄으로써 이제 그들이 우리를 전혀 도우려 하지 않는다는 점"이라고 말했다.(정동식 2003a)

미국 내부의 문제도 심각했다. 부시 대통령은 '테러와의 전쟁'을 선포한 이후 21만 2000명의 민간인에 대해 소집령을 내렸는데, 155개 미군 전투대대 중 작전에 투입된 병력은 9·11 이전 17개에서 2003년 9월 98개로 늘었다. 미국은 전 세계 132개국에 36만 9000명의 군인을 파견해놓고 있었는데, 순환과 교대에 필요한 가용 병력이 사실상 고

미국 워싱턴 D.C.에 있는 이슬람 센터를 방문 중인 부시 대통령. 미국의 반 이슬람 정책으로 반 이슬람 폭력 사태가 빈발하는 등 미국 내의 아랍계 미국인들이 위협에 시달리자 국민들에게 이의 자제를 당부하고자 했다.

갈된 상태였다. 힘에 부친 부시 행정부는 한국 등 14개국에 이라크 추가파병을 요청했다. 한 해 4000억 달러가 넘는 천문학적 재정적자에도 불구하고 부시 행정부는 2004년 테러와의 전쟁 비용으로 870억 달러를 책정했다. 『강대국의 흥망(The Rise and Fall of the Great Powers)』(1987)을 쓴 폴 케네디(Paul Kennedy) 교수(예일대)는 "제국적 야망을 부인하는 부시 대통령의 주장이 진심이라고 믿지만 문제는 제국처럼 보이고, 제국처럼 행동하고, 제국처럼 소리 지르면 진짜 제국이 된다는데 있다"고 말했다.(중앙일보 특별취재팀 2003a)

말레이시아 총리 마하티르 모하마드(Mahathir bin Mohamad)는 2003년 9월 24일 영국의 『파이낸셜 타임스』와 가진 기자 회견에서 "미국이 진 세계 사람들을 위협하고 있다"고 주장했다. 그는 9·11테러 이후 미국의 잘못된 행동 때문에 "오늘날 이슬람권에서 훨씬 더 많은 분노가 자리 잡았다"고 지적하면서 "9·11테러 때 미국인들에게 느꼈던 동정심이 지금은 모두 사라졌다"고 주장했다. 반면 미국인들의 애국심은 더욱 강해졌다. 과거 걸프전 개입을 반대했던 칼럼니스트 크리스토퍼 히친스는 『뉴욕타임스』 2003년 10월 19일자 칼럼에서 이라크 침략을 일종의 혁명적인 힘이라고까지 찬양했다.(김동춘 2004, 박상숙 2003)

이런 일련의 사태에 대해 미국만 탓하기도 어려웠다. 미국의 이라크 침략에 반대했던 일부 유럽 국가들이 종전 후 태도를 바꾸는 모습은 보기에 안쓰러웠다. 미소(美蘇) 냉전체제의 와해는 제3세계의 목소리만 죽인 게 아니라 유럽의 체면까지 죽여버렸으니, 그때 그 시절을 그리워해야 하나.

참고문헌 Ali 2003·2003a, Borradori 2004, Clarke 2004a, Eisendrath 외 2002, Ferguson 2010, Roszak 2004, Sardar & Davies 2003, Soros 2004, Woodward 2003, Zyman 외 2003, 국기연 2003a, 김대영 2003, 김동춘 2004, 김민웅 2003, 김승일 2002, 김유진 2007, 김재두·심경욱 2003, 김정훈 2003, 김지석 2004, 김학준 2002, 리영희·권태선 2003, 박상숙 2003, 박소영 2003, 박찬수 2005d·2010, 백승찬 2009b·2010b, 안준현 2003·2004, 안치용 2003, 오애리 2003, 유재식 2003, 이동준 2004, 이승호 2010, 이태희 2003, 정동식 2003·2003a, 정욱식 2002, 정은령 2003, 주용중 2003, 중앙일보 특별취재팀 2003·2003a·2003c·2003f, 최문선 2003, 최우석 2003, 태원준 2003, 한국일보 2003, 홍은택 2003

'사실과 동떨어진 뉴스'
9·11테러 시대의 미디어

9·11테러가 대중문화에 미친 영향

"미국은 9·11테러를 빌미삼아, 그동안 억눌러왔던 자신의 욕망을 마음껏 발산하기 시작했다. 테러의 위협을 핑계 삼아 국내에 있던 유색인들을 내쫓기 시작했고, 안보를 핑계 삼아 맘에 들지 않는 나라들에 대한 경제 제재를 강화했고, 테러와의 전쟁을 선포하면서 이라크와 중동을 불바다로 만들어버렸다. 도대체, 9·11이 아니었다면 무슨 핑계로 그런 일들을 태연히 벌일 수 있었을까. 이쯤에서 9·11 자작극설은 강한 신뢰를 얻게 된다. 미디어가 없었더라면, 그 현란한 스펙터클의 장관이 아니었다면, 그 짧은 순간의 아비규환을 전 세계가 목격하지 않았더라면 아무리 무뢰한의 미국이라도 쉽게 저지를 수 있는 일은 아니다. 미디어와 권력은 공범관계, 아니 미디어 자체가 권력의 웃는 얼굴이다."

권용선(2007)의 주장이다. 9·11 자작극설에 대한 강한 신뢰에는 동의할 수 없을망정, 9 · 11테러 사태가 거대한 미디어 스펙터클이기도 했다는 것은 분명한 사실이다. 스펙터클 이후엔 안정이 필요한 법이다. 9 · 11 직후 치킨 수프 등 미국인들이 어릴 때 집에서 즐겨 먹던 이른바 '콤포트 푸드(Comfort Food)'에 대한 수요가 늘어났듯이, 대중문화에서도 편안하고 친숙한 이야기에 대한 수요가 증가했다. 예컨대 테러 사태 직후 케이블 채널 'TV랜드'에서 재방송하던 〈왈가닥 루시(I Love Lucy)〉와 같은 과거의 인기 쇼들의 시청률은 76퍼센트 상승한 반면, 케이블 채널 'UPN'의 인기 프로그램이었던 프로레슬링의 시청률은 12~30퍼센트 하락했다.

테러 사태 이전에 인기를 끌었던 텔레비전 드라마의 캐릭터는 흑과 백, 선과 악이 불분명한 회색지대형 캐릭터들이 많았지만, 테러 사태 이후에는 이런 캐릭터들은 자취를 감추고 코미디에서조차 도덕적 의무를 자각하며 가족의 가치를 강조하는 캐릭터들이 텔레비전을 지배하기 시작했다. NBC는 1960년대를 배경으로 한 〈아메리칸 드림(American Dreams)〉을, ABC는 '해피 아워'로 이름 붙인 저녁 8~9시 시간대에 가족 코미디 등을 집중 편성했다. CBS의 〈CSI(CSI)〉, 〈모두가 레이몬드를 사랑해(Everybody Loves Raymond)〉, NBC의 〈프렌즈〉, 〈법과 질서(Law & Order)〉 등 재탕, 삼탕 된 프로그램이 18~49세의 시청자들 사이에서 '베스트 10'에 든 것도 테러 이후의 변화였다. 독창적 스토리가 시청자를 사로잡는다는 것은 옛말이며, 위기의 시대에 사람들은 친숙한 것을 갈망한다는 분석이 나왔다.

9 · 11테러 사태 직후 사람들이 공공장소를 기피해 극장이 타격을 입을 거라는 전망이 지배적이었으나 정반대의 결과가 나타났다. 미국 영

화사가들은 9·11 이후의 영화 붐이 1940년 일본의 진주만 공습 이후와 유사하다는 점을 주목했다. 1940년에서 43년까지 영화 입장료가 21퍼센트 상승했음에도 불구하고 영화관람 인구는 40퍼센트 늘어났다.

뉴욕시립대학 조지 커스턴 교수는 "위기의 시기에 사람들은 도피가 아니라 안심하기 위해 영화를 보러 간다. 캄캄한 극장 안에서 사람들은 일시적이나마 낯선 이들과 특정한 목표를 공유하며, 연계되어 있다는 느낌을 갖게 된다. 극장에서의 영화관람 행위는 우리가 어떤 사람인지를 확인하고 선포하기 위한 일종의 제의적 공동체험"이라고 분석했다.

9·11 이후 영화의 기록적 흥행을 가능케 했던 견인차는 〈해리포터(Harry Potter and the Philosopher's Stone)〉(2001년, 감독 크리스 콜럼버스), 〈반지의 제왕(The Lord Of The Rings: The Fellowship Of The Ring)〉(2001년, 감독 피터 잭슨), 〈스파이더맨(Spider-Man)〉(2002년, 감독 샘 레이미), 〈스타워즈: 에피소드 2(Star Wars: Episode II)〉(2002년, 감독 조지 루카스) 등 판타지 영화들이었다. 1930년대 미국 대공황기에 뮤지컬 영화가 번성했듯, 9·11 이후 사람들은 판타지 영화에서 위로를 구했다. 판타지 영화의 골격은 대개 비슷하고 원형적이었다. 고아로 천대받으며 살던 주인공들은 어느 날 세상의 부름을 받고 절대악과 대결하는 여정에 나서는 식이었다. 이들은 마지못해 소명을 받지만 결국 승리하는 영웅이 되었다. 판타지는 모든 현상을 선과 악의 대결이라는 흑백논리로 설명하고 그만큼 보수적이었다. 베트남전쟁과 워터게이트 사건 이후 사회적 불안이 고조되었던 1977년에 등장한 '스타워즈' 1편은 '은하계 저 먼 곳'을 무대로 영웅의 신화를 창조하며 관

객의 마음을 사로잡았다. 영웅이 필요한 시기인 9·11 이후에도 판타지 영화는 대중의 특별한 사랑을 받았다.(김희경 2002)

대중문화의 이런 양상에는 자연스럽게 달라진 점도 있었지만 의도적인 점도 있었다. 2001년 11월 민병두(2001b)는 "할리우드가 테러와의 전쟁에 징집되는 것을 동의했다. …… 9·11테러 직후 백악관과 할리우드의 실무자들이 영화의 역할에 대한 자유토론을 벌인데 이어 11일 '고위회담'이 이뤄진다. 칼 로브(Karl Rove) 백악관 정치특보가 조지 W. 부시 대통령의 특명을 받고 직접 할리우드로 갈 예정이다. 정치전략 전문가로 텍사스 주지사를 대통령으로 만드는 데 결정적 역할을 한 그가 만날 상대는 유명 영화사와 텔레비전 프로그램 제작사의 최고경영자들이다"라며 다음과 같이 말했다.

"전시에 영화는 최고의 선전도구일 수도 있고 국민을 통합시키는 무기가 되기도 한다. 따라서 당대 미국 최고의 정치선전 전문가가 할리우드와 손을 잡는 것은 제대로 된 조합처럼 보인다. 할리우드는 이미 전쟁에 자발적으로 개입한 상태다. 9·11 이후 개봉 예정인 폭력물 45개의 방영 일정을 변경했다. 몇몇 시나리오 작가는 연방수사국(FBI) 요원들의 자문 요청에 응해 다음에 가능한 테러가 무엇일지 상상력을 동원해 주었다. 이번 '정상회담'은 그 마무리다. …… 미국의 부정적 이미지를 줄이고 국민의 애국주의를 고취할 수 있는 아이디어를 얻기 위한 브레인스토밍(brain storming)이 주요 목적이라고 한다. …… 미국은 심리전, 선전전에서 탈레반을 완전히 제압하지 못하고 있다. 할리우드가 동원됨에 따라 이제 전쟁은 정보교란과 선전을 가장 중요한 무기 중의 하나로 삼는 전형적인 21세기형 정보전으로 치닫고 있다."

칼 로브(맨오른쪽)는 백악관 부실장이자 정치고문으로 조지 W. 부시 대통령을 보좌해 오며 최고의 정치선전 전문가로 이름을 날렸으나, 이라크전 및 각종 정치적 사건의 배후에 깊숙이 개입한 의혹을 사기도 했다.

CIA와 미국 일부 언론의 유착 관계

2002년 1월 『월스트리트저널』의 대니얼 펄(Daniel Pearl, 1964~2002) 기자가 파키스탄에서 이슬람 과격지도자와의 인터뷰를 시도하려다, 과격 테러범들에 의해 납치돼 살해됐다. 테러범들은 "펄 기자가 미 중앙정보국(CIA)과 이스라엘 정보부와 연계됐다"고 주장했다. 이에 미국신문편집인협회(ASNE; American Society of News Editors)는 3월 21일, 중앙정보국(CIA)에 대해 정보요원들이 기자 신분을 가장해 활동하지 않겠다는 뜻을 명확히 해줄 것을 요청했다. 850명의 회원을 둔 미국 최대의 일간지 편집자 단체인 ANSE의 팀 맥과이어(Tim J. McGuire) 회장은 이날 조지 테닛(George Tenet) CIA 국장 앞으로 보낸 서한에서, 펄 기자가 CIA 요원으로 오해돼 납치·살해된 사건은 ASNE가 지난 수년 동안 우려해온 문제를 제기했다고 밝혔다. 그는 '앞으로 어떤 상황에서도 CIA 요원들이 기자 신분을 이용해 정보활동을 하지 않겠다'는 입장을 CIA의 정책으로 공식 선언하라고 요구했다. 맥과이어 회장은, CIA의 이 같은 정책변화와 공식발표는, 신문기자들의 지위를 보장해 주는 것은 물론 CIA를 위해서도 적절한 것이라고 지적했다.(강인선 2002c)

CIA의 미국 언론 이용은 오랜 역사를 자랑하는 것이다. 잠시 주요 사건 위주로 그 역사를 살펴보자. 미국의 공영 라디오 NPR의 대니얼 쇼어(Daniel Schorr, 1916~2010) 기자는 『워싱턴포스트』 1996년 2월 4일자에 기고한 글에서 미 CIA는 동서 냉전 시절 구소련 등 정치적으로 민감한 해외국가에 정보원을 파견하면서 기자와 목사로 신분을 위장토록 한 일이 많았다고 폭로한 바 있다. 그는 상원 정보위원회가 지금까지 언론인 50여 명이 CIA를 위해 돈을 받고 일한 적이 있다고 밝힌 사실을 지적했으며, 본인은 강력히 부인했으나 CBS의 전설적 앵커맨인 월터 크롱카이트의 이름도 이 같은 CIA 협력 언론인으로 전해지고 있다고 말했다.(진창욱 1996) 아니 그 유명한 월터 크롱카이트까지? 물론 본인은 부인했다곤 하지만 그럴 가능성은 얼마든지 있다는 점이 중요하다. 왜 크롱카이트가 엄청난 배상금을 요구하는 명예훼손 소송을 제기하지 않았는지 궁금하다.

1996년 2월 22일 존 도이치(John M. Deutch) 미 중앙정보국장은 미국인의 생명이 위협을 받거나 대량살상무기의 사용이 임박한 위기상황의 경우 미 정보기관은 언론인들을 스파이로 사용할 수 있다는 입장을 거듭 밝혔다. 도이치 국장은 이날 미 상원 정보위의 청문회에서 이렇게 밝히고 "국가 안보에 대한 특수한 위협이 있을 때 언론인을 정

이라크 바그다드의 하이파 거리에서 미군과 인터뷰 중인 미국 CBS 방송. ⓒ The U.S. Army

보활동에 사용하는 것이 필요하다"고 말했다. 이에 언론계는 정보기관의 이러한 입장은 언론인들을 위험한 상황에 빠뜨리는 것이라며 언론인을 스파이로 활용하는 정책을 전면 금지하라고 촉구했다. CNN의 톰 존슨(Wyatt Thomas "Tom" Johnson) 사장은 도이치 국장과 앤서니 레이크(Anthony Lake) 백악관 안보보좌관에게 미 정보기관의 이러한 정책을 반대하는 편지를 보냈다. 1991년 이라크에 잠입해 걸프전을 취재하다 이라크에 붙잡혔던 미 언론인 프랭크 스미스도 『뉴욕타임스』 1996년 2월 22일자에 기고한 글에서 자신이 이라크 당국으로부터 조사를 받는 동안 계속 미 정보기관의 스파이 혐의를 받았다고 밝히고, 정보기관이 언론인을 스파이로 활용하는 정책은 언론인의 목숨을 위협하는 것이라고 비판했다.(정연주 1996)

1996년 5월 22일 중앙정보국(CIA) 등 정보기관이 미국 언론인을 첩보요원으로 활용하지 못하도록 하는 법안이 미 하원에서 417대 6의 압도적인 표차로 통과됐다. 하지만 이 법안은 대통령이 의회에 긴급한 상황임을 사전에 통고하는 경우에 예외로 할 수 있다는 규정을 두었고, 정보국이 '고전적 방법'인 언론인을 사칭한 첩보활동까지 포기할 것 같지는 않다는 점에서 정보기관과 언론의 끈은 계속 이어질 것으로 전망되었다. 법안 통과와 관련해 미 편집인협회 로버트 길스 회장은 "이 법안은 정보국이 외국 언론인들을 고용하는 것과 언론인 신분을 신분위장 도구로 이용하는 것에 대해 제한규정이 없어 불충분하다"고 비판했다.(한겨레 1996)

언론의 '묻지 마 연쇄 저격' 사건 보도

2002년 2월 펜실베이니아대학 아넨버그 공익정책센터가 2~7세 자녀를 둔 부모 1235명과 8~16세 어린이 416명을 대상으로 한 조사 결과에 따르면 미국 가정의 인터넷 이용률은 52퍼센트로 평균 신문 구독률인 42퍼센트를 능가했다. 미국 어린이들의 생활반경이 거실에서 침실로 바뀌고 있는 점도 흥미로웠다. 응답 학생의 57퍼센트가 자기 방에 텔레비전을, 39퍼센트는 비디오 게임기를 갖고 있으며, 전화와 컴퓨터를 비치하고 있는 학생은 각각 32퍼센트, 20퍼센트로 나타났다.(신중돈 2002)

2002년 12월 18일 미국 엔터테인먼트 전문지 『할리우드 리포터(The Hollywood Reporter)』는 여론조사 전문기관 닐슨미디어리서치의 조사 결과를 인용해 광고료를 받는 케이블 방송의 종합 시청률은 48퍼센트로, 일곱 개 지상파 방송들의 종합 시청률 45퍼센트를 3퍼센트 차이로 앞섰다고 밝혔다. 지상파 시청률은 2001년의 49퍼센트에 비해 4퍼센트나 떨어진 수치였다.(최승현 2002)

미디어 환경이 그렇게 급변하고 있는 가운데, 2002년 가을 '묻지 마 연쇄 저격' 사건이 미국인들을 공포로 몰아넣었을 때 미국 언론이 보여준 보도 태도는 실망스러운 것이었다. 연쇄살인범은 워싱턴 인근의 주유소와 쇼핑센터 주차장 등을 살인의 무대로 삼아 3주간 10명을 살해하고 세 명에게 중상을 입혔다. 방탄조끼가 불티나게 팔렸을 정도로 불안감이 치솟았다. 미치광이 총잡이 한 명이면 세계 1위 군사대국의 치안도 형편없는 수준으로 곤두박질칠 수 있다는 점을 보여준 사건이었지만, 언론 역시 올바른 대응에 실패했다.(강인선 2010)

10월 중순 워싱턴 일원에서 수십 명의 무고한 시민을 무차별 살해한 존 앨런 무하마드(John Allen Muhammad, 1960~2009)와 그 양아들이 잡히자, 『뉴욕타임스』를 시작으로 주요 언론은 "연쇄살인범이 국제 테러조직 '알카에다'의 사주를 받았다"며 근거 없는 음모론을 유포하는 섣부른 모습을 보였다. 이슬람 개종에 따른 그의 '무하마드'라는 개명이 빌미가 되면서 언론은 정황증거 없이 온갖 추측으로 도마 위에 올렸다. CNN은 그를 "분노한 이슬람인"으로 보고 알카에다 훈련장 화면을 배경으로 깔며 테러 연계설을 사실처럼 둔갑시켰다.

이와 관련, 이광석(2002)은 "신문, 잡지, 방송 너나 할 것 없이 누구든 저격범이 겨누는 총구의 다음 표적이 될 수 있다는 공포심을 조장하는 데 앞장섰다. 범인은 뉴스를 보고 다음 살인을 계획했다고 한다. 뉴스가 범인을 겁쟁이라 놀리면 그는 바로 이어 한 번에 여러 명을 저격했고, 학교 안전에 문제가 없다고 얘기하면 등교하는 13살 어린이 워싱턴 인근 브룩사이드 가든에는 2002년 발생한 문지 마 연쇄 저격 사건의 희생자 추모 기념비가 세워졌다.

를 쐈고, 저격의 지리적 유사성을 지적하면 멀리 다른 주까지 가서 살인을 저질렀다. 뉴스의 과열 양상이 저격범의 차후 행동양식을 규정한 꼴이 됐다"며 다음과 같이 말했다.

"언론들이 차분하게 사건을 관찰자로서 기록하기보다 연쇄범마냥 사건의 행위자로 설치고 나선 것이 화근이었다. 언론은 시민들의 일상을 두려움에 떨게 한 것도 모자라 연쇄 저격사건의 또 다른 서커스 무대를 화면 위에 꾸몄다. 오죽했으면 어떤 기자는 '가끔은 저널리즘과 테러리즘, 이 둘의 경계가 흐릿할 때가 많다'고 꼬집었을까. ……올 한 해 『멍청한 백인들(Stupid White Men)』(2001)이라는 책으로 최고의 인기를 누리고 있는 마이클 무어(Michael Moore)는 최근 개봉된 자신의 다큐멘터리 영화에서 미국인들이 느끼는 불안의 근거를 잘 헤아린다. 치사율은 20퍼센트나 떨어졌는데 살인사건 보도는 600퍼센트나 증가하는 미국 현실에서, 그는 그 까닭을 언론의 지나친 선정성 때문이라고 단정한다. 또한 이처럼 끊임없는 선정보도가 '두려움의 문화'를 낳고 상대를 불신해 적대의 이분법을 조장한다고 덧붙인다."

2002년 10월 26일 워싱턴에서 10만여 명이 참여한 가운데 이라크 공격 반대 시위가 열렸다. 그런데 『뉴욕타임스』는 이 시위를 '몇천 명이 참여한 시위'라고 축소 보도했고, 『워싱턴포스트』는 지역 판에만 게재해 논란이 되었다. 11월 미 국방부는 60명의 기자를 초청해 전쟁 보도와 관련한 교육을 실시했는데 기자들은 베트남전 이후 처음으로 야간공격과 낙하산 훈련까지 받은 것으로 알려져, 이 또한 논란이 되었다. 이에 대해 스위스의 『노이에 취르허 차이퉁(Neue Zürcher Zeitung)』을 비롯한 유럽 언론은 미국 언론이 군과 위험스러울 만큼 밀착 관계를 맺고 있다고 비판하고 나섰다.(김택환 2002)

폭스 뉴스의 급성장

9·11테러 시대에 급성장한 미디어는 폭스 뉴스(Fox News)였다. 2001년 폭스 뉴스 채널은 시작한 지 5년 만에 이익을 냈을 뿐만 아니라 CNN과 심지어 MSNBC를 능가하는 시청률을 기록함으로써 세상을 깜짝 놀라게 하였다. 폭스의 성공비결은 퍼스낼리티 의존 전술이었다. MSNBC는 부진한 시청률을 만회하기 위해 우익 성향의 라디오 진행자를 고용하는 실험을 하기도 했는데, 『뉴욕타임스』는 이를 '폭스 효과'라고 불렀다. 2001년 『뉴욕타임스』는 "단지 머독만이 케이블 뉴스에서 테드 터너(Ted Turner)의 목을 조를 수 있다"고 평가했다.(Barkin

CNN, MSNBC와 함께 미국 3대 케이블 뉴스 채널 중 하나로 미국 사회에 강한 영향력을 행사하는 폭스 뉴스 채널의 뉴스룸. 극단적인 보수성향의 논조로 일관해 우파 시청자들의 지지를 받았다. ⓒ Inside Cable news

2004, 이광엽 2005)

2002년 11월 시청률 조사 결과를 보자. 폭스 뉴스는 저녁 시간대 뉴스 시청률에서 전년 같은 기간 대비 17퍼센트 상승, '미국의 뉴스채널' 로서 입지를 완전히 굳혔다. CNN은 같은 기간 31퍼센트 하락했다. 9 · 11테러 직후 보수 시청자를 사로잡아 시청률 경쟁에서 CNN을 따라잡기 시작한 폭스 뉴스가 이제는 주류 시청자를 품에 안은 셈이었다.

폭스 뉴스는 원래 두 가지 틈새시장을 노려서 출범했다. 하나는 국제 뉴스의 틈새였다. 백악관과 외신에 정통한 기자들을 모아 국제 뉴스에 집중 투자했다. 9 · 11을 맞아 국제 뉴스에 대한 관심이 높아지면서 성공을 거두었다. 두 번째 틈새는 관점이었다. 그간 우파 시청자를 대변하는 뉴스채널이 없었다. 균형 잡혀 있지만 약간 리버럴한 시각을 대변하는 듯한 CNN을 보고 톰 딜레이(Tom DeLay) 공화당 하원대표가 공산주의자 뉴스채널(Communist News Network)이라고 할 정도로 보수주의자들은 그들의 목소리를 대변하는 방송에 목말라 있었다.

폭스 뉴스는 이를 노려 뉴스 토크쇼는 모두 확실하게 보수주의 목소리를 내게 했다. 이를테면 팔레스타인인의 자살 폭탄 테러를 살인 폭탄 테러라고 규정하는 식이었다. 뉴스는 공정하되 토크쇼는 한쪽 관점을 반영한다는 폭스 뉴스의 원칙은 "강하면도 일관성 있는 인격'을 가진 것처럼 보이게 했다. 그 결과 시청률 상위 5위 케이블 뉴스 토크쇼에 폭스 뉴스 토크쇼가 4개나 올랐다.(민병두 2002d)

"진실을 알고 싶은가? 그럼 폭스 뉴스를 보지 마라. 그 방송을 보면 볼수록 당신은 진실과 멀어진다." 2003년 10월 15일자 『워싱턴포스트』에 실린 '사실과 동떨어진 뉴스'라는 제목의 칼럼이 내린 결론이다. 폭스 뉴스 앵커들은 방송 도중에도 수시로 '공정하고 균형 잡힌 뉴스', '우리는 보도하고 선택은 여러분이 하라'고 외쳤지만, 몇몇 연구소와 여론조사 기관이 합동으로 2003년 5월부터 10월까지 실시한 이라크전 관련 설문조사 결과는 앵커들의 그런 주장을 무색하게 만들었다.

설문조사의 질문은 ①사담 후세인과 알카에다는 관련 있다 ②이라크에서 대량살상무기가 발견됐다 ③다른 나라들이 미국을 지지하고 있다는 세 가지였다. 사실이 아닌 질문이었다. 조사 결과 8퍼센트의 답변자가 모두를 진실이라고 믿었다. 그러나 폭스 시청자 중에서는 절반에 육박하는 45퍼센트가 세 가지 모두를 진실이라고 답변했다.

폭스 시청자는 열에 여덟이 세 가지 중 최소한 한 가지를 잘못 알고 있었다. CBS의 시청자 중에서는 세 가지 모두를 잘못 알고 있는 경우가 15퍼센트였다. 반면 정치적으로 중립인 공영방송 PBS TV를 보고 NPR 라디오를 듣는 이들의 경우는 단지 4퍼센트만이 진실을 잘못 알고 있었다. 『워싱턴포스트』는 "부시 대통령 쪽으로 여론을 몰아가는 게 폭스 뉴스의 목적이라면 이 방송사는 엄청난 성공을 거두었다"고 지적했다.(김종혁 2003a)

『뉴욕타임스』의 '152년사의 수치'

9·11테러 시대에 벌어진 『뉴욕타임스』의 스캔들도 미국 미디어의 전반적인 건강에 적신호가 켜졌다는 우려를 자아내게 하기에 충분했다. 『뉴욕타임스』는 옴부즈맨을 두면 편집의 독립을 해치게 될지 모른다는 우려에서 옴부즈맨을 두는 데 반대하다 2003년 최악의 내부 스캔들을 겪고 나서 2004년에 도입했다. 어떤 스캔들이었던가?

27살 먹은 기자인 제이슨 블레어(Jayson Blair)는 조작·표절 기사를 수십 건이나 저질렀는데, 이는 표절당한 신문 기자가 문제를 제기해 밝혀졌다. 블레어에 대해서는 평소 내부적으로 자질 문제가 거론됐지만 승진까지 했다. 그 이유가 흥미롭다. 흑인이었기 때문이라는 것이다. 즉, 차별 혐의를 배제하기 위해 우대를 한 셈이다.

『뉴욕타임스』는 2003년 5월 11일자에 장문의 1면 정정 사과 기사를 게재했으며, 두 개 면 전체에 걸쳐 그간 블레어가 저지른 모든 사기 표절 기사 조사 결과를 발표하고 사과했다. 『뉴욕타임스』는 이 사건이 '152년사의 수치'라고 인정했다.

그런데 곧 뒤이어 릭 브래그(Rick Bragg) 사건이 터졌다. 브래그는 퓰리처상까지 받은 기자였는데, 기사의 거의 대부분을 프리랜서의 정보공급에 의존했으면서도 자기가 마치 실제로 본 것처럼 기사를 작성한 것으로 밝혀졌다. 브래그는 다른 기자들도 그렇게 한다고 주장해 『뉴욕타임스』 기자들의 분노 어린 반박이 이어졌다. 『뉴욕타임스』는 28인 위원회를 구성해 진상 조사에 들어갔는데, 94쪽에 걸친 리포트는 옴부즈맨제 채택이 필요하다는 결론을 내렸다.(Current Biography 2003d)

당시 라스킨(A. H. Raskin) 논설 부주간은 "이를 데 없이 자기만족에 빠져 있는 우리 사회의 모든 기관들 중에서도 언론과 같이 유아독존, 자기만족 그리고 자화자찬에 빠져 있는 데도 없을 것"이라며, 그런 함정에서 벗어나기 위해 옴부즈맨제의 도입이 필요하다고 역설했다.(김옥조 2004)

『뉴스위크』 2003년 5월 26일사는 블레어 기사 사건을 '타임스의 폭탄'이라는 제목 아래 커버스토리로 취급하면서, 근본 이유를 '스타 만들기' 경쟁 탓으로 돌렸다. 『뉴스위크』는 블레어가 이미 대학학보사 기자 시절부터 날조된 기사를 써왔으며, 약물 중독과 정신이상 문제까지 겪었으나, NYT 자체 시스템은 이를 잡아내지 못하고, 오히려 블레어를 스타 기자로 키워왔다고 지적했다.(김재호 2003)

그런데 블레어는 해고 3개월 후에 최소한 40만~50만 달러의 선급금을 받고 회고록을 집필하기로 출판사와 계약함으로써 또 다른 윤리 문제가 불거지게 하였다. 역시 스타는 스타였다. 이에 대해 『뉴욕타임스』 칼럼니스트 클라이드 헤이버먼(Clyde Haberman)은 "우리는 용서

하지 못할 행동을 오히려 보상하는 사회에 살고 있다. 우리는 부끄러움을 수용하는 능력을 잃은 것 같다"고 개탄했다. 헤이버먼의 개탄은 9·11테러 시대의 미디어가 '사실과 동떨어진 뉴스'로 번영을 누린 현실을 말해준다고 볼 수 있겠다.

참고문헌 Barkin 2004, Christians 외 2007, Current Biography 2003d, 강인선 2002c · 2010, 권용선 2007, 김옥조 2004, 김재호 2003, 김종혁 2003a, 김택환 2002, 김희경 2002, 민병두 2001b · 2002d, 신중돈 2002, 이광석 2002, 이광엽 2005, 정연주 1996, 진창욱 1996, 최승현 2002, 한겨레 1996

"이라크는 9·11테러와 무관하다"
'미 정부의 9·11 사주론'

아부 그라이브 수용소 사건

2003년 11월 6일 레바논계 미국인 사업가 이마드 하제(Imad Hage)는 후세인이 마지막까지 미국 측과 접촉하여 전쟁을 막으려 했다고 공개했다. 당시 후세인 측의 밀사로 미 국방부의 대표적인 매파인 리처드 펄과 런던에서 만났던 그는 후세인 측에서 미국에 다음과 같이 읍소했다고 밝혔다.

"만약 미국 측이 이라크 석유를 목적으로 공격하는 것이라면, 미국에 양보할 의사가 있다. 만약 중동 평화가 문제라면, 우리가 중동평화 협상에 나서겠다. 만약 대량살상무기가 문제라면, 미국 FBI 요원 2000명을 이라크에 입국시켜서 조사토록 하겠다. 우리는 대량살상무기를 갖고 있지 않다."(김동춘 2004)

2004년 1월 1960년대에 베트남전쟁을 주도한 국방장관이었던 로버트 맥나마라(Robert S. McNamara, 1916~2009)는 캐나다의 『글로브 앤 메일(The Globe and Mail)』과의 인터뷰에서 "베트남전에서 얻은 역사적 교훈이 무시되고 있다"면서 "미국은 자신의 영향력을 잘못 사용하고 있다. 우리가 하고 있는 것은 정말 잘못됐다. 도덕적으로 잘못됐고, 정치적으로도 잘못됐고, 경제적으로도 잘못됐다"고 주장했다.

이렇듯 이라크전쟁의 정당성을 의심하는 폭로와 주장들이 나왔지만, 부시 대통령은 요지부동(搖之不動)이었다. 부시는 2004년 1월 20일 새해 국정연설에서 이라크 침공의 정당성을 다시 한번 강조하고 미국의 지도력과 결의 때문에 세계가 더 나은 쪽으로 바뀌고 있다고 주장했다. 그러면서 "미국은 자신의 안보를 지키기 위해 결코 국제사회의 승인을 추구하지 않을 것"이라며 선제공격 전략을 옹호했다.(김지석 2004)

2004년 2월 슬라보예 지젝은 국제정세 학술지인 『포린 폴리시』에 쓴 글에서 "(이라크에 대한 미국 조지 부시 행정부의 행동을 이해하려거든) 국가안보전략(NSS) 대신 프로이트(Sigmund Freud, 1856~1939)를 먼저 읽어라"라고 말했다. 정신분석학자·철학자인 지젝은 미국이 이라크 침공의 명분이었던 대량살상무기를 찾지 못하는 난처한 상황에 이르자 이 상황을 왜곡하는 '방어기제'로 다른 탈출구를 마련하고 있다고 비판했다.(방어기제는 프로이트가 말한 것으로 자아가 위협받게 되면 무의식적으로 자신을 속이거나 상황을 왜곡해 자신을 보호하려는 심리의식, 행위를 의미한다.)(도재기 2005)

2004년 3월 아부 그라이브(Abu Ghraib) 수용소 사건이 터졌다. 이 수용소에서 미군이 이라크 포로를 잔혹하게 학대한 사실이 만천하에 공개된 것이다. 아부 그라이브는 사담 후세인 정권 시절 정치범들과 반

아부 그라이브 수용소에서 이라크 포로를 잔혹하게 학대하는 미군.

대파를 고문, 처형하던 이라크의 최대 정치범 수용소였는데, 이제 미군이 후세인 노릇을 하고 있었으니 이게 웬일인가. 미군은 사나운 개로 포로들을 위협하고 물어뜯게 하거나, 발가벗겨 성적으로 모욕하고, 찬물을 뒤집어씌우고 팔을 비트는 등 온갖 잔인한 방법으로 고문했다. 부시는 "이것은 내가 알고 있는 미국이 아니다"며 펄펄 뛰는 시늉을 보였지만, 그는 이미 2002년 2월 7일 테러 관련 용의자들에 대한 고문 허용에 서명했던 것으로 밝혀졌다.(김동춘 2004)

이 사건에서는 미군 여성들이 가학적인 성적 유린과 학대를 저질러

더 큰 충격을 주었다. 미군들이 가족과 친구들에게 전송한 디지털 사진 파일에는 여성용 팬티로 얼굴이 가려진 알몸의 이라크 남성 포로, 발가벗겨진 남성 포로의 목에 개 끈을 묶어 끌고 가고 있는 미군 여성, 알몸의 남성 포로들로 인간 피라미드를 쌓아놓고 그 위에 올라가 웃고 있는 미군 여성, 또 죽은 이라크 남성의 시체에 얼굴을 맞대고 웃으며 승리의 브이를 만든 미군 여성 등 충격적인 장면들이 담겨 있었다. 실제 고문에 가담한 군인은 린디 잉글랜드(Lynndie England)를 포함한 세 명의 백인 여성이었고, 아부 그라이브 감옥을 통제한 미군 800헌병여단의 사령관도 여성이었으며, 모든 포로 관리의 최고 책임자도 육군 소장인 여성이었다. 이에 대해 박혜영(2005)은 "여성들이 여권 신장이라는 사다리를 오르기 위해 남성적 기술군사주의를 내면화할 경우 어떤 폭력적인 모습을 보일 수 있는지를 경고하는 사건이었다"고 평가했다.

"이라크는 9·11테러와 무관하다"

2004년 6월 미국의 테러조사위원회는 "이라크는 9·11테러와 무관하다"고 발표했다. 이에 아랍권은 부시 대통령의 이라크전쟁 명분이 또다시 거짓으로 드러났다고 분노하면서 즉각적인 이라크 점령 종식을 촉구했다. 범아랍 일간 『알하야트(Al-Hayat)』는 6월 17일 "알카에다가 후세인 정권과 협력했다는 주장은 미국의 일방적 억측이었다"며 "이라크 점령뿐만 아니라 테러와의 전쟁 전반에서 미국이 큰 타격을 받을 것"이라고 주장했다. 친 사우디아라비아 신문인 『아샤크 알 아우사트(Asharq Al-Awsat)』도 이날 톱뉴스로 "이라크와 사우디 모두 테러 지원 혐의에서 벗어났다"고 전했다. 신문은 "미국은 이제 사우디와 이라크 전(前) 정권을 테러 지원 세력으로 보는 잘못된 시각을 수정해야 할 것"이라고 주장했다.

아랍권의 저명한 이슬람주의자인 유수프 알 카르다위(Yūsf al-Qaradāwi)는 알자지라 방송과의 인터뷰에서 "세속주의 후세인 정권과 과격 원리주의 알카에다가 결탁했을 가능성은 애초부터 없었다"고 말했다. 그는 "이 같은 우리의 분석을 미국은 받아들이지 않았으며 명분 없는 침략 전쟁을 벌였다"고 비난했다. 이라크전략문제연구소 사둔 알 둘라이미(Saadoun al-Dulaimi) 소장은 "이번 조사위 보고가 이라크 치안회복에 악영향을 줄 것"이라고 전망했다.

보고서가 발표된 직후 미 언론 대부분은 알카에다와 이라크가 연계돼 있다고 주장해온 부시 행정부에 비판을 쏟아냈다. 『워싱턴포스트』는 "부시 대통령이 이라크전쟁을 위해 내건 주요 명분이 위협받게 됐다"며 "그는 확인되지 않은 주장으로 정보 담당자들까지 난처하게 만들었다"고 지적했다. 『뉴욕타임스』도 "부시 대통령은 남은 대선 기간 내내 이 문제로 시달리게 될 것"이라고 전망했다. 민주당 대선후보 존 케리 상원의원은 "부시 대통령이 이라크전쟁의 필요성에 대해 국민을 오도했음을 보여준 보고서"라고 주장했다.(서정민·강찬호 2004)

테러의 '3W 시대'

미국의 전쟁학자 마틴 프로필드는 2003년에 펴낸 저서 『전쟁의 변화』에서 "전쟁의 형태가 원시시대로 되돌아가고 있다"고 했다. 냉전 이후 대규모 군사력을 동원한 정규전이 아닌 테러나 게릴라전이 전쟁을 대신하고 있다는 것이다. 프로필드는 "냉전 종식 이후 정규전으로 미국을 이길 수 있는 국가나 집단은 지구상 어디에도 없다"면서 "테러가 일상화하게 된 이유는 최첨단 무기 개발과 무관하지 않다"고 지적했다. 힘이 약한 집단이 미국, 러시아 등 강력한 국가를 상대로 싸움을 벌일 수 있는 유일한 수단은 테러뿐이라는 주장이었다.

2004년에 전개된 일련의 사태는 프로필드의 주장을 입증하는 듯했다. 2004년 9월, 이호갑·박형준(2004)은 "3월 스페인 마드리드 열차 테러가 '유럽의 9·11' 이라면 8월 러시아 여객기 2대 추락과 베슬란 인질극으로 이어진 테러는 '러시아판 9·11'로 불린다. 미국의 9·11에 이은 제2, 제3의 9·11이 연이어 터진 셈이다"라며 다음과 같이 말했다.

"9·11 이후 3년이 지났지만 테러는 장소(Where), 대상(Whom), 방법(What)을 가리지 않는 이른바 '3W 시대'를 맞고 있다. 발생 장소(Where)는 러시아, 스페인, 사우디아라비아, 모로코, 인도, 인도네시아 등 전 세계 20개국으로 확산됐다. 이라크전쟁에 강력히 반대했던 프랑스, 독일도 이슬람 과격주의자들의 공격으로부터 자유롭지 않다. …… 테러의 대상(Whom)도 여자, 어린이, 노인에 이르기까지 무차별적이다. 이번 러시아 인질극 사상자 1000여 명 중 절반 이상이 어린이다. 테러의 방법(What) 역시 갈수록 다양해지고 있다. '동시 테러'가 급증하고 있고, 암살이나 폭탄에 의존했던 수단 역시 여객기 미사일 공격(2002년 11월 28일·케냐), 여객기 폭발(2004년 8월 25일·러시아) 등으로 바뀌고 있다."

전(前) 부통령 앨 고어도 작금의 미국 상황을 조지 오웰의 소설

2004년 9월 1일 체첸 주둔 러시아군의 철수를 요구하며 체첸 반군이 벌인 최악의 대규모 인질 사건인 베슬란 학교 인질 사건의 희생자들. 9·11테러 이후 최대의 인명 피해를 냈다. ⓒ aaron bird

『1984』에 나오는, 모든 것이 감시되고 통제되는 '빅 브라더' 사회라고 비판했다. 국제사면위원회(Amnesty International)도 2004년 5월 미국의 대(對) 테러 전쟁이 지난 반세기를 돌아볼 때 가장 지속적으로 인권과 국제법을 유린한 행위라고 비판했다. 국제사면위원회 미국 지부는 2004년 9월 13일 "미국 정부 부처들이 인종이나 종교적 배경을 바탕으로 사람들을 표적 조사하는 바람에 인종차별 문제가 악화됐다"면서 "캐나다 인구에 맞먹는 약 3200만 명의 미국인이 차별을 당했다"고 밝혔다.

2004년 9월 29일 뉴욕 연방지법은 애국자법의 일부 조항은 위헌이라고 판결했다. 판사 빅터 마레로(Victor Marrero)는 "전시 상태라 해도 시민의 권리에 관한 것이라면 대통령이 무제한의 권력을 가지는 것은 아니다"는 최근 대법원 판례를 상기시키면서 "때때로 어떤 권리가 한 번 무시되면 영원히 사라질 수도 있다"고 경고했다.(이동준 2004)

'미 정부의 9·11 사주론'

"이라크는 9·11테러와 무관하다"는 미국 테러조사위원회의 발표는 그간 인터넷을 뜨겁게 달궈온 각종 음모론에 더 큰 활력을 불어넣어 주었다. 그간 어떤 음모론이 유행했던가? 예컨대, 2002년 프랑스에서 출간된 티에리 메이상(Thierry Meyssan)의 『무시무시한 사기극(L 'Effroyable imposture)』은 9·11테러가 미국의 완전한 자작극이거나 오사마 빈 라덴과의 협력극, 혹은 미 중앙정보국(CIA)이 빈 라덴의 테러 계획을 파악하고서도 묵살했을 가능성 가운데 자작극에 무게를 두었다. 장정일(2010)은 "미국 정부의 발표가 '단지 짜맞춘 것에 불과'하다는 이 책의 지은이는 '오직 당신의 비판적인 정신만을 믿어야 한다'고 말한다"며 "이 책의 주장을 음모론으로 폄훼할 수도 있지만, 음모론이란 항상 음모행위에 덧붙여지는 추측, 그 이상도 이하도 아니다"고 주장했다.

2009년 9월 9·11테러 발발 8주년을 맞아 외교 전문지 『포린 폴리시』 인터넷판은 '세계에서 가장 끈질긴 5대 음모론' 중 하나로 부시 행정부의 '9·11테러 사주론'을 꼽았다. '미 정부의 9·11 사주론'은 테러 직후 한 아랍 위성방송이 "사건 당일 세계무역센터가 직장이었던 유대인 4000명은 미리 고지를 받고 결근했다"는 근거 없는 루머를 퍼뜨리면서, 더욱 힘을 받았다. 『포린 폴리시』 인터넷판은 "최근 17개국 여론 조사 결과, 많은 이들은 여전히 (이슬람 테러집단) 알카에다의

9·11테러가 부시 행정부의 자작극이라는 음모론이 유행하기도 했다.

책임설에 대해 확신을 하지 않는다"고 전했다.(신정선 2009a)

9·11테러 8주년을 맞아 알카에다 지도자 오사마 빈 라덴의 육성이 담긴 새로운 비디오테이프도 공개됐다. 빈 라덴은 "미국이 이스라엘을 지지했기 때문에 9·11테러를 감행했다"면서 미국의 이라크와 아프가니스탄 침공은 백악관 내에 있는 친이스라엘 세력의 압력으로 일어난 것이라고 주장했다. 빈 라덴은 "미국인들은 네오콘(신보수주의자)들과 이스라엘 로비로 촉발된 이데올로기적 테러리즘의 공포로부터 스스로를 자유롭게 할 시기가 됐다"면서 "미국과 우리가 싸워야 하는 이유는 미국인들이 이스라엘을 지지하기 때문"이라고 말했다. 그는 또 "버락 오바마(Barack Obama) 미국 대통령은 아프가니스탄 전쟁을 끝낼 수 있는 힘이 없다"고 말했다. 그는 오바마 대통령이 로버트 게이츠(Robert M. Gates) 국방장관이나 조지 부시 행정부 출신의 관료들을 통제하기에는 약한 대통령이라고 말했다. 빈 라덴은 오바마 행정부가 모슬렘 사회에 새로운 증오의 씨앗을 퍼뜨리고 있다면서

"전쟁을 끝내지 않는다면 가능한 모든 수단으로 미국을 향한 전쟁을 계속할 것"이라고 말했다.(김향미 2009a)

2009년 11월 11일 영국『가디언』은 9·11테러 당시 사고 현장에서 구조작업을 벌였던 사람들 가운데 암 사망자가 늘고 있어 구조 참가자들에게 테러의 공포가 여전하다고 보도했다. 신문에 따르면 지난 3개월 동안 9·11테러 당시 구조작업을 벌였던 뉴욕 경찰관과 소방관 다섯 명이 사망했다. 2001년 당시 경찰관, 소방관, 건설 노동자, 자원봉사자 등 '그라운드 제로'에서 구조작업을 벌인 인원은 최대 7만 명으로 추산되었다. 이들은 180만 톤에 이르는 잔해더미에서 나오는 오염물질, 파기된 두 대의 비행기에서 분사된 9만 리터의 연료 찌꺼기, 쌍둥이 빌딩 건설에 쓰인 1000톤가량의 석면, 컴퓨터 잔해에서 나오는 수은, 플라스틱이 타면서 나오는 발암물질 등에 수개월 동안 노출되었다. 이들을 돕는 활동가인 클레르 캘러딘은 암 발병 사례가 늘고 있는 데 대해 "우리는 단지 빙산의 일각을 보고 있을 뿐"이라고 말했다.(김향미 2009b)

2010년에도 음모론 논란이 일어났다. 일본 집권 민주당 소속 후지타 유키히사(藤田幸久, 60) 참의원은 9·11테러가 '거대한 사기'라고 주장했다. 그는 9·11이 실제로 테러리스트들이 벌인 일인지 의문을 갖고 있으며, 주식시장에서 이익을 얻기 위해 일단의 숨겨진 세력이 만들었을 수 있다고 말했다. 심지어 비행기 납치범 19명 중 여덟 명이 현재도 잘살고 있다고 했다. 후지타 의원은 의회 외교위원회와 각종 언론 인터뷰에서 이 같은 주장을 되풀이했다. 황당무계한 주장으로 치부됐을 법한 발언들이 다시 부각된 것은 2009년 9월 하토야마 유키

9·11테러로 무너진 세계무역센터의 잔해와 암석들을 치우기 위해 줄지어 서 있는 구조 대원들.

오(鳩山由紀夫) 정권이 들어선 이후 그가 야당 의원에서 집권당의 국제국장으로 신분이 바뀌었기 때문이다.

2010년 3월 8일 『워싱턴포스트』는 후지타 의원의 주장에 대해 "독극물같이 지극히 위험한 생각"이라며 사설을 통해 강하게 비판했다. 이 신문은 "이런 음모론적인 시각이 일본 집권당에 팽배해 있는 것인지 우려를 지울 수 없다"며 "하토야마 총리가 사실과 다르고 무모하기 짝이 없는 후지타 의원의 발언을 계속 내버려둔다면 총리가 선거 당시 요구했던 성숙한 미·일 관계 정립이 큰 시험대에 오를 것"이라고 주장했다.(김정욱 2010)

후지타의 주장이 "독극물같이 지극히 위험한 생각"일망정, 그런 주장이 나오게 된 배경에 대해선 부시 행정부가 져야 할 책임도 만만치 않다고 보는 게 옳으리라. 부시 행정부가 미국 국민까지 속였으니, 그런 음모론이 날개를 달게 된 것 아니겠는가. 여기에 더하여 부시 행정부의 대외정책을 장악한 '네오콘'의 실체가 부각되면서 미국 내외의 반발은 더욱 강해진다.

참고문헌 Clarke 2004a, CSIS 2009, 김동춘 2004, 김지석 2004, 김정욱 2010, 김향미 2009a · 2009b, 도재기 2005, 박혜영 2005, 서정민 · 강찬호 2004, 신정선 2009a, 이동준 2004, 이호갑 · 박형준 2004, 장정일 2010

제5장

네오콘이 꿈꾸는 세계

네오콘은 "미친놈들"인가?
네오콘의 전성시대

네오콘의 선제공격론

"9·11테러는 신보수주의자에게 천우신조의 기회였다. 이 가공할 테러는 과거 진주만 위기나 쿠바 미사일 위기에서도 이루지 못했던 외교무대에서의 전면 부상이라는 기적을 가능하게 해주었다."(안병진 2003) 부시 행정부의 대외정책상 호전성이 부시 행정부의 실세로 참여한 네오콘 때문이라는 점이 부각되면서 이들에 대한 관심이 집중되었다.

어빙 크리스톨(Irving Kristol, 1920~2009)이 1983년에 출간한 『한 신보수주의자의 회상(Reflections of a Neoconservative)』이라는 책에서 최초로 이름을 붙인 '네오콘'이 부시 행정부의 대외정책을 장악하게 된 건 부통령 딕 체니 덕분이었다. 조지 W. 부시가 선거에서 승리한 뒤 정권인수반장을 맡은 체니가 네오콘의 간판 인물이며 국방부 부장관인 폴 울포위츠를 비롯한 네오콘 '심복'들을 모조리 행정부로 불러들인 것이다. 부시는 외교에 대해서 경험이 없을 뿐만 아니라 잘 모르는

네오콘의 간판 인물인 딕 체니 미국 부통령이 미국-이스라엘 관계를 강화하기 위해 조직된 미국·이스라엘공공문제위원회(AIPAC)에서 기조연설하고 있다.

탓에 네오콘이 미국의 외교정책을 마음대로 주무를 수 있게 되었다.

2002년 6월 1일 부시는 웨스트포인트(West Point) 졸업식에 참석해 "우리는 안보를 위해, 우리의 자유와 삶을 보호하기 위해 전향적이고 단호한 자세 그리고 군사적 선제 행동을 준비할 것을 요구받고 있다"고 선언했다. 이 선제공격론이야말로 '부시 독트린'의 핵심이며, 그 결과가 이라크 침략으로 나타난 것이다. 흥미로운 사실은 군 장성들은 모두 전쟁을 반대한 반면, 군 복무를 전혀 하지 않은 네오콘들은 철저하게 전쟁을 선호했다는 사실이다. 부시 행정부 내 네오콘 중 선거로 당선된 사람은 전무하며, 모두 차관이나 국장급 관료들로서 실무를 담당하는 실세들이었다. 부통령 체니와 국방장관 도널드 럼스펠드는 정통 네오콘은 아니지만, 네오콘의 후견인 노릇을 자처했다.

네오콘은 군산복합체(military-industrial complex)의 강력한 후원자이기 때문에 그들의 이념을 가리켜 '군사화된 보수주의'라고 부르기도 한다. 그들은 '작은 정부'를 외치면서도 '안보 국가'를 위해서는 무한 팽창을 추구하는 모순을 드러냈다. 이라크전쟁에서의 승리로 고무된 네오콘은 더욱 공격적인 선제공격론을 촉구했다.

2003년 5월 네오콘의 대표 이론가인 윌리엄 크리스톨(어빙 크리스톨의 아들)은 "필요하다면 선제공격을 감행해서라도 중동 질서를 재편하고, 전 세계의 독재자들을 갈아치워야 한다"고 부시 행정부에 주문했으며, 네오콘의 싱크탱크인 미국기업연구소(AEI)의 선임연구원 마이클 리든(Michael Ledeen)은 "이라크전쟁은 시작에 불과하다. 앞으로 계속 전진해야 한다"며 전선의 확대를 요구했다.

영국의 『파이낸셜 타임스』(2003년 9월 23일자)는 9·11테러 이후 네오콘과 전통보수파는 무력으로 전 세계 테러조직을 섬멸한다는 일종의 컨센서스가 형성됐으나 전후 이라크 상황이 악화되면서 이 같은 합의에 균열이 나타나기 시작했다고 보도했다. 두드러진 실례는 국방장관 도널드 럼스펠드를 대하는 태도였다. 네오콘은 이라크전을 예상보다 빨리 승리로 이끈 럼스펠드를 환호했으나 이제는 비난하고 있다는 것이다.

윌리엄 크리스톨은 "럼스펠드는 마음속으로 '나쁜 놈들을 많이 죽이자. 그리고 빠져나가자'라고 생각하는 것 같다"고 비판했다. 보수 공화주의자들은 미국의 이익에 반하는 정권들을 혼내주는 데 그치지만, 네오콘은 이들 정권을 교체한 뒤 미국식 자본주의를 심는다는 장기 계획을 하고 있기 때문이다. 그래서 크리스톨은 추가 파병 등 군사 지원에 미온적인 국방부를 비판했다. 부시가 의회에 870억 달러에 이르는 이라크 재건 예산을 요청한 것에 대해서는 지지를 보냈지만 그것으로는 성에 차지 않는다는 것이었다.

"죽은 스트라우스가 산 미국을 지배하고 있다"

네오콘의 이론적 대부는 시카고대학에서 정치사상을 가르친 레오 스트라우스(Leo Strauss, 1899~1973)다. 네오콘은 모두가 자신이 '스트라우시언(스트라우스 추종자)'이라고 내세웠다. 그래서 "죽은 스트라우스가 산 미국을 지배하고 있다"는 말까지 나왔다. (정우량 2003a)

유대계 독일인이었던 스트라우스는 1938년에 독일을 떠나 미국에 도착해 '망명 대학'으로 유명했던 뉴욕의 '뉴 스쿨 포 소셜 리서치(New School for Social Research)'에 몸담았다. 뉴 스쿨에는 유럽 각지에서 히틀러의 박해를 피해 도망쳐온 유대계 학자 180명이 머무르고 있었는데, 그들은 자신들을 '히틀러가 미국에 준 선물'이라고 불렀다. (정우량 2003) 스트라우스는 1948년 시카고대학 철학 교수로 보임되었는데, 그는 국제정치학자 한

네오콘의 이론적 대부로 군림하는 레오 스트라우스

스 모겐소(Hans J. Morgenthau, 1904~1980), 경제학자 밀턴 프리드먼(Milton Friedman, 1912~2006)과 함께 당시 시카고대학 총장이던 로버트 허친스(Robert M. Hutchins, 1899~1977)가 영입한 3대 인물 가운데 하나였다.

스트라우스는 '엘리트에 의한 정치'와 '대중의 진실에의 접근 차단'을 주장했다. 통치자들이 대중을 기만하는 것은 당연하다는 스트라우스의 주장에 대해 파시스트적이라는 비판이 쏟아지자 스트라우스는 플라톤을 인용하면서 대중을 통치하려면 '고상한 거짓말'이 필요하다고 응수했다. 평화는 인간을 타락시킨다고 본 스트라우스는 영구 평화보다 영구 전쟁이 오히려 바람직하다고 생각했으며, 국가는 외부의 적을 필요로 하고, 적이 없으면 만들기라도 해야 한다는 주장을 폈다. 또 그는 "강자는 자연적으로 지배할 권한을 갖는다. 서방이 확신할 수 있는 유일한 억지력은 서방의 막강한 군사력에 대한 독재자의 두려움이다"라고 역설했다. 스트라우스의 제자인 시카고대학 교수 앨런 블룸(Allan D. Bloom, 1930~1992)은 도덕적으로 우월한 미국식 민주주의만이 대량학살과 같은 국제적 비극을 예방할 수 있는 수단이라고 주장했는데, 울포위츠는 블룸의 제자였다.

시어도어 로작(Theodore Roszak 2004)은 스트라우스를 비롯하여 유럽에서 이주해온 지식인들이 갖고 있던 '유럽적 편견'에 주목했다. 이들은 미국에 온 뒤에 미국과 유럽의 차이를 무시한 채 미국을 유럽으로 간주하여 비전을 역설하는 예언가적 언행으로 인기를 얻었다는 것이다. 유럽과 달리 미국은 귀족 정치의 전통이 없었고, 군부의 지위는 상대적으로 미약했고, 좌익은 무기력했고, 노동운동은 이데올로기적이지 않았고, 헌법에 의한 인권보호 정신이 있다는 등의 차이는 무시되었다. 유럽에서 온 지식인들은 진보적 사회정책마저 위험한 국가주의로 간주하여 반대운동에 앞장섰고, 이는 먹혀들어갔다는 것이다.

로작은 시장경제의 수호천사가 된 프리드리히 하이에크(Friedrich A. von Hayek, 1899~1992)만 하더라도 그가 유럽에서의 경험으로 갖게 된 반(反)국가적 관점에 그토록 얽매이지만 않았다면, 미국에서 독점적으로 소유된 부(富)가 압도적인 힘을 휘두르고 있었다는 사실에 최소한의 관심을 가졌을 것이라고 개탄했다.

유럽에서 민주주의의 허약함을 목격한 유럽 출신 지식인들은 드러내놓고 민주주의를 비판하진 않았지만 내심 민주주의에 대해 적대적이었다. 이 적대감을 가장 화끈하게 드러낸 인물이 바로 스트라우스였다. 스트라우스는 종교는 마약이라고 말한 마르크스와 같은 생각을 갖고 있었지만, 대중의 순응과 순종을 얻어내기 위해 그들에게 마약을 주는 것은 나쁘지 않다고 보았다. 그는 미국이 지향해온 것은 민주주의가 아니라 공화제라고 주장했는데, 그가 말하는 공화제는 권력이 대중에게 직접 속하는 것이 아니라 책임 있는 대표자들에게 위임되는 것을 의미했다.

왜 모세는 실패했지만 예수는 승리했는가?

스트라우스를 추종하는 네오콘은 그의 이론을 자신들의 출세와 탐욕을 위해서도 이용했다. 그들은 사회진화론의 신봉자들로서 하층 계급은 입증된 실패자들로서 경멸받아 마땅하고 정치적 참여도 제한되어야 한다고 생각했다. 그러면서도 이들은 선거 때마다 인종 문제를 이용하여 가난한 백인들을 지지 세력으로 끌어들이는 데에 천재적인 실력을 발휘했다.

앞서 지적했듯이, 네오콘은 전통적인 보수주의 공화당원들과는 출신 성분이 달랐다. 그들 대부분은 진보적 배경을 갖고 있었다. 일부는 원래 좌파였으며, 많은 이들이 유대인이었다. 이들은 1967년 이후 이스라엘의 아랍 영토 점령에 대해 보여준 민주당 좌파들의 적대감과, 유대계 미국인과 이스라엘에 대해 적대적이었던 블랙 파워(Black Power) 전사들 때문에 민주당에서 분리돼 나와 공화당을 지지했다. 이들의 지원으로 당선한 첫 번째 공화당 대통령이 바로 로널드 레이건이다. 이들에게는 전통적인 보수주의 공화당원들과는 달리 뜨거운 열정이 있었다.

또 네오콘은 끈끈한 유대와 결집력으로도 유명했다. 이들의 끈끈한 인맥을 두고 워싱턴의 외교 평론가인 짐 로브(Jim Lobe)는 "네오콘은 부시 행정부 안팎에서 혈연 또는 개인적 유대를 통해 뭉친 일종의 부족 집단 같다"고 평했다. 네오콘의 주요 자금줄은 유대인 재력가와 군산복합체(military-industrial complex)였다.

스트라우스는 무장한 예언자인 모세와 비무장 예언자인 예수를 대비시키면서 모세는 실패했지만 예수는 승리를 거두었다며 그것은 '선전' 때문이었다고 주장했다. 이 가르침을 따르는 네오콘은 선전 활동에 심혈을 기울이면서 언론을 능숙하게 이용했다. 언로(言路)에 있어서 네오콘의 주요 활동 무대는 『월스트리트저널』이나 『워싱턴타임스』 같은 보수매체들과 보수적인 텔레비전 프로그램이지만, 이들은 권력을 등에 업은 의제설정과 '언론 플레이' 능력으로 사실상 거

의 모든 매체를 활동 무대로 삼았다.(중앙일보 특별취재팀 2003a)

마크 거슨(Mark Gerson)이 『네오콘의 비전: 냉전에서 문화전쟁까지 (The Neoconservative Vision: From the Cold War to the Culture Wars)』(1997) 에서 한 분석에 따르면, "A라는 네오콘 필자가 『퍼블릭 인터레스트 (The Public Interest)』에 글을 기고하면, 『워싱턴포스트』에서 그 글에 관한 (비판) 칼럼이 나오고, 『월스트리트저널』은 그 칼럼의 (비판) 의견에 관해서 의문을 제시한다. 이에 흥미를 느낀 『뉴스위크』 역시 그 문제를 칼럼에서 다루고, 『뉴스위크』의 칼럼니스트가 관계하는 텔레비전 시사토크쇼에 A를 초청한다. 이어서 『뉴욕타임스』는 일요판의 반대 의견 소개란에 A의 논문을 요약 소개한다. 얼마 지나지 않아 A는 전국에서 연설 초청을 받고 수천의 청중에게 의견을 직접 전달하게 된다. 미국의 양 정당에서도 그의 조언을 구하게 되고, 의회 청문회에서 증언하도록 요청을 받는다. 시기만 맞아준다면, 미국 대통령이 A에게 정부 고위직을 제안할 수도 있다."(오경택 2005)

네오콘의 '바이블'로 통하는 시사주간지 『위클리 스탠더드(The Weekly Standard)』의 발행부수는 5만 5000에 불과했지만, 정책 결정자들에 의해 필독되고 있기 때문에 막강한 영향력을 행사할 수 있었다. 이 주간지의 편집장은 윌리엄 크리스톨, 재정적 후원자는 미디어 거물 루퍼트 머독(K. Rupert Murdoch)이었다.(마상윤 2005)

'아메리카 제국론' 논쟁

네오콘은 호전적인 '미국 제일주의'를 당당하게 부르짖었기에, 9·11 테러는 미국에서 제국 논쟁의 시발점이 됐다. 뉴욕 소재 사회과학연구원의 리언 시걸(Leon V. Sigal) 박사는 9·11테러의 근본적 배경과 본질에 관한 논쟁을 미국이 가진 힘과 그 사용 한계에 관한 논쟁으로 변질시켜 초점을 흐리려는 의도에서 신보수주의자(네오콘)들을 중심으로 제기된 것이 '아메리카 제국론'이라고 주장했다.

미국의 우파적 시각을 대변하는 『월스트리트저널』의 논설위원인 맥스 부트(Max Boot)가 "9·11 이후 새로운 사실은 미국 주류의 많은 목소리가 미 제국은 바람직하며 방어 가능한 것으로 받아들인다는 사실"이라고 먼저 바람을 잡았다. "미국이 가진 압도적 파워를 대의를 위해 사용하는 것을 주저해서는 안 되며 그것 때문에 미국이 제국으로 불린다면 그것을 마다할 이유가 없다"고 윌리엄 크리스톨이 뒤를 받쳤다. 로마가 정복을 위한 제국이었다면 미국은 민주주의와 안보라는 대의를 위한 제국이기 때문에 '선의의 제국'이라는 것이다. (중앙일보 특별취재팀 2003a)

이어 로버트 케이플런은 2002년 4월 2일자 『뉴욕타임스』와의 인터뷰에서 "제국에는 긍정적인 면도 있습니다. 몇몇 경우에는 가장 관대한 질서를 부여할 수 있죠"라고 말했다. 찰스 크라우트해머(Charles Krauthammer)는 "이제 사람들은 '제국'이라는 단어에 대해 솔직해지고 있다"고 했다. 디네쉬 드수자(Dinesh D'Souza)는 『크리스천 사이언스 모니터』(2002년 4월 26일자) 기고문에서 "미국은 제국이 되었다"고 선언하면서, 하지만 다행스럽게도 "그것은 역사상 가장 관대한 제국"이므로 "우리는 더 큰 제국의 힘을 가져야 한다"고 주장했다.(Ferguson 2010)

그런 '제국 긍정론'은 부시 행정부에 날개를 달아주었다. 다자주의를 무시하는 독자 행보에 속도가 붙었다. 교토의정서에 이어 탄도요격미사일(ABM) 협정에서 탈퇴하고, 국제형사재판소(ICC) 설립조약 비준을 거부하는 등 미국이 무시한 국제조약만 10개에 달했다. 브루킹스연구소 연구원으로 『족쇄 풀린 미국(America Unbound)』(2003)이라는 책을 펴낸 이보 달더(Ivo H. Daalder)와 제임스 린지(James M. Lindsay)는 "부시는 우방과 동맹, 국제기구에 의해 채워진 족쇄를 푸는 것이 최선의 안보 정책이라고 믿고 있다"고 진단했다.

『내셔널 인터레스트(The National Interest)』(2003년 봄호)에 실린 '아메리카 제국' 특집에서 스티븐 피터 로젠(Stephen Peter Rosen) 하버드대학 교수는 "아메리카 제국이라는 주제가 마음에 들지 않는다면 과연 그 대안이 무엇이냐"고 반문하면서 "모든 길이 로마로 통했듯 세계의 모든 문제가 워싱턴으로 귀결되는 현실에서 아메리카 제국은 21세기 국제질서에 부합하는 개념"이라고 주장했다.

이런 제국론에 대해 폴 케네디 예일대학 교수는 "민주주의와 자유, 공정성, 개방성, 인권 존중이라는 미국의 건국이념에서 벗어나 미국이 어디로 가고 있는지에 대한 세계인들의 우려에 귀 기울여야 한다"고 주장했다. 미국이 진정으로 관심을 가져야 할 대상은 친미주의자도, 반미주의자도 아니고 미국의 진로를 걱정하는 대다수 우미(憂美) 세력이라는 것이다.

시걸 박사는 "미국이 제국을 원한다면 피를 흘리고 돈을 쏟아부을 각오가 돼 있어야 하지만 그럴 의지와 능력이 있는지 의문"이라고 말했다. 영국 주간지 『이코노미스트(The Economist)』는 '미국과 제국' 특집(2003년 8월 14일자)에서 "원치 않고, 우연히 된 제국이라도 제국은 제국"이라면서 "제국 경영에는 고비용과 위험이 따를 수밖에 없다"고 지적했다.

하버드대 케네디스쿨 교수인 마이클 이그내티어프(Michael Ignatieff)는 "압도적 무력이 안전을 보장해주는 것은 아니다"면서 "아무리 힘 센 사람에게도 친구는 필요하다"고 말했다. 힘이 뒷받침된 외교가 무력보다는 늘 우월하다는 것을 깨달을 때 미국의 패권은 지속될 수 있다는 것이다. 조지프 나이 케네디스쿨 학장은 '말은 부드럽게 하되 몽둥이는 큼지막한 것을 들고 다녀야 한다'는 시어도어 루스벨트 전 대통령의 충고를 예로 들며 "이제 미국은 그런 몽둥이를 쥐고 있는 만큼 말을 부드럽게 하는 데 관심을 기울여야 한다"고 충고했다. 또 말만 부드럽게 해서는 안 되고 다른 나라의 주장이나 견해도 주의 깊게 경청해야 한다고 말했다.(중앙일보 특별취재팀 2003a)

네오콘은 '반동적 근본주의'인가?

고종석(2003)은 네오콘을 콘서버티브(보수주의자)라고 부르는 것은 언어의 오용이라고 주장했다. 이들의 관심이 지켜 간직하는 데 있지 않고 부수어 제거하는 데 있기 때문이라는 것이다. 고종석은 이들이 윌슨과 루스벨트와 유엔 헌장에 연원이 닿아 있는 다원적 국제질서를 때려 부수고, '우방'에게 '비용의 분담'이나 '책임의 분담'을 요구하면서도, '결정의 분담'을 제안하는 법은 결코 없다고 말했다. 전통적 다원주의 질서를 뒤엎고 섬뜩하게 치켜든 이 일방주의를 통해 이들은 아프가니스탄의 탈레반 정권을 제거했고, 이라크의 후세인 정권을 제거했으며, 이른바 '애국자법'이라는 것을 통해서, 양심의 사유와 직절

한 법적 절차라는 미국 헌법의 본질적 가치를 짓밟았다는 것이다. 고종석은 이들이 장악하고 있는 터미네이터 정권에 어떻게 보수주의라는, 제 나름의 매력을 발하는 이름을 헌정할 수 있겠느냐고 물으면서 '반동적 근본주의' 정도가 적합한 이름일 것이라고 말했다.

네오콘에게도 자기 교정 능력이 있다는 걸 보여주고 싶었던 걸까? 2003년 10월 8일 네오콘의 대표적 이데올로그인 윌리엄 크리스톨(William Kristol)은 "부시 대통령이 직면한 가장 큰 문제는 행정부 내의 혼선"이라며 행정부의 내분을 강하게 비판했다. 부시 행정부에 막강한 영향력을 지닌 주간지 『위클리 스탠더드』를 발행하는 크리스톨은 이 잡지를 통해 "부시 행정부가 내전으로 무력해지고 있다"며 대통령이 직접 나서서 행정부의 통제력을 강화하라고 촉구했다. 그는 "중앙정보국(CIA)은 공공연하게 백악관에 도전하고 국무부와 국방부는 전혀 손발이 맞지 않고 있다"며 "이로 인해 이라크 추가 전비 870억 달러에 대한 논란이 거세지는데도 행정부의 어느 누구도 앞장서서 의회와 여론 설득에 나서지 않고 있다"고 비판했다.

크리스톨은 당시 정치 쟁점으로 떠오른 행정부 고위관리의 중앙정보국 비밀요원 신분누설 사건을 예로 들면서 "이 사건은 부시 행정부가 (내부적인) 전쟁상태에 있음을 잘 보여준다"며 "전후 이라크의 어려움이 상황을 더욱 악화시키고 있다"고 말했다. 그는 "오직 부시 대통령만이 행정부를 제자리로 돌려놓을 수 있다"며 "국가안보회의(NSC)의 정책조정 기능을 강화하고 조지 테닛 중앙정보국장이나 콜린 파월 국무장관, 도널드 럼스펠드 국방장관 등과 깊은 얘기를 나누는 게 한 방안이 될 수 있다"고 지적했다. (박찬수 2003)

2003년 12월 27일 『뉴욕타임스』는 작가, 학자 등 자기주장이 뚜렷한 각계 인물들에게 '올해 가장 과대평가된 것과 과소평가된 것'에 관해 설문 조사를 한 결과, 2003년 미국에서 가장 과대평가된 것은 '미국'과 '고(故) 레오 스트라우스 교수'이고 가장 과소평가된 것은 '힙합'과 '정직'이라고 발표했다.

피터 싱어(Peter Singer) 프린스턴대학 교수는 가장 큰 과대평가 대상으로 미국을 꼽았다. 그는 "미국인들은 스스로 세계에서 가장 민주적인 국가에서 살고 있다고 생각하지만 다른 어떤 국가보다도 게리맨더링(당리당략에 의한 선거구 획정)이 횡행하고 소수파 정당에 불리한 선거제도를 가진 곳이 바로 미국"이라고 꼬집었다. 한 걸음 더 나아가 "미국인들은 또 가장 자유로운 국가에서 살고 있다고 생각하지만 대통령이 시민을 2년 가까이 구금하면서 변호사와 이야기할 기회조차 주지 않는 곳이 또한 미국"이라고 덧붙였다.(박혜윤 2003)

네오콘의 대부로 알려진 스트라우스의 사상도 과대평가된 것으로 꼽혔다. 정치평론가 데이비드 그린버그(David Greenberg)는 "미국의 이라크 침공을 갑자기 스트라우스 교수의 탓이나 공으로 돌리는 풍조가 유행했으나 사실 그는 국제분쟁에 관해 연구하는 지정학과는 관계가 없는 인물"이라고 지적했다. 그는 "이라크전쟁을 배후 주도한 세력은 지식인이 아니라 조지 W 부시, 딕 체니, 도널드 럼스펠드 등 '정치적 동물들'"이라고 주장했다.

'정직'이 2003년의 미국에서 과소 평가됐다는 자성도 있었다. 이라크전쟁이나 민주·공화 양당 간의 공방이 치열했던 의료개혁안이 메니케어(Medicare) 등 핵심 현안에 대한 정직한 논의가 '비애국적'이라거나 '정치적'이라고 치부된 한 해였다는 이유에서였다. '힙합의 정치학'도 과소평가된 주제로 평가됐다. 『힙합 세대(The Hip Hop Generation)』(2003)의 저자 바카리 키트와나(Bakari Kitwana)는 "대통령 후보들이 젊은 유권자들에게 다가가기 위해 힙합을 이용하는가 하면 일부 힙합 CD들은 하룻밤에 수백만 장이 팔려나간다"면서 "힙합 운동이 선거와 연결될 조짐을 보이고 있다"고 예상했다.(박혜윤 2003)

한국의 이라크 파병 갈등

미국이 얼마나 과대평가되었는지는 모르겠지만, 적어도 한국에서는 국가 존망의 수준으로까지 과대평가되고 있다는 게 분명해졌다. 한국은 이라크 파병 문제로 극심한 내분을 겪었기 때문이다. 2004년 8월 초 한국군 자이툰 부대 1진이 이라크로 출발하면서 갈등은 더욱 거세졌다. 한국 정부는 장병들의 안전을 이유로 파병 환송식도 공개하지 않는 등 추가 파병에 대해 침묵으로 일관해 파병 반대파들을 분노하게 만들었다.

8월 3일 민주노동당과 시민단체들은 "정부가 명분 없는 파병을 강행하고 있음을 스스로 인정하는 꼴"이라며 연일 시위를 벌이는 등 파병 철회의 목소리를 높였다. 정부는 자이툰 부대의 환영식은 물론 출발장소와 일시 등을 철저히 비공개로 함으로써 애초 정부가 내세운 '평화재건 지원'이라는 명분을 스스로 퇴색시켰다는 것이다. 경기도에 있는 교육부대에서 열린 환송식에는 파병장병 가족과 윤광웅 국방장관, 유재건 국회 국방위원장 등 일부 인사만 참석한 것으로 알려졌으며 언론을 비롯하여 외부에는 일절 공개되지 않았다.

이라크파병반대비상국민행동, 민주노동당, 한국대학생총연합회 소속 500여 명은 이날 청와대 부근에서 기자회견을 갖고 "미국이 패권주의 전략을 관철하기 위해 한국의 청년을 희생양으로 삼으려 한다"며 "정부는 명분 없는 추가파병을 즉각 중단하라"고 촉구했다. 민주노동당 박용진 대변인은 논평을 통해 "군악대 몇몇의 환송만 받은 채 도망치듯 떠나는 우리 젊은이들의 뒷모습을 지켜봐야 하는 국민들의 마음은 착잡하다"고 말했다.(박영환·김재중 2004)

8월 3일 자이툰 부대 파병을 규탄하며 청와대 인근에서 열린 시민사회단체들의 집회는 분노와 우려로 가득 찼다. 경찰과 격렬한 몸싸움이 벌어진 가운데 노무현 정부의 퇴진을 요구하는 목소리도 빗발쳤다. '이라크파병반대비상국민행동(국민행동)' 과 민주노동당, 한국대학총학생회연합(한총련) 등이 이날 서울 종로구 청운동 새마을금고 앞에서 연 규탄집회에서, 오종렬 국민행동 공동대표는 "우리 젊은이들이 범죄 전쟁의 불구덩이로 떠났는데, 이제 헌법의 '침략 전쟁 반대' 조항을 삭제해야 하는가"라며 "노 대통령은 이라크의 피의 보복을 어떻게 피할 것인가. 침략전쟁에 동참하는 게 한미동맹인가"라고 비판했다.

각계 대표의 발언이 이어진 뒤 참가자들은 "가자, 청와대로, 노무현 정권 박살 내자" 등의 구호를 외치며 경찰과 격렬한 몸싸움을 벌였다. 참가자들은 "전쟁터에 한국 젊은이들을 쫓겨 가듯 몰래 보내놓고, 노 대통령은 에어컨 바람을 쐬며 휴가를 즐기고 있느냐"며 울분을 터뜨리기도 했다. 특히 이날 집회에서는 '파병강행 고집하는 노무현 정권 물러나라', '국민의 생명 안중에 없는 노무현은 퇴진하라' 등 그동안

이라크 아르빌의 자이툰 부대를 방문해 저녁 식사를 하고 있는 럼스펠드 미 국방장관.

파병 반대 집회에서 좀처럼 듣기 어려웠던 '정권 퇴진' 요구 목소리가 빗발쳤다. 국민행동 관계자는 "각 시민사회단체들의 의견을 모아 퇴진 운동 여부를 결정할 것"이라며 "노 대통령이 파병을 강행함으로써 '돌아올 수 없는 강'을 건넜다는 광범위한 공감대가 형성돼 있다"고 주장했다.(이지은 2004)

이라크 파병은 대통령이 되기 전 "반미 좀 하면 어때"라고 큰소리쳤던 노무현의 자세와는 극도로 대비되는 것이었다. 2004년 10월 19일 신임 주한 미국대사 크리스토퍼 힐(Christopher Hill)의 부임을 축하하는 자리에 노무현 정권 실세와 열린우리당 지도부 20여 명이 총출동한 것에 대해 『경향신문』(2004a)이 「미 대사를 총독으로 생각하나」라는 사설을 통해 다음과 같이 비판한 것도 바로 그런 이중성을 말해주는 것이었다 하겠다.

"세계 어느 나라에서 대사가 새로 왔다고 집권당이 총동원되어 줄줄이 치하의 말을 올리는가. 식민지에 신임 총독이 부임했을 때도 이랬을까. 물론 1980년대까지 한국 현대정치사의 이면을 들춰보면, 그와 유사한 장면은 얼마든지 찾아볼 수 있다. 그러나 그런 역사를 되풀이하지 말자며 들어선 정권이 이 정권이다. 그런데 정권교체기 때는 아무런 준비 없이 한미관계를 획기적으로 바꿀 것처럼 말만 시원스럽게 하다가, 집권 이후에는 그 실수를 만회하려는 듯 미국에 매달리는 외교를 해온 것도 이 정부이다. 성숙하고 균형 있는 한미관계라는 과제를 스스로 떠안았다는 이 정권의 '양극성 장애' 증세는 정말 너무 심하다."

네오콘은 "미친놈들"

이라크전쟁에 대한 평가를 둘러싸고 그간 단단한 팀워크를 자랑해오던 네오콘 진영에서도 내분이 벌어졌다. 2004년 8월 25일 데이비드 커크패트릭(David D. Kirkpatrick) 『뉴욕타임스』기자는 『인터내셔널 해럴드 트리뷴(International Herald Tribune)』 기명 칼럼에서 네오콘 대표 사상가이자 『역사의 종말(The End of History and the Last Man)』(1992)로 유명한 프랜시스 후쿠야마 존스홉킨스대학 교수의 '변절'과 그 파장을 대표적 사례로 거론했다.

후쿠야마는 네오콘의 대부 어빙 크리스톨이 발행하는 『내셔널 인터레스트』 2004년 여름호에 "정당한 선제공격인 이라크전으로 중동은 더 안전해졌으며 최근 혼란은 전쟁 수행 실수일 뿐이다"라는 네오콘의 '공식 입장'을 신랄히 비판했다. 후쿠야마는 8월에 출간한 책

『국가건설(State-Building)』(2004)에서도 이런 주장을 되풀이해 '워싱턴 갱(네오콘)' 과 결별했다는 평을 받았다. 이쯤 되자 그의 절친한 동료이자 주류 언론에서 네오콘 편을 들어 온 찰스 크라우트해머『워싱턴포스트』칼럼니스트가 "후쿠야마의 주장은 앞뒤가 안 맞는 알맹이 없는 헛소리"라고 비난하는 등 제법 치열한 난타전이 벌어졌다.

네오콘이 이스라엘을 위해 이라크전을 일으켰다고 비난해온 구(舊)보수 진영의 반격도 힘을 얻었다. 구보수 논객 패트릭 뷰캐넌은 이 기세를 타고 "네오콘이 레이건 혁명을 망치고 부시 정권을 탈취했다"는 내용의 책을 발간했다.(안준현 2004a)

부시 행정부 내에서도 네오콘에 대한 노골적인 반감이 표출됐다는 게 뒤늦게 공개되었다. 영국『가디언』의 일요판인『옵서버(Observer)』(2004년 9월 12일자)는 이라크 침략의 결정 과정에서 소외된 국무장관 콜린 파월이 2002년 여름 영국 외무장관 잭 스트로(Jack Straw)와의 전화통화에서 이라크 침략을 밀어붙인 행정부 내 네오콘과 그 지지자들을 가리켜 "미친놈들(fucking crazies)" 이라고 비판했다고 보도했다. 파월 장관과 스트로 장관은 당시 유엔안전보장이사회의 결의안 없이 이라크에 대한 무력공격을 강행하면 동맹국들을 잃을 것을 우려해 거의 날마다 통화했으며, 어떤 날에는 8차례나 통화할 만큼 매우 가까워진 가운데 파월 장관이 네오콘들에 대한 분노를 그런 식으로 터뜨렸다는 것이다.(이수범 2004)

네오콘이 정말 '미친놈들' 인지는 알 수 없으나, 다른 사람들의 분노를 자아내게 할 만큼 거친 독설에 능한 것은 분명했다. 네오콘의 기관지『위클리 스탠더드』는 심심하면 노벨문학상 수상 작가들에게도

콜린 파월 미 국무장관은 온건파로 분류되며 전쟁보다 외교를 앞세우는 신중론을 편 것으로 유명하다.

독설을 퍼붓곤 했는데, 가브리엘 가르시아 마르케스(Gabriel García Márquez)는 "피델 카스트로의 애인", 파블로 네루다(Pablo Neruda, 1904~1973)는 "스탈린 비밀경찰 요원", 귄터 그라스는 "전직 좌파이자 나치를 그리워하는 자"로 매도했다.

2004년 10월 7일 노벨문학상 수상자로 마르크스주의적 페미니즘 성향을 가진 오스트리아 작가 엘프리데 옐리네크(Elfriede Jelinek)가 선정되자 『위클리 스탠더드』는 "군사적으로 비겁하고 세계에서 가장 자살률이 높은 스웨덴이 이 좌파 광신자에게 훈장을 줬다"고 노벨상위원회와 옐리네크를 증오에 찬 목소리로 비난했다. 이 주간지는 "이 좌파 공산주의자의 명성은 혐오스러운 포르노그라피에 바탕을 둔 것이며, 모스크바의 지원금이 유지될 때까지만 공산주의자였을 뿐"이라고 주장했다. 또 이 주간지는 옐리네크는 "성적인 자극을 계속 만들어낸다는 점에서 미국 팝가수 브리트니 스피어스와 같은 반열에 있다"며 "그러나 정상적인 사람이라면 브리트니가 그래도 낫다고 여길 것"이라고 조롱했다.(한겨레 2004)

한국에서의 네오콘 논쟁

네오콘의 호전성은 한국에서도 대북 문제와 관련해 우려의 대상이 되었다. 『내일신문』 2004년 11월 11일자 1면 머리기사 「네오콘의 '협박외교' 한미우호관계 장애」는 '네오콘의 싱크탱크인 미국기업연구소(AEI) 니컬러스 에버슈타트(Nicholas Eberstadt) 연구원이 서울신문 인터뷰에서 '부시 낙선 바란 청와대 인사가 누구인지 이름까지 댈 수 있다'고 한 발언이 한미관계를 해칠 우려를 낳고 있다'고 보도했다. 또 이 기사는 부시 대통령의 재선이 확정된 다음날 외교가에는 "한국 정부가 케리를 지지한 증거가 있다"면서 "한미관계에 어려움이 닥칠 것"이라는 네오콘의 협박이 전해졌다고 썼다.

대통령 노무현은 2004년 11월 12일 미국 로스앤젤레스의 국제문제협의회 초청 연설에서 북한에 대한 무력행사나 봉쇄정책에 강한 반대입장을 표명했다. 이에 대해 『동아일보』 2004년 11월 15일자는 「미 네오콘 겨냥한 'NO의 메시지'」라는 기사에서 노무현이 "대북강경론에 제동을 건 것은 다분히 부시 행정부 내의 신보수주의자(네오콘)들을 겨냥한 성격이 짙다"고 보도했다. 『경향신문』 15일자 관련 기사도 노무현의 발언은 "집권 2기를 맞아 대북 적대적 태도를 더욱 강화하려는 부시 행정부 내 '네오콘(신보수주의자)'의 움직임을 사전 차단하려는 의도로 받아들여진다"고 분석했다.

국제뉴스 전문통신사인 IPS(Inter Press Service)는 2004년 11월 22일 워싱턴의 네오콘들이 부시 행정부에 북한 정권 교체를 추진하라는 압력을 넣고 있다고 보도했다. 에버슈타트는 11월 22일에 발간된 주간 『위클리 스탠더드』 29일자에 기고한 「독재 정권을 갈아치우자」는 제목의 글에서 "한국은 '이탈한 동맹국'이 돼버렸다"며 "참여정부의 안보정책에 좌파적 학자 및 사회운동가가 영향을 미치고 있다"고 주장했다. 또 그는 "한국은 파괴적 정권(북한)을 이웃에 뒀지만, 대학원 수준의 '평화학 강의'에 맞춰 안보정책을 세우고 있다"고 주장했다.

또 윌리엄 크리스톨도 11월 22일 언론사에 배포한 '북한 정권을 교체하라'는 내용의 성명에서 "최근의 보도들은 북한의 스탈린식 권력구조에 금이 가고 있고 중대한 반체제 행동 등이 나타나고 있다는 것을 시사한다"면서 "부시 대통령은 이 지독한 정권에 대한 대응책을 2기 임기 중 세워야 한다"고 주장했다.

『경향신문』 2004년 12월 4일자 사설 「에버슈타트의 위험한 선동」은 "글이 완곡해서 그렇지 이 정도면 남한 정권 교체 선동이나 다름없다. 한국 정부가 에버슈타트 같은 이에게 연구비를 대주고, 여론을 거스르며 이라크 파병을 강행, 미국에 맹종했는데도 이런 소리가 나온다. 상종하기 어려운 네오콘들이다. 그는 북한 정권을 붕괴시키려면 먼저 남한 정권을 바꿔야 한다고 믿는 것 같다. 사실 그편이 더 쉬울지 모른다. 한국 정계, 언론, 지식인 사회에서 우리는 그의 동조자를 쉽게 찾을 수 있다. 우리는 지금 이렇게 네오콘, 부시 행정부, 국내 극우 세력 등 세 개 전선에서 한반도 평화를 위한 힘겨운 싸움을 하고 있다"고 주장했다.

제2기 부시 행정부에 미칠 네오콘의 영향력에 대해선 엇갈린 해석이 나왔다. 이장훈(2004)은 "네오콘들이 눈엣가시처럼 여기던 콜린 파월 국무장관이 사임하고 콘돌리자 라이스 백악관 국가안보담당 보좌관이 후임지로 지명되자, 미국 언론들은 '네오콘의 완승'이라고 분석하고 있다"고 말한 반면, 남문희(2004)는 "체니에서 라이스로의 이동은 바로 부시 2기의 대외정책이 네오콘에서 공화당 현실주의자들로 중심축이 이동하고 있다는 것을 의미하는 것이다"라고 주장했다.

이해영(2004)은 널리 알려진 네오콘의 호전성은 과장된 점이 있다며 다음과 같이 주장했다. "북핵·미사일 문제를 둘러싸고 북미 간 '대화'를 시작한 것은 아버지 부시의 공화당 정권이었고, 이 문제로 북폭을 계획한 것은 우습게도 클린턴의 민주당 정권이었다. 더군다나 1999년 북한 대포동 미사일을 놓고 벌어진 위기상황에서 재차 북폭론이 제기되었을 때, 여기에 반대한 사람은 미 네오콘의 우두머리 폴 울포위츠였다. 그가 보기에도 북폭은 한반도의 전면전을 불러올 것이고, 그것은 완전한 파멸을 의미할 뿐이다."

이처럼 한국에서는 네오콘의 일거수일투족에 주목하면서 부시 행정부 내 네오콘의 영향력에 대해 주목하고 있었다. 네오콘의 영향력이 막강한 것은 틀림없지만, 네오콘에 대한 과대평가는 미국의 실체를 바로 보지 못하게 하는 결과를 초래할 수 있다는 점에서 주의를 요하는 일이었다. 다수의 미국인에게 있는 네오콘적 요소에 주목하는 것이 더 타당한 것은 아니었을까?

참고문헌 Ferguson 2010, Gill 2010, Kristol 1983, Lind 2003, Pritchard 2008, Roszak 2004, Strauss 2002, 강준만 2005, 경향신문 2004a, 고종석 2003, 국기연 2004a, 김승련 2004, 남문희 2004, 마상윤 2005, 박성휴 2003, 박영환·김재중 2004, 박찬수 2003·2004a·2004b, 박혜윤 2003, 변창섭 2003, 안병진 2003, 안준현 2004a, 양준희 2004, 오경택 2005, 오타 류 2004, 이미숙 2004, 이수범 2004, 이장훈 2003·2004, 이지은 2004, 이해영 2004, 정우량 2003a, 중앙일보 특별취재팀 2003a, 한겨레 2004

'이념의 공장'인가?
싱크탱크 전쟁

싱크탱크의 '소프트 파워'

미국에서 1970년대 말 이래로 클린턴 행정부 시절을 제외하고는 로널드 레이건부터 조지 W. 부시에 이르기까지 공화당의 장기 집권을 가능케 한 1등 공신은 싱크탱크였다. 막강한 자금력을 바탕으로 최고급 인재들을 거느린 싱크탱크들은 이른바 '소프트 파워'로 언론·지식계 등을 주도하면서 사실상 여론을 지배해왔다.

특히 헤리티지 재단의 활약이 눈부셨다. 공격적인 반공주의, 자유방임경제, 제3세계 독재정권 지원 등을 주요 사업으로 삼고 있는 이 재단의 이사장 에드윈 풀너(Edwin J. Feulner, Jr.)는 『조선일보』단골 출연자였으며, 한국은 이 재단의 금고를 채워주는 주요 해외자금 제공처 가운데 하나였다.(Brock 2002)

풀너는 헤리티지 재단을 지식의 소매상으로 규정하고, 예산의 35~40퍼센트를 홍보에 투자함으로써 기자들과의 공생관계를 형성했다.

이는 헤리티지의 4M 원칙에 따른 것이었는데, 4M은 사명(Mission), 자금(Money), 경영(Management), 마케팅(Marketing)을 뜻했다. 헤리티지는 특히 마케팅에 강했다. 이와 관련, 헤리티지 재단의 홍보 담당자인 허브 버코위츠(Herb Berkowitz)는 "워싱턴에서는 영향력이 있는 것 같이 보이면 그게 바로 영향력이다"라고 말했다.(Smith 1996) 헤리티지 재단은 왕성한 출판 활동을 벌였는데, 그 누가 필자든 이 재단의 "출판물들은 현안에 대한 조직의 입장을 결정하는 헤리티지 재단 간부들로부터 직접 지시를 받았으며, 헤리티지의 돈줄인 외부의 기업 재단들로부터는 간접적인 지령을 받고 있었다."(Brock 2002)

1970년대 들어 보수주의 운동단체와 싱크탱크들이 우후죽순처럼 생겨나는 데 기반을 제공한 게 바로 수억 달러의 자산을 가진 보수 성향의 재단들이었다. 우익 폭로언론인에서 진보적 평론가로 전향한 데이비드 브록(David Brock 2002)은 그의 저서 『우익에 눈먼 미국(Blinded by the Right)』에서 존 올린 재단(John M. Olin Foundation), 스카이프 재단(Scaife Foundation), 브래들리 재단(Bradley Foundation), 스미스-리처드슨 재단(Smith Richardson Foundation) 등을 "보수주의를 지원하는 네 자매"라고 불렀다. 진보적 평론가인 에릭 올터먼(Eric Alterman) 뉴욕시립대학 교수는 "진보적 재단들이 현실에서 벗어난 좁은 학문적 주제에 집중해 있는 사이, 보수 재단들은 대중적 보수서적들의 출판에 수십 수만 달러씩을 지원했다"고 말했다.(박찬수 2005c)

변창섭(2003)은 미국의 우익 재단들이 해마다 각종 단체나 기관에 뿌리는 돈은 수천만 달러에 이르며, 수혜 대상은 보수 일색의 연구소나 언론기관, 보수 학풍을 지닌 대학의 각종 프로그램이나 학술지 발

미국 해군작전부장이 헤리티지 재단에서 주요 국방 현안과 안보 문제에 대해 발언하고 있다.

간 사업 등이라고 말했다. 그는 "수혜자들은 한결같이 보수 학자나 연구원들이다. 그 가운데 부시 행정부 들어 특히 각광받고 있는 신보수주의 연구소나 언론, 개인을 지원하는 곳으로는 브래들리 재단, 존 올린 재단, 스카이프 재단이 꼽힌다. 우선 자산을 5억 달러나 보유한 브래들리 재단은 미국기업연구소의 든든한 후원자로 유명하다. 이 재단이 1985년 이후 2001년까지 미국기업연구소에 제공한 기부금 총액은 무려 2900만 달러를 웃돈다"며 다음과 같이 말했다.

"2001년 각종 보수 성향 기관에 2000만 달러를 기부한 존 올린 재단도 신보수주의자들의 젖줄이나 마찬가지다. 보수재단으로는 미국기업연구소와 헤리티지 재단이 해마다 수십만 달러씩 받는 최대 수혜자나. 올린 재난은 브래들리 재난와 함께 신보수주의의 대표석 간행물인 『코멘터리(Commentary)』와 『퍼플릭 인터레스트』를 후원하고 있다. 올린 재단은 특히 하버드와 예일 등 유수한 대학에 설치된 보수연구소는 물론 각종 보수 성향 프로그램을 적극 후원하는 것으로도 유명하다. 억만장자 은행가였던 로버트 멜론 스카이프(Richard Mellon Scaife)가 설립한 스카이프 재단도 미국기업연구소를 비롯해 헤리티지 재단, 카토연구소, 국제전략문제연구소(CSIS) 등에 각각 적게는 수십만 달러에서 많게는 100만 달러 넘게 아낌없이 재정 지원을 해왔다. 이 재단은 특히 연구소뿐만 아니라 보수학자와 정치인들에게도 후원금을 제공한 것으로 유명하다."

행정부와 싱크탱크의 '회전문'

부시 행정부에서 가장 주목받은 싱크탱크는 미국기업연구소(AEI)다. AEI는 부시 정권 출범 이후 약 20명의 고위 관리를 배출했다. 이를 가리켜 '회전문(revolving door)' 이라고 부른다. 싱크탱크에서 행정부로 자리를 옮겼다가 적당한 시점이 되면 다시 돌아오는 순환과정이 수시로 반복되기 때문이다. 싱크탱크 영향력의 상당 부분이 여기서 나온다는 지적도 있다. 그런 면에서 AEI는 부시 행정부 들어 회전문이 가장 빠르게 도는 싱크탱크였다.

부시 행정부 내 네오콘의 대부 격인 체니 부통령이 AEI 출신이다. 부인 린 체니 역시 AEI의 연구원이었다. 2003년 서울에 와 "북한은 지옥"이라는 발언을 했던 국무부의 강경파 존 볼턴(John R. Bolton) 차관도 마찬가지였다. 반면 부시 대통령의 '악의 축' 연설문 작성자인 데이비드 프럼, 도널드 럼스펠드 국방장관의 친구인 리처드 펄 전 국방정책위원장 등은 회전문의 저쪽(부시 행정부)에서 이쪽(AEI)으로 건너온 경우였다.

인재 풀로 치면 헤리티지 재단도 막강했다. 노동부 장관 일레인 차오(Elaine Chao), 국무부의 킴 홈스(Kim Holmes) 국제조직담당 차관보, 체니 부통령 자문관인 스티븐 예이츠(Stephen Yates) 등 20여 명이 부시 행정부로 갔다. AEI나 헤리티지 모두 연구원 숫자가 50~70명 정도에 불과하다는 점을 감안하면 등용 비율이 엄청나게 높은 셈이었다.

클린턴 행정부가 출범했을 때는 브루킹스 연구소도 마찬가지였다. 당시 브루킹스는 도나 샐레일라(Donna Shalala) 보건부 장관 등 고위직 10명을 배출했다. 헤리티지 재단의 발비나 황(Balbina Hwang) 연구원은 "클린턴 정부 8년 동안은 헤리티지에서 거의 아무도 행정부에 들어가지 못했다"면서 "그 경우 싱크탱크는 비판논리를 열심히 개발하고, 결과적으로는 그것이 싱크탱크와 행정부 모두에 도움이 된다"고 말했다.

워싱턴에서는 일주일에도 수십 건씩 싱크탱크들이 주관하는 각종 세미나가 열렸다. 정부의 정책을 둘러싼 치열한 공방이 오가고, 각종 정책 자료집과 논문 등이 한 해에 수천 건씩 쏟아졌다. 워싱턴의 외교관계자는 "미국의 쇠퇴를 주장하는 사람들도 있지만 아이디어가 개방된 미국 지식사회의 역동성을 어떤 나라도 쉽게 따라오기는 어려울 것"이라고 말했다.(중앙일보 특별취재팀 2003f)

'지식인 포섭'을 위한 노력

미국 보수파의 '지식인 포섭'은 성공적이었나. 한국에는 미국에 내학의 자유가 많은 것처럼 알려졌지만, 실상은 그렇지만은 않다. 교수가 미국의 대(對)이스라엘 정책을 비판하는 글을 썼다고 학교 당국의 경고와 더불어 2주일 봉급 지불 정지를 내리는 나라가 바로 미국이다.

주로 지식인이나 각계 엘리트가 보는 정치 저널들도 지원금 규모에 있어서 우파 측의 후원금이 좌파의 그것을 압도적으로 넘어섰다. 1990~1993년 사이, 우익 성향의 재단들에서는 『뉴 크라이테리온(The New Criterion)』, 『내셔널 인터레스트』, 『퍼블릭 인터레스트』, 『아메리칸 스펙테이터(The American Spectator)』 등 네 개의 보수적 저널에만 270만 달러를 지원한 반면, 같은 기간 『네이션』, 『프로그레시브(Progressive)』, 『마더 존스(Mother Jones)』, 『인 디즈 타임스(In These Times)』 등 네 개의 좌파적 저널이 받은 지원금은 우파 측의 10퍼센트에도 못 미치는 26만 9000달러였다.(Trend 2001)

확고한 당파성을 갖고 있지 않은 기자나 교수로서는 최고급 정보, 탁월한 분석력, 시의적절한 의제 등을 제공하는 보수 싱크탱크들의 각종 보고서와 자료들을 외면하긴 쉽지 않았다. 그들은 이념을 표면에 내세울 만큼 촌스럽지 않았으며, '사실'과 '과학'으로 이야기해보자는 학구적 자세가 충만했기 때문이다. 물론 그런 학구성이 궁극적으로 겨냥하는 것은 보수노선이었지만 말이다.

보수 싱크탱크의 다음 단계에서 '보수주의 전사(戰士) 양성소' 노릇을 한 '리더십 인스티튜트'는 1979년 설립 이후 4만 2000명의 졸업생을 배출했는데, 소장인 모든 블랙웰(Morton C. Blackwell)은 "현재 미국에서 보수가 주류가 된 것은 '훈련된 보수주의자들'의 30년에 걸친 노력의 결과"라고 주장했다. '리더십 인스티튜트'가 내세우는 '보수주의의 10대 승리 지침'은 ①많은 새 보수조직을 결성하고 리더를 훈련시켜라 ②진보단체에 정부 지원이 쏠리는 것을 막아라 ③핵심 공공분야(출판, 언론, 교육 등)에 진입하라 ④길거리를 진보세력에 내주지 마라 ⑤학교에서 보수주의 가치를 가르쳐라 ⑥보수주의 기부자들을 조직하고 발굴하라 ⑦보수주의 스타를 만들어라 ⑧좌파 후보가 단독 입후보하도록 놔두지 말라 ⑨보수주의자들끼리 파괴적 전투를 피하라 ⑩도덕적 분노의 힘을 회복하라 등이었다.(허용범 2005)

앤드루 슈무클러(Andrew Schmookler 1998)는 "워싱턴의 싱크탱크에서 일해본 필자의 경험에 따르자면, 뛰어난 아이디어라는 것이 아이디어 고유의 장점이 아니라 얼마만큼 부자들의 이익에 부합했느냐에 따라 평가된다"고 주장했다.

종교단체의 싱크탱크화

사실상의 싱크탱크 역할을 하는 종교단체들도 많았다. 콜로라도 주의 아름다운 전원도시 콜로라도 스프링스에 있는 미국 내 최대 복음주의 단체 중 하나인 '포커스 온 더 패밀리(Focus on the Family)'를 보자. 2004년 미국을 뜨겁게 달군 동성결혼과 낙태, 줄기세포 연구 등 사회 쟁점에서 보수적 가치를 옹호하는 목소리가 여기서 태동해 미 전역으로 뻗어 나갔다. 2004년 11월 2일 대선에서 이라크나 경제 문제를 제치고 '도덕적 가치'가 유권자 선택기준의 첫 손에 꼽힌 데에는 이들의 역할이 컸다.

"우리의 핵심 가치는 결혼과 가족이다. 우리는 일부일처제 결혼제도를 지지하고 가족의 가치를 옹호한다. 점점 더 많은 미국 시민들이

콜로라도 스프링스에 있는 미국 최대의 가정 목회 단체인 포커스 온 더 패밀리의 방문자 센터 내부. 아이들을 위한 놀이 공간과 아이스크림 가게 등이 있다.

이런 가치에 눈을 뜨고 있다." 이 단체 국제사업 책임자인 켄 래인은 '포커스 온 더 패밀리'의 활동목표를 이렇게 두 단어로 압축해 설명했다.

이 단체가 자신의 이념을 전파하는 활동은 놀라울 정도로 방대하고 역동적이었다. 1300명이 일하는 이곳 본부는 자체 출판 시설은 물론, 라디오 스튜디오까지 갖추었다. 이곳에서 미 전역의 가정에 배달되는 인쇄물만 매달 400만 통에 달했다. '배달 본부'라고 불리는 3층짜리 건물의 출판 시설에서는 매달 12종의 잡지 230만 부가 인쇄되었다. 또 150명의 상담원이 매일 1만 5000통의 전화 상담에 응했다. 여기서 제작되는 토크쇼는 미 전역의 200개 지역방송국을 통해 매주 750만 명의 라디오 청취자에 전달되었다.

　복음주의 단체의 영역은 이제 대선에만 머물지 않았다. '포커스 온 더 패밀리'는 2004년 정치활동단체인 '포커스 온 더 패밀리 액션'을 발족했다. 세금 감면을 받는 '포커스 온 더 패밀리'는 공식적으로 정치 활동을 할 수 없기 때문이다. 2004년 대선을 보름가량 앞둔 10월 15일 '패밀리 액션'은 워싱턴에서 10만여 명이 참가한 '결혼 수호집회'를 열었다. 여기서 제임스 돕슨(James Dobson) 박사는 "11월(선거일)을 기억해야 한다. 우리는 판결을 뒤집을 순 없지만 상원을 바꿀 수는 있다"고 역설했다.

　또 미국 국내 이슈에만 머물지 않았다. 2004년 10월 대선을 앞둔 어수선한 와중에 미 상원은 갑자기 북한인권법안을 통과시켰다. 민주당의 한 상원 관계자는 "대다수 민주당 의원은 인권법안에 별 관심이 없었다. 그러나 민주당 상원 지도자인 톰 대슐 의원(사우스다코타)실에서 연락이 왔다. '우리 지역구에 복음주의자가 3만 명이다. 이들의 표를 얻으려면 북한인권법안을 통과시켜야 한다'고 사정했다"고 전했다. 톰 대슐은 결국 낙선했다.

　한때 역사의 뒤안길로 사라지는 듯했던 복음주의는 지난 10년간 정치적·종교적 영향력을 크게 확대했다. 보수적 싱크탱크인 헤리티지 재단 리 에드워즈(Lee Edwards) 박사는 "1973년 연방대법원의 낙태 합헌 판결이 복음주의 운동을 활성화하는 정치적 계기가 됐다"고 말했다. 조지 부시의 재선으로 상징되는 미국의 거대한 보수주의 흐름 밑바닥에는 바로 복음주의의 부활이 자리 잡고 있었다.(박찬수 2005a)

초당파적 싱크탱크는 안 되나?

수와 규모에서 열세라는 것일 뿐, 자유주의·진보 세력이라고 해서 팔짱만 끼고 있는 건 아니었다. 2003년 8월 8일 억만장자 자선사업가인 조지 소로스 퀀텀펀드 회장은 2004년 대선에서 부시 대통령 낙선을 위해 활동할 시민단체 '함께 가는 미국(ACT; America Coming Together)'에 1000만 달러(120억 원)를 기부했다. 소로스는 "세계의 운명이 미국에 달려 있는데 부시 대통령은 우리 미국인들을 잘못된 방향으로 이끌어 지구촌을 더욱더 어렵게 하고 있다"며 1000만 달러가 부시 낙선에 결정적인 기여를 했으면 좋겠다고 밝혔다.

소로스는 ACT를 선정한 이유와 관련, "일반 시민들이 이 단체를 깊이 신뢰하고 있으며 여러 시민사회단체들과도 활발한 연대활동을 벌이고 있는 점이 큰 특징"이라면서 "ACT의 적극적인 활동에 힘입어 열린 사회의 가치가 미 전역으로 확산됐으면 좋겠다"고 말했다. ACT 측은 소로스 선거기금의 4분의 3을 부시 낙선운동에 투입하고, 핵심 지역의 진보적 인사를 당선시키는 데 쓰겠다고 밝혔다. ACT의 엘렌 맬컴(Ellen Malcolm) 회장은 "소로스 외에도 주요 인사들이 정치 문화를 바꾸기 위한 기금으로 3000만 달러(360억 원)를 약정했다"면서 "본격적인 선거운동이 시작되는 내달부터 전국적 차원의 활동을 시작할 계획"이라고 밝혔다.(이미숙 2003a) 그러나 이 운동은 성공하지 못했다. 소로스는 부시 낙선운동에 실패하자, 본격적인 자유주의 싱크탱크 키우기에 나서게 된다.

한국의 싱크탱크는 어떤가? 한국은 정치와 정책에서 싱크탱크를 필요로 하지 않는 행복한 나라다. '바람' 하나면 족하기 때문이다. 선거와 정책의 주요 메뉴는 혐오, 증오, 분노, 공포 등과 같은 원색적인 감정이다. 개혁파는 묵은 역사의 더러운 때를 공격하는 것만으로 재미를 보려 하고 보수파는 개혁파의 무능·편견·독선을 공격하는 것만으로 재미를 보려고 한다.

한국에서 싱크탱크는 삼성경제연구소의 맹활약이 잘 말해주듯이 재벌기업들의 전유물로 간주된다. 2005년부터 시중은행들이 본격적인 '싱크탱크 키우기'에 나선 것처럼, 싱크탱크는 돈 많은 재계의 게임일 뿐이다. 그렇다고 해서 정치권에 싱크탱크가 전혀 없느냐 하면 그건 아니다. 너무도 초라해서 '싱크탱크'라고 이름 붙일 수가 없어서 그렇지 그 비슷한 게 있긴 있다.

정치권에서는 그것을 가리켜 '사조직'이라 부른다. 각계의 무명 엘리트들로 구성된 일종의 도박 모임이다. 자신이 가담한 사조직의 우두머리가 대권을 잡거나 그에 근접하는 권력을 갖게 될 경우 순식간에 '코리언 드림'을 이룰 수 있기 때문이다. 사조직은 선거에서의 승리와 그에 따른 논공행상을 목표로 삼는다는 점에서도 '싱크탱크'라고 보기 어렵다.

이른바 개혁파에게는 아예 '싱크탱크'라는 개념이 없다. 이들에게는 불의에 대한 분노, 약자를 위한 정의감 수준의 감정만 있을 뿐이다. 그 감정만으로 정책을 대신하려 하니 제대로 되는 일이 있을 리 없다. 노무현 정권의 일부 개혁파들이 한국 최대의 싱크탱크라 할 삼성경제연구소에 기대려고 했다가 비판을 받은 적이 있었는데, 비판만 할 일이 아니었다. 그게 한국 정치판의 수준임을 인정하고 '싱크탱크 없는 정치'에 대한 문제의식으로 발전시켜 나가야 할 일이었다.

싱크탱크를 대신하는 사조직은 그 특성상 편견으로 똘똘 뭉치기 십상이다. 여기에 소영웅주의까지 가세해 개혁 지지 세력마저 통합하기보다는 분열로 끌고 가는 독선 · 독주 · 독단을 범한다면 후대에까지 큰 죄를 짓게 된다. 개혁파든 보수파든 당파성이 강한 집단은 각자 자기 세력이 이기게끔 하는 '레드오션(Red Ocean; 피 튀기는 경쟁 · 투쟁이 지배하는 시장) 전략'에 몰두하기 때문에 어느 한 쪽이 죽지 않는 한 엄청난 사회적 갈등과 분열을 피할 길이 없어진다.

우리에게 궁극적으로 필요한 것은 갈등의 조정과 해소를 목표로 삼는 초당파적 싱크탱크다. 이건 어느 한 쪽으로만 지나치게 기운 미국의 '싱크탱크 정치'가 우리에게 주는 교훈이기도 하다. 한국 사회의 갈등과 분열에 염증을 낸 나머지 화병으로 쓰러지는 부자들이 많이 나오기를 바란다. 싱크탱크는 거액 기부금을 먹고 살기 때문이다. 거액 기부금을 기대하기 어렵다면, 아예 갈등 · 분열 해소를 사시로 삼는 신문이 나와 초당파적 싱크탱크 노릇을 해보는 것도 차선책이 될 수 있다.

참고문헌 Brock 2002, George 2010, Schmookler 1998, Smith 1996, Trend 2001, 박인휘 2005, 박찬수 2005a · 2005c, 변창섭 2003, 신보영 2005, 이미숙 2003a, 정서환 1997, 중앙일보 특별취재팀 2003f, 허용범 2005

유럽은 '늙은 대륙'인가?
미국-유럽 갈등

EU와 ASEM의 성장

앞서 보았듯이, 2003년 1월 독일과 프랑스 정상이 이라크전 반대 입장을 분명히 한 데 대해 도널드 럼스펠드 미 국방장관이 '늙은 유럽'이라는 표현을 써가며 비난하면서 미국과 유럽 사이에 뜨거운 논쟁이 벌어졌다. 유럽은 과연 '늙은 대륙'인가? 그렇게 말하긴 어려울 정도로 유럽은 새로운 시도를 왕성하게 하고 있었다.

1993년 11월에 출범한 EU(European Union; 유럽연합)는 날로 세를 불려 가 2004년에 이르러 25개 회원국에 인구 4억 5000만 명을 자랑하게 되었다. 회원국이 늘면서 EU의 주도권이 프랑스에서 영국으로 넘어가기 시작했다. 2004년 9월 벨기에의 브뤼셀에 있는 유럽이사회 청사에서 열린 회의에서는 유럽 각료 25명은 모두 영어로 의사소통했으며, EU의 문서 중 프랑스어로 번역되는 것은 3분의 1이 안 되었다.

2004년 9월 15일 유럽안보역량연구팀은 '유럽을 위한 인간보호 독

벨기에 브뤼셀에 있는 유럽연합 본부.

트린'이라는 보고서를 EU 사무총장 하비에르 솔라나(Javier Madariaga Solana)에게 제출했다. 연구팀은 "군사력을 이용해 적군을 격퇴하거나 분쟁 당사자들을 물리적으로 떼어놓는 것만으로는 분쟁과 테러가 해결될 수 없다"면서 "인간보호에 초점을 두는 새로운 개념의 분쟁해소와 대(對)테러전략이 필요하다"고 역설했다. '인간보호 독트린'은 위기상황에서 개인의 생명과 자유를 지키기 위한 전략인데, 군사적 대응만으론 충분치 않다는 것을 역설함으로써 미국식 대응과의 차별화 의지를 드러냈다.

아시아유럽정상회의(ASEM; Asia-Europe Meeting)도 EU의 미국과의 라이벌 의식이 만들어낸 작품이다. ASEM은 1994년 싱가포르 총리 고촉동(吳作棟)이 프랑스 총리 발라뒤르(Édouard Balladur)에게 처음 제안한 뒤 2년 만에 공식 출범해, 1996년 태국 방콕에서 첫 회의를 개최했으며, 2004년 10월 8일 베트남의 수도 하노이에서 제5차 회의를 열었다.

아시아와 유럽이라는 두 개의 '구(舊)대륙'이 힘을 합쳐 미국 주도의 세계 질서에 맞서보자는 취지에서 창설된 ASEM은 제5차 회의를 계기로 회원국 수를 기존의 25개국에서 38개국으로 크게 늘리는 한편 기구의 위상을 기존의 대화체에서 실질적으로 일을 벌여나가는 협력체 수준으로 끌어올리고자 했다.

유럽이 ASEM 창설 제안을 수용한 이유는 미국이 주도하는 아시아태평양경제협력체(APEC; Asia-Pacific Economic Cooperation) 때문에 아시아 시장을 잃을지 모른다는 우려가 유럽연합 내부에 확산되고 있었기 때문이다. 그러나 ASEM이 그런 설립 취지와는 달리 미국의 틀 안에서 놀고 있다는 평가도 나왔다. 이와 관련, 김호섭(2004)은 다음과 같이 말했다.

"중국, 일본을 비롯하여 프랑스, 독일의 정상을 포함한 아시아와 유럽의 38개국 정상이 한곳에 모여서 회의를 했음에도 불구하고 세계 여론은 미국 대통령선거의 후보자 토론에 더 관심을 나타냈다. 회의 의제에 있어서도 미국은 배제됐으나, 미국이 설정한 국제정치의 의제

2006년 9월 핀란드 헬싱키에서 열린 제6차 아시아유럽정상회의(ASEM). 기후변화와 에너지 안보가 핵심 의제로 다루어졌다.

에서 크게 벗어나지 못했다. 의장 성명에 포함된 국제 테러, 대량살상 무기의 확산 억제, 북핵 문제의 평화적 해결, 6자회담을 통한 한반도 비핵화 등은 이미 미국이 설정한 의제들이다. 국제정치의 규범과 질서를 형성하는 국가는 미국이며, 이런 점에서 우리 외교의 기축은 역시 한미관계를 중심으로 하여 ASEM 외교를 설정해야 한다."

'유럽인 정체성'과 '국적 정체성'

2004년 10월 11일 EU 외무장관들은 1989년 천안문(天安門)사건 이후 중국에 내린 무기 수출금지 조치를 유지하기로 결정했다. 프랑스의 강력한 해제 요구가 있었지만, 미국이 금수조치를 해제하면 EU에 이전할 주요 군사기술들을 줄이겠다고 밝히는 등 해제 반대를 강하게 주장했기 때문이다. 여전히 미국의 입김이 강하다는 것을 말해주는 사건이었다.

그러나 중국과 EU의 경제적 접근은 계속 강화되었다. EU는 2004년 5월부터 미국과 일본을 제치고 중국의 최대 무역상대 지역으로 올라섰다. 중국과 유럽의 경제관계 강화는 미국의 일극 지배를 견제하기 위한 다극화 중시 기조가 양쪽에서 공통 기반을 형성하고 있었기 때문이다.

EU는 일단 외형적으론 성공을 거둔 것으로 보였다. 특히 유로화 도입(2002년 1월부터)은 예상을 뛰어넘는 성공을 거두어 세계 금융시장에서도 달러의 라이벌로 부상했다. 2005년 1월 현재 1유로에 1.35달러였다. EU의 현안은 EU 헌법 비준이었다. 2007년 발효가 목표인 EU 헌법은 2005년 1월 12일 유럽의회에서 찬성 500표, 반대 137표, 기권 40표로 통과되었다.

EU 헌법 전문은 일부 국가의 반대에 따라 '기독교 정신'을 언급하지 않은 채 "유럽의 문화, 종교, 인도주의 유산으로부터 영감을 도출한다"고 명시했다. 주요 내용은 ①2년 6개월 임기의 EU 대통령직을 신설한다. 임기는 5년까지 가능하며 회원국 정상들이 선출한다. ②외무장관직을 신설한다. 현행 외교정책 대표 기능과 대외 담당 집행위원 기능을 합친 주요 직책이다. ③EU 헌법이 회원국의 권리를 침해하지 않는다. ④정책결정 방식은 조건부 다수결로 한다. 즉, EU 인구의 최소 65퍼센트와 회원국 수의 최소 55퍼센트(15개국)가 동의해야 가결된다. 그러나 외교, 국방, 조세에 관한 주요 정책 변경은 만장일치로 결정한다. ⑤유럽의회 의원 수는 현행 732명에서 최대 750명까지 늘릴 수 있다. ⑥각 회원국이 자체 결정에 따라 탈퇴할 수 있다 등이었다.

유로 화폐.

EU의 성공에 있어서 가장 중요한 문제는 유럽의 정체성과 관련돼 있었다. EU 집행위원회가 2004년 2~3월 실시한 여론조사에서는 응답자 중 절반이 넘는 56퍼센트가 유럽인으로서 정체성을 인식하고 있다고 답했는데(국적 정체성은 42퍼센트), 이는 1999년 동일한 조사와 비교해 5퍼센트 포인트 높아진 수치였다. 특히 유학과 여행 등의 기회가 많은 젊은 층에서 유럽인 정체성은 높아지고 국적 정체성은 낮아진 것으로 분석되었다.

응답자 비율을 기준으로 국가별 '유럽인 정체성'과 '국적 정체성'은 ①이탈리아 69퍼센트-26퍼센트 ②프랑스 67퍼센트-30퍼센트 ③룩셈부르크 67퍼센트-31퍼센트 ④스페인 61퍼센트-36퍼센트 ⑤덴마크 59퍼센트-41퍼센트 ⑥독일 56퍼센트-43퍼센트 ⑦벨기에 54퍼센트-44퍼센트 ⑧아일랜드 49퍼센트-48퍼센트 ⑨포르투갈 49퍼센트-50퍼센트 ⑩네덜란드 48퍼센트-51퍼센트 ⑪스웨덴 43퍼센트-55퍼센트 ⑫오스트리아 42퍼센트-55퍼센트 ⑬그리스 41퍼센트-59퍼센트 ⑭영국 36퍼센트-61퍼센트 ⑮핀란드 35퍼센트-65퍼센트 등이었다.

유럽은 '팍스 아메리카나'의 견제세력이 될 수 있을 것인가? 반(反)세계화 운동가 월든 벨로(Walden Bello)는 2002년 9월 유럽이 미국 패권주의에 반대하는 동맹 대상이 될 수 있다고 주장하면서 유럽을 향해 '미국 헤게모니에 반대하는 유럽·아프리카·라틴아메리카·아시아동맹'을 제창했다. 실현되기 어려운 주문이지만, 그나마 좌파진영 내부에서의 반대 목소리에 부딪혔다. 마르크스주의자인 알렉스 캘리니코스(Alex Callinicos)는 이런 입장이야말로 국가로서의 미국을 겨냥해 마치 현 세계의 문제를 미국의 지배로 착각하는 것이라고 비판하면서, 미국의 우위에 대한 유럽연합의 도전은 현 상황을 근본적으로 개선시키기는커녕 "많은 자원들을 군대로 돌리고 새로운 군비경쟁을 풀어놓아 세계를 지금보다 한층 더 부정의하고 위험스럽게 만들 것"이라고 주장했다.(유재건 2005)

유럽의 '미국 쇠락론'

어떤 이유에서든 미국에 대항하는 게 어렵다면 미국 스스로 쇠락하기를 바라는 수밖에 없지 않은가. 그런 이유 때문인지 유럽에서는 여전히 '미국 쇠락론'이 인기를 얻고 있었다. 프랑스에서는 역사학자 에마뉘엘 토드(Emmanuel Todd 2004)가 2002년 가을에 낸 『아메리카 이후: 아메리카 시스템 붕괴에 관한 에세이(Aprés L' Empire: essai sur la décomposition du systéme américain)』라는 책이 베스트셀러가 되었고, 책이 나온 지 1년도 안 돼 11개국에서 번역되었다.

'미국 제국'의 종말을 예언한 『아메리카 이후』가 사람들의 눈길을 끈 것은 미국 패권의 운명을 달러와 유로 통화 그리고 석유자원의 '삼각관계'로 풀이한 대목이었다. 토드는 "산유국들이 유로 통화를 결제 수단으로 택하면서 미국이 패권 유지 수단으로 악용한 달러 헤게모니가 흔들리고 있다. 반(反)테러 전쟁은, 이미 사라진 달러 헤게모니를 방어하는 전쟁이다"라며 "부시 정부가 무력시위를 그만두지 않으면 전 세계는 곧 미국의 몰락을 보게 될 것"이라고 경고했다.

프랑스와 독일은 번갈아가면서 '미국 쇠락론'을 역설하기로 작정했던 걸까? 2003년 8월 독일 시사주간지 『디 차이트(Die Zeit)』의 편집장 요제프 요페(Josef Joffe)는 미국과 로마제국을 비교하면서 "미국의 흥망성쇠는 다른 나라들과의 조화 여부에 달렸다"고 주장했다.

요페에 따르면 오늘날 미국은 조너선 스위프트(Jonathan Swift, 1667~1745)의 소설 『걸리버 여행기(Gulliver's Travels)』(1726)의 주인공인 걸리버가 소인국에 도착해 "밧줄에서 풀려난" 형국이다. 소인으로 전락한 다른 나라들은 거인인 미국의 움직임을 견제할 만한 힘이 없다. 미국은 마음만 먹으면 원하는 것은 무엇이든 얻을 수 있다. 그러나 소인들과 서로 도우며 안락한 삶을 누리던 걸리버가 이들의 미움을 사 결국 쫓겨난 것처럼 미국도 계속 다른 나라들과 불화를 빚으면 몰락할 수밖에 없다고 요페는 경고했다. 요페는 무소불위의 힘을 과시하며 유럽을 비롯한 다른 나라들과 끊임없이 불협화음을 내고 있는 미국의 모습이 한때 천하를 손에 쥐었던 로마 제국의 몰락사와 닮아가고 있다고 분석했다. 그럼에도 불구하고 미국은 로마 제국과는 다른 강점들이 있기 때문에 이를 잘 활용한다면 쇠퇴를 피할 수 있다고 조언했다.

요페가 지적한 미국과 로마 제국의 차이점은 군사력과 경제력 그리고 문화에 있다. 미국은 우선 막강한 군사력을 보유하고 있다. 로마 제국과는 달리 동맹국의 도움 없이도 전 세계를 순식간에 제압할 수 있다. B-52 폭격기로 폭탄을 몇 발 떨어뜨리는 것만으로도 아프가니스탄을 무너뜨릴 수 있다는 것이다. 이처럼 막강한 군사력은 인류 역사상 유례가 없을 정도다.

미국은 또 자국의 힘만으로 세계 최강의 경제 대국 자리를 지키고 있다. 로마 제국은 식민지의 노동력과 자본을 착취해 호의호식한 불안정한 경제구조를 가졌다. 이와 달리 미국의 경제 기반은 매우 유기적이고 안정적이어서 다른 나라의 경제 상황에 흔들리지 않을 뿐만 아니라, 하버드와 MIT 등의 명문대를 필두로 세계 지식시장까지 선도하고 있다.

다국적 문화도 미국이 가진 강점 중 하나다. 로마제국의 문화는 국경을 넘지 못한 반면 미국 문화는 전 세계 곳곳에 깊숙이 스며 있다. 종교와 인종 등의 한계에 부딪힌 로마 문화는 이방인들에게 반발심만 일으키는 부작용을 낳았지만 다양한 국가와 인종적 요소가 가미된 미국의 다국적 문화는 오히려 외국인들의 동경과 친근감을 불러일으키며 효자 노릇을 하고 있다.

요페는 미국이 "동맹 아니면 적"이라는 경직된 태도를 보이는 것은 문제라고 비판했다. 로마를 제외한 모든 나라를 정복 대상으로 삼았다가 결국 몰락한 로마 제국의 전철을 밟는 태도라는 것이다. 따라서 미국의 영속적인 번영은 로마 제국과는 다른 강점들을 최대한 살리되 이를 무기로 삼아 다른 나라들과 불화를 빚지 말고 '부드러운 조화'를 이끌어낼 때 가능하다고 요페는 지적했다.(김희균 2003a)

미국 메사추세츠주 케임브리지에 있는 세계 최고의 사립 명문대인 하버드대학 건물. 존 F. 케네디 등 8명의 미국 대통령을 비롯해 다수의 노벨상 수상자를 배출하는 등 세계 지식시장을 선도하고 있다.

프랑스도 독일도 아닌 슬로베니아 출신 철학자 슬라보예 지젝의 생각은 어떨까? 2003년 10월 그는 로마와 미국의 차이에 대해 이렇게 주장했다. "로마가 더 개방적이고 관대했다. 로마는 영토 내 사람 대부분에게 시민권을 주고 법도 평등하게 적용했다. 미국은 그게 부족하다. 또 한 가지 로마는 안팎의 구분이 분명했다. 로마 밖은 게르만이라는 야만인의 세상이었다. 미국은 자기 세력권 안에서 벽을 쌓는다. 올드 유럽과의 갈등을 보라."

지젝은 "미국의 신보수파는 유럽이 미국 덕에 안보 걱정을 안 하고 편안하게 산다고 야유한다"는 질문에 대해 이렇게 답했다. "미국이 유럽을 그렇게 만들고 있다. 미국은 성실성을 갖고 유럽을 파트너로 대접해야 하는데 그렇지 못하고 굴욕감을 준다. 유럽이 과거에 피운 말썽을 생각하면 국제기구에 의존하는 칸트적인 평화가 나쁠 게 없다. 그리고 미국도 내심으로는 유럽이 군사적으로 적극성을 띠는 것을 원치 않는다."(중앙일보 특별취재팀 2003i)

"파워에 따라 세상을 다르게 본다"

언젠가 미국이 몰락할 때도 있겠지만, 2000년대에 미국과 유럽 간 힘의 격차는 더욱 커지고 있었다. 미국은 세계 유일 초강대국으로서 행세하면서 이 세계를 마음대로 휘젓고 다녔다. 아무런 견제력이 없는 가운데 미국 마음대로 행세하는 '보안관' 노릇에 문제가 없을 리 없었다. 미국의 오만을 유럽은 더욱 찌푸린 얼굴로 바라보게 되었다.

"파워에 따라 세상을 다르게 본다"는 말이 가슴에 와 닿는다. 네오콘 논객 로버트 케이건(Robert Kagan 2003)은 "망치를 쥐고 있으면 모든 문제가 못으로 비치기 시작한다"는 격언을 소개하면서 강자와 약자의 시각과 심리 차이가 오늘날 미국과 유럽을 갈라놓는 주요 이유 중 하나라고 주장했다.

'미국의 신세기 프로젝트(PNAC)'라는 공화당 정책개발팀의 공동설립자인 케이건이 2002년 발표한 논문은 네오콘적 오만의 백미(白眉)였다. "약한 유럽은 국제기구에 의한 평화를 제창한 칸트의 공상적 세계에 안주하고, 미국은 토머스 홉스의 '만인 대 만인의 투쟁'의 현실세계에서 평화와 문명을 위해서 싸운다."(중앙일보 특별취재팀 2003g)

그러한 시각과 심리 차이의 하나로 이른바 '안보의식'을 들 수 있다. 2002년 여름에 실시된 한 여론조사 결과에 따르면 유럽인보다는 미국인들이 이라크, 이란, 북한의 위협을 더 걱정하는 것으로 나타났다. 얼른 생각하면 도무지 이해할 수 없는 일이었다. 왜 가장 막강한 힘을 가진 나라의 사람들이 위협을 더 느낀단 말인가? 케이건은 미국이 세계의 경찰 노릇을 해야 한다는 생각, 즉 미국과 유럽의 역할이 다르다는 인식의 차이 때문이라고 말한다. 미국이 세계의 카우보이나 보안관 역할을 맡으려 드는 것에 대한 유럽의 시각이 곱지 않은 이유에 대해 케이건은 이런 비유를 들어 설명했다.

"개척시대 서부 변경 지역의 상황을 그대로 비유해보자면 유럽은 술집 주인과 비슷한 처지다. 무법자는 보안관에게 총을 쏘지, 술집 주인에게 총격을 가하지는 않는다. 사실 술집 주인이 보기에 힘으로 자신의 명령을 강제하려는 보안관이 경우에 따라 무법자보다 더 위협적일 수도 있다. 무법자는 잠시 앉아 술이나 마시려는 것일 수 있기 때문이다."

미국은 돈까지 챙기려는 것이기 때문에 이 비유는 썩 좋은 건 아니지만, 미국과 유럽의 관계에 대해선 무언가 시사해주는 바가 있다. 유럽이 걱정하는 것은 우선적으로 '돈'의 문제였다. 과거 미국이 힘이 약할 때에는 영국, 독일, 프랑스도 횡포를 많이 저질렀으며, 미국도 그런 유럽에 대해 불평을 했었다는 사실을 상기할 필요가 있다. 결국 모든 게 '힘의 논리'와 '밥그릇 싸움'에 따른 것이지, 유럽 국가들이 마음이 착해 미국의 호전적 패권주의에 반대하는 건 아니었다.

우선 당장 국방비에서 큰 차이가 나는데 유럽이 무슨 수로 미국을 쫓아갈 수 있을 것인가? 1990년대에 유럽 전체 연간 국방비는 1500억 달러인 반면, 미국은 2800억 달러였다. 유럽은 교육 수준이 높은 4억 인구에 9조 달러의 경제 규모를 자랑한다. 마음만 먹으면 얼마든지 군사적으로 미국과 맞먹을 수도 있는 부와 기술력을 갖고 있다는 뜻이다. 그러나 유럽은 군사력 증강에 돈을 쓰지 않고, 그 대신 돈을 사회복지나 장기간의 휴가, 근무일수 단축에 투입했다.

왜 그럴까? 케이건은 유럽에는 파워를 추구하는 야심이 없다고 말한다. 2차 세계대전 이후에 겪은 독특한 역사적 체험 때문에 무력 외교를 거부한다는 것이다. 독일에 덴 나머지 한 국가의 패권적 야망 억제에 몰두하며, 아직도 독일에 대한 공포가 남아 있기에 그 어느 나라든 군비 증강에 대해 알레르기 반응을 보인다는 것이다. 그래서 유럽인들에게 '안보'는 미국에서 쓰는 '안보'와는 다른 개념이 되었다. 유럽인들은 일상적 삶에서 범죄와 폭력으로부터의 보호를 가장 중요하게 생각하며 '안보'도 그런 차원의 문제로 인식한다는 것이다.

물론 심리적인 문제만은 아니다. '제국의 과잉팽창'에 따른 자업자득(自業自得)의 결과라는 점도 무시할 수 없다. 이 점을 미국의 딜레마로 보는 폴 케네디는 다음과 같이 말한다. "미국처럼 전 세계에 과잉팽창한 나라는 군비투자가 적으면 도처에서 불안감을 느끼게 될지도 모른다. 그러나 군비 투자를 대폭 늘리면 단기적으로는 안보를 증진시킬 수 있겠지만 장기적으로 보면 미국 경제의 경쟁력을 약화시켜 국가안보를 해치는 결과를 가져올지도 모른다."

어찌 됐건 전망도 당분간은 비관적이다. 인구통계학적 관점에서도 미국이 유럽보다 유리하기 때문에 적어도 유럽은 미국의 견제 역할을 제대로 해낼 것 같지는 않다. 2000년대 초 미국인의 중위 연령은 35.5세인 반면, 유럽은 37.5세였다. 2050년에는 이런 중위 연령이 미국은 36.2세가 되고 유럽은 현재의 추세가 지속된다면 52.7세가 된다. 이는 노령 인구를 부양할 재정적 부담이 미국보다 유럽 쪽이 훨씬 거지게 되며, 따라서 방위비 지출을 더 줄이게 되리라는 것을 의미한다. 현재 유럽과 비슷한 경제 규모인 미국 경제는 2050년까지는 2배 이상으로 커질 가능성이 있다는 예측도 나오고 있어 앞으로 계속 유럽은 미국에 끌려다니는 운명을 피할 수 없을 것으로 보인다.

노동관의 차이

미국에 대한 EU의 라이벌 의식이 만만치 않긴 하지만, 미국은 EU의 도전에 대해 코웃음을 치는 편이었다. 미국인은 유럽인이 게으르다고 생각했다. 실제로 미국인은 유럽인보다 훨씬 많이 일했다. 경제협력개발기구(OECD) 보고서에 따르면, 2003년 미국인들은 평균 1792시간 일한 반면 프랑스인들은 1453시간, 독일인들은 1446시간 일한 것으로 나타났다. 그러나 유럽인이 게을러서 적게 일하는 것은 아니다. 예전에는 미국과 유럽의 노동시간이 비슷했으나 세율이 오르면서부터 유럽인은 적게 일하기 시작했다. 더 많이 일해도 세금을 빼고 나면 남는 것이 별로 없기 때문에 일을 할 의욕을 느끼지 못하고 실직 노동자들에 대한 복지 혜택도 크기 때문이라는 것이다.

미국인은 유럽인이 놀고먹길 좋아한다고 생각하기 때문에 그들의 자부심과 우월의식은 더욱 부풀어 오른다. 돈은 덜 벌더라도 일을 덜 하는 것을 원하는가? 이런 삶을 가리켜 미국인들은 다운시프팅(downshifting)이라고 부른다. 이런 질문에 대해 독일인의 38퍼센트, 영국인의 30퍼센트가 '그렇다' 고 답을 하였지만 미국인은 겨우 8퍼센트만이 '그렇다' 고 답을 했다. 이는 겉보기에는 어떨지 몰라도 실제로는 미국 사회의 경쟁이 그만큼 치열하며 미국인들이 일을 더 많이 한

파리는 여름철이 되면 상점들이 문을 닫는 경우가 많다. 사진은 여름에 휴가를 못가는 프랑스인과 외국인 관광객들에게 색다른 즐거움을 주기 위해 만든 인공해변인 '파리 플라주'. ⓒ jean-louis zimmermann

다는 점을 의미하는 것이다. 그 이유에 대해 미국의 경제학자 로버트 라이시(Robert B. Reich 2001)는 다음과 같이 말했다.

"분명한 것은 대부분의 미국인들이 하는 말과 행동은 환경에 따라 달라진다는 점이다. 미국인들이 열심히 일하고 싶어 하는 것은 앞으로의 수입이 과거보다 그 전망이 더 불투명하고, 경쟁이 더 치열하고, 수입의 불균형이 더 심화한다는 전제가 깔렸기 때문이다. 직업의 구조나 봉급이 현재와 다른 상태라면 아마도 일은 덜 하고 '싶어 할' 것이다. …… 미국인들이 열심히 일하는 것은 심리적으로 그렇게 '하고 싶기' 때문이 아니라, 매우 역동적인 시장 속에서 살아가고 있기 때문이다. 이런 환경 속에서 매우 높이 올라갈 수도, 아니면 아주 낮은 곳으로 추락할 수도 있다. 얼마나 높이 혹은 낮게 우리의 위치가 변할지 알 방법은 없다. 앞으로 어떤 기회가 올지, 또 언제 그런 기회가 올지

예측도 불가능하다. 우리가 아는 것이라고는 이런 상황을 최대로 활용하기 위해서 현재 우리 자신을 매우 세게 밀어붙이는 것밖에 없다는 것이다."

무한 경쟁을 강요하는 사회 시스템과 그런 시스템 속에서 사는 사람들이 세계를 보는 눈은 훨씬 더 각박하고 살벌할 게 틀림없다. 이런 이유 때문에라도 미국인들은 국가안보에 과잉 집착할 것이고, 또 이는 그들 특유의 선민의식으로 인해 악화되어, 자기들 딴에는 좋은 일 한다고 그럴지 몰라도 다른 나라 사람들이 볼 때엔 국제경찰 노릇을 하는 게 아니냐는 것이다. 물론 미국의 국제경찰 노릇은 정치경제적인 이유, 즉 돈과 자원의 문제로도 설명할 수 있다. 이라크 침략은 석유에 대한 욕심과 무관치 않았으며, 침략을 수행하면서 무기의 과잉 재고품을 없애 군수업체들이 돌아가게끔 만들어주니 미국으로선 '꿩 먹고 알 먹는' 장사를 한 셈이었다.

반미주의의 세계적 유행

2004년 10월 영국의 소설가 마거릿 드래블(Margaret Drabble)은 런던 『데일리 텔레그라프(Daily Telegraph)』에서 "나의 반미 감정은 거의 억제할 수 없게 되었다. 나는 지금 미국과 그들이 이라크와 세계의 다른 무력한 나라들에 행한 것을 증오한다. 나는 조지 부시와 도널드 럼스펠드의 얼굴을 거의 쳐다볼 수 없으며, 그들의 거만한 몸짓을 보거나 자만하는 횡설수설을 들을 수 없다"고 썼다.

이에 대해 미국의 『워싱턴타임스』 칼럼니스트 모나 채런(Mona Charen 2004)은 "대다수 미국인은 반미주의를 살펴보면서 다른 모든

석유가 있는 곳에 미군이 있다. 이라크 페르시아만의 석유 시추 플랫폼을 바라보는 미군 장교(위)와 이라크 내 반군의 공격을 받은 석유 파이프라인 주변을 경계 중인 미군의 모습(아래).

것보다 중요한 한 가지 사실을 발견한다. 그것은 질시다. 유럽인이 세계를 지배하고 제국주의를 일삼았던 것을 우리는 생생히 기억한다. 그들은 권력의 단맛을 여전히 회상할 수 있을 뿐만 아니라 자신들의 거만함을 아직 버리지 못하고 있다"고 반론을 폈다.

그러나 드래블만 그런 반미 정서를 표출한 것은 아니었다. 이라크 전쟁의 여파 때문인지 전 세계적으로 반미주의(反美主義)가 유행을 하고 있었다. 2004년 12월 영국 언론은 전통적으로 캐나다인을 깔보며 무시해왔던 미국인이 세계적인 반미 가정의 고조로 외국여행을 떠나면서 캐나다인으로 위장하는 사례가 늘어나고 있다고 보도했다. 가장 널리 사용되는 위장술은 캐나다의 상징인 단풍잎이 그려진 스티커를 수화물 가방에 붙이는 것이라고 했다. 2001년 4월 미국 CBS 방송이 실시한 설문조사에서 미국인의 98퍼센트는 8년 동안이나 현직을 지켜온 캐나다 총리의 이름조차 모를 정도로 캐나다에 대해 무식한 것으로 나타났다. 그런데 이젠 캐나다 영어를 공부하고 캐나다에 대한 상식을 공부하는 사람들이 늘고 있으며, 심지어는 『캐나다 사람 행세하기(Go Canadian)』라는 책까지 출간돼 날개 돋친 듯 팔리고 있다는 것이다.(이호갑 2004)

영국 『파이낸셜 타임스』(2004년 12월 29일자)는 부시 행정부의 일방주의 외교정책이 미국산 제품들의 해외 판매량에 부정적 영향을 끼치고 있다고 보도했다. 프랑스인 네 명 중 한 명, 독일인 및 중국인은 다섯 명 중 한 명꼴로 미국의 일방주의와 독선적인 군사행동에 대한 반감 때문에 미국 상품을 사려던 애초 생각을 바꾼 적이 있는 것으로 조사됐다는 것이다.(이석우 2004)

이런 기사에는 미국의 일방주의가 편치 않은 영국인의 희망사항이 스며 있는 것은 아닐까? 설사 기사 내용이 정확하다 하더라도, 이와 같은 미국 상품 불매 움직임이 과연 미국 대중문화에까지 영향을 미칠 수 있을까? 답은 부정적이다. 그렇다면 다시 대중문화라는 소프트 파워는 어떤 식으로든 미국 상품의 경쟁력을 높이는 데에 기여할 것이다. 또한 미국이 언제까지 '9·11테러 시대'에 붙잡혀 있지만은 않을 것이다. 사실 미국의 적은 미국의 밖에 있다기보다는 미국의 안에 있다고 보는 것이 옳을지도 모른다. 이른바 '제국의 그늘'이 미국 내에 짙게 드리워지고 있는 게 '팍스 아메리카나'를 위협하는 최대의 복병이 아니겠느냐는 것이다. 이제 그 '제국의 그늘'을 찾아 산책을 떠나보기로 하자.

참고문헌 Beck 2000, Brzezinski 2000, Charren 2004, Chomsky 1996, Friedman 2000, Joffe 2004, Kagan 2003, Kennedy 1996, Morley & Robins 1999, Nye 2000·2002·2004, Reich 2001, Rifkin 2005, Thatcher 2003, Todd 2004, 강준만 2004·2005a, 고종석 2003, 권화섭 2004, 김광덕 2004, 김광호 2004, 김동원 2004, 김봉중 2001, 김호섭 2004, 김희균 2003a, 문향란 2005, 박중언·이상수 2004, 백찬홍 2003, 송은아 2004, 유재건 2005, 이삼성 1998·2001, 이석우 2004, 이의란 2005, 이호갑 2004, 정혜승 2005, 중앙일보 특별취재팀 2003g·2003i, 한종호 2004, 허광 2003

참고문헌

타리크 알리(Tariq Ali), 정철수 옮김, 『근본주의의 충돌: 아메리코필리아와 옥시덴털리즘을 넘어』, 미토, 2003.
타리크 알리(Tariq Ali), 「이라크의 재식민화」, 『황해문화』, 제40호(2003a년 가을), 89~108쪽.
Jonathan Alter, 「타협을 모르는 '하얀 토네이도'」, 『뉴스위크 한국판』, 1999년 11월 17일, 32~35면.
Jonathan Alter, 「당의 정책에 소신있는 반기 매케인의 고집스런 대선 행보」, 『뉴스위크 한국판』, 1999a년 11월 10일, 60면.
Jonathan Alter, 「매케인 부인 신디의 고난과 승리의 세월」, 『뉴스위크 한국판』, 1999b년 11월 17일, 36면.
스티브 M. 바킨(Steve M. Barkin), 김응숙 옮김, 『미국 텔레비전 뉴스』, 커뮤니케이션북스, 2004.
울리히 벡(Ulrich Beck), 조만영 옮김, 『지구화의 길』, 거름, 2000.
모리스 버만(Morris Berman), 심현식 옮김, 『미국문화의 몰락: 기업의 문화지배와 교양문화의 종말』, 황금가지, 2002.
지오반나 보라도리(Giovanna Borradori), 『테러시대의 철학: 하버마스, 데리다와의 대화』, 문학과지성사, 2004.
데이비드 브록(David Brock), 한승동 옮김, 『우익에 눈먼 미국: 어느 보수주의자의 고백』, 나무와숲, 2002.
데이비드 브룩스(David Brooks), 형선호 옮김, 『보보스: 디지털 시대의 엘리트』, 동방미디어, 2001.
즈비그뉴 브레진스키(Zbigniew Brzezinski), 김명섭 옮김, 『거대한 체스판: 21세기 미국의 세계전략과 유라시아』, 삼인, 2000.
George W. Bush, 「부시 대통령 후보 수락 연설」, 『월간조선』, 2000년 9월, 625~650쪽.
조지 W. 부시(George W. Bush), 양재길 옮김, 『맡아야 할 본분: 부시 자서전·CEO형의 인간적인 리더십』, 두레박, 2001.
Margaret Carlson, 「In the Name of Their Fathers」, 『Time』, October 11, 1999, p.43.
모나 채런(Mona Charren), 「유럽의 '미국 혐오증'」, 『세계일보』, 2004년 10월 12일, 25면.
마이크 치노이(Mike Chinoy), 박성준 · 홍성걸 옮김, 『북핵 롤러코스터: 전 CNN 전문기자가 쓴 북미협상 인사이드 스토리』, 시사인북, 2010.
노암 촘스키(Noam Chomsky), 김보경 옮김, 『미국이 진정으로 원하는 것』, 한울, 1996.
노암 촘스키(Noam Chomsky), 박행웅 · 이종삼 옮김, 『촘스키, 9-11: 뉴욕테러와 미국의 무력 대응에 대한 비판과 분석』, 김영사, 2001b.
클리퍼드 크리스천스(Clifford G. Christians) 외, 김춘옥 옮김, 『78개의 최신 사례로 보는 미디어 윤리』, 커뮤니케이션북스, 2007.
에이미 추아(Amy Chua), 윤미연 옮김, 『불타는 세계』, 부광, 2004.
리처드 A. 클라크(Richard A. Clarke), 황해선 옮김, 『모든 적들에 맞서: 이라크 전쟁의 숨겨진 진실』, 휴먼앤북스, 2004a.
CSIS(국제전략문제연구소) 스마트파워위원회, 홍순식 옮김, 『스마트 파워』, 삼인, 2009.
Current Biography, 「McCain, John S.」, 『Current Biography』, 1989.
Current Biography, 「Shirky, Clay」, 『Current Biography』, 2003b.
Current Biography, 「Pelosi, Nancy」, 『Current Biography』, 2003c.
Current Biography, 「Keller, Bill」, 『Current Biography』, 2003d.
Current Biography, 「Brooks, David」, 『Current Biography』, 2004.
로버트 달(Robert A. Dahl), 박상훈 · 박수형 옮김, 『미국헌법과 민주주의』, 후마니타스, 2004.
케네스 데이비스(Kenneth C. Davis), 이순호 옮김, 『미국에 대해 알아야 할 모든 것, 미국사』, 책과함께, 2004.
John F. Dickerson, 「For McCain, Flak Becomes Fuel」, 『Time』, October 25, 1999, p.34.
John F. Dickerson, 「In This Corner...」, 『Time』, November 15, 1999a, pp.38-39.
밥 돌(Bob Dole), 김병찬 옮김, 『대통령의 위트: 조지 워싱턴에서 부시까지』, 아테네, 2007.
Gary Donaldson, ed., 『Modern America: A Documentary History of the Nation Since 1945』, Armonk, NY: M.E.Sharpe, 2007.
장클로드 드루앵(Jean-Claude Drouin), 김모세 옮김, 『세계화시대의 경제파워: 그 권력과 반권력의 주역들』, 현실문화, 2009.
크레이그 아이젠드래스(Craig Eisendrath) 외, 김기협 · 천희상 옮김, 『미사일 디펜스: MD, 환상을 좇는 미국의 방위전략』, 들녘, 2002.
니알 퍼거슨(Niall Ferguson), 김일영 · 강규형 옮김, 『콜로서스: 아메리카 제국 흥망사』, 21세기북스, 2010.
리처드 플로리다(Richard Florida), 이길태 옮김, 『창조적 변화를 주도하는 사람들』, 전자신문사, 2002.
다니엘 플린(Daniel J. Flynn), 오영진 옮김, 『미국의 변명』, 한국경제신문, 2003.
Thomas L. Friedman, 『The Lexus and the Olive Tree』, New York: Anchor Books, 2000.
토머스 L. 프리드먼(Thomas L. Friedman), 신동욱 옮김, 『렉서스와 올리브나무: 세계화는 덫인가, 기회인가?(전2권)』, 창해, 2000.
토머스 L. 프리드먼(Thomas L. Friedman), 김성한 옮김, 『경도와 태도』, 창해, 2002.
존 루이스 개디스(John Lewis Gaddis), 강규형 옮김, 『9·11의 충격과 미국의 거대전략: 미국의 안보경험과 대응』, 나남출판, 2004.
허버트 갠즈(Herbert J. Gans), 남재일 옮김, 『저널리즘, 민주주의에 약인가 독인가』, 강, 2008.
수전 조지(Susan George), 김용규·이효석 옮김, 『하이재킹 아메리카: 미국 우파는 미국인의 사고를 어떻게 바꾸어놓았나』, 산지니, 2010.
레슬리 질(Lesley Gill), 이광조 옮김, 『아메리카 군사학교』, 삼인, 2010.
말콤 글래드웰(Malcolm Gladwell), 김태훈 옮김, 『그 개는 무엇을 보았나: 참을 수 없이 궁금한 마음의 미스터리』, 김영사, 2010.
필립스 골럽(Phillips Golub), 「제국의 길, 또 하나의 서부개척」, 이그나시오 라모네(Ignacio Ramonet) 외, 최병권·이정옥 엮음, 『아메리카: 미국, 그 마지막 제국』, 휴머니스트, 2002, 29~38쪽.
필립스 골럽(Phillips Golub), 「테러와의 전쟁, 그리고 제왕적 대통령」, 이그나시오 라모네(Ignacio Ramonet) 외, 최병권·이정옥 엮음, 『아메리카: 미국, 그 마지막 제국』, 휴머니스트, 2002a, 114~120쪽.
테드 할스테드(Ted Halstead) & 마이클 린드(Michael Lind), 최지우 옮김, 『정치의 미래: 디지털시대의 신정치 선언서』, 바다출판사, 2002.
조지프 히스(Joseph Heath) & 앤드류 포터(Andrew Potter), 윤미경 옮김, 『혁명을 팝니다』, 마티, 2006.
새뮤얼 헌팅턴(Samuel P. Huntington), 형선호 옮김, 『새뮤얼 헌팅턴의 미국』, 김영사, 2004.
요제프 요페(Joseff Joffe), 「제2의 로마제국 출현」, 『중앙일보』, 2004년 10월 14일, 30면.
찰머스 존슨(Chalmers Johnson), 이원태·김상우 옮김, 『블로우백』, 삼인, 2003.
찰머스 존슨(Chalmers Johnson), 안병진 옮김, 『제국의 슬픔: 군국주의, 비밀주의, 그리고 공화국의 종말』, 삼우반, 2004.
스티븐 존슨(Steven Johnson), 윤명지·김영삼 옮김, 『바보상자의 역습』, 비즈앤비즈, 2006.
로버트 케이건(Robert Kagan), 홍수원 옮김, 『미국 vs 유럽 갈등에 관한 보고서』, 세종연구원, 2003.
로버트 케이플런(Robert D. Kaplan), 황건 옮김, 『지구의 변경지대: 21세기로 가는 마지막 여행』, 한국경제신문사, 1997.
로버트 카플란(Robert D. Kaplan), 장병걸 옮김, 『무정부 시대가 오는가』, 코기토, 2001.
로버트 카플란(Robert D. Kaplan), 이재규 옮김, 『승자학』, 생각의나무, 2002.
조지 카치아피카스(George Katsiaficas), 백승욱 옮김, 「9·11과 미국인의 양심」, 『창작과 비평』, 제115호(2002년 봄), 30~36쪽.
폴 케네디(Paul Kennedy), 이일수 외 옮김, 『강대국의 흥망』, 한국경제신문사, 1996.
Irving Kristol, 『Reflections of a Neoconservative: Looking Back, Looking Ahead』, New York: Basic Books, 1983.
마이클 린드(Michael Lind), 문정인 감수, 임종태 옮김, 『부시 메이드 인 텍사스: 신보수주의자와 남부 세력의 미국 정계 접수」, 동아일보사, 2003.
마이클 린드(Michael Lind), 「"미 정치에서는 교회의 역할이 중요"」, 『뉴스위크 한국판』, 2003a년 11월 5일, 126면.
진 립먼-블루먼(Jean Lipman-Blumen), 정명진 옮김, 『부도덕한 카리스마의 매혹』, 부글북스, 2005.
마거릿 맥밀런(Margaret MacMillan), 권민 옮김, 『역사 사용설명서: 인간은 역사를 어떻게 이용하고 악용하는가』, 공존, 2009.
존 매케인(John McCain), 지소철 옮김, 『아버지들의 신념』, 현재, 2000.
마크 크리스핀 밀러(Mark Crispin Miller), 김태항 옮김, 『부시의 언어장애』, 한국방송출판, 2003.
엘리자베스 미첼(Elizabeth Mitchell), 지정남 옮김, 『부시 왕조의 복수』, 미래의창, 2001.
데이비드 몰리(David Morley) & 케빈 로빈스(Kevin Robins), 마동훈·남궁협 옮김, 『방송의 세계화와 문화정체성』, 한울아카데미, 1999.
조지프 나이(Joseph S. Nye), 양준희 옮김, 『국제분쟁의 이해: 이론과 역사』, 한울아카데미, 2000.
조지프 나이(Joseph S. Nye), 홍수원 옮김, 『제국의 패러독스』, 세종연구원, 2002.
조지프 S. 나이(Joseph S. Nye), 홍수원 옮김, 『소프트 파워』, 세종연구원, 2004.
귄터 오거(Günter Ogger), 오승구 옮김, 『사기꾼의 경제: 경제는 이렇게 무너진다』, 창해, 2004.
Thomas E. Patterson, 「Voters' Control of Information」, Devlin, L. Patrick, ed., 『Political Persuasion in Presidential Campaigns』, New Brunswick, N. J.: Transanction Books, 1987, pp. 380~83.
Marc Peyser, 「백만장자의 TV결혼의 전말」, 『뉴스위크 한국판』, 2000년 3월 8일, 72~73쪽.
Marc Peyser, 「리얼리티 프로의 진정한 생존자」, 『뉴스위크 한국판』, 2001년 1월 10일, 72면.
케빈 필립스(Kevin P. Phillips), 오삼교·정하용 옮김, 『부와 민주주의: 미국의 금권정치와 거대 부호들의 정치사』, 중심, 2004.
Eric Pooley, 「McCain Hits the Sweet Spot」, 『Time』, November 15, 1999, p.40.
자크 포르트(Jacques Portes), 변광배 옮김, 『오늘의 미국, 여전히 세계의 주인인가?』, 현실문화, 2009.
찰스 프리처드(Charles L. Pritchard), 김연철·서보혁 옮김, 『실패한 외교: 부시, 네오콘 그리고 북핵위기』, 사계절, 2008.
로버트 D. 퍼트넘(Robert D. Putnam), 「미국을 다시 본다」 「13」제3부 공존과 갈등, 기회의 땅 (1) 9·11 테러 이후 미국의 시민사회」, 『한국일보』, 2002년 7월 2일, 12면.
Anna Qwindlen, 「부시 '재선의 축'에 희생양이 된 '악의 축' 나라」, 『뉴스위크 한국판』, 2002년 3월 6일, 32면.
밀란 레이(Milan Rai) & 노엄 촘스키(Noam Chomsky), 신현승·정경옥 옮김, 『전쟁에 반대한다: 부시의 물장난을 막아야 하는 10가지 이유』, 산해, 2003.
이그나시오 라모네(Ignacio Ramonet), 원윤수·박성창 옮김, 『커뮤니케이션의 횡포』, 민음사,

2000.
이그나시오 라모네(Ignacio Ramonet), 「아듀, 자유의 여신」, 이그나시오 라모네(Ignacio Ramonet) 외, 최병권·이정옥 엮음, 『아메리카: 미국, 그 마지막 제국』, 휴머니스트, 2002, 129~131쪽.
로버트 라이시(Robert B. Reich), 오성호 옮김, 『부유한 노예』, 김영사, 2001.
장 프랑수와 르벨(Jean-Francois Revel), 조승연 옮김, 『미국은 영원한 강자인가?』, 일송북, 2003.
프랭크 리치(Frank Rich), 「과정-선정보도 '미디어톤' 판친다」, 『동아일보』, 2000년 11월 3일, A21면.
제레미 리프킨(Jeremy Rifkin), 최정훈 정리, 「'초자본주의가 문화를 상품으로 전락시킨다': 미 리프킨 LA 타임스 기고문 요약」, 『경향신문』, 2000년 2월 13일, 15면.
제레미 리프킨(Jeremy Rifkin), 이원기 옮김, 『유러피언 드림: 아메리칸 드림의 몰락과 세계의 미래』, 민음사, 2005.
Johnnie L. Roberts, 「'백만장자' 프로가 방송사를 살렸다」, 『뉴스위크 한국판』, 2000년 3월 8일, 70면.
시어도어 로작(Theodore Roszak), 구홍표 옮김, 『세계여 경계하라: 재앙의 제국 미국의 승리주의자들』, 필맥, 2004.
윌리엄 사파이어(William Safire), 오남석 정리, 「'미디어 합병'은 민주주의 위협」, 『문화일보』, 2000년 5월 7일, 7면.
지아우딘 사다르(Ziauddin Sardar) & 메릴 윈 데이비스(Merryl Win Davies), 장석봉 옮김, 『증오 바이러스, 미국의 나르시시즘』, 이제이북스, 2003.
로버트 쉬어(Robert Scheer), 노승영 옮김, 『권력의 포르노그래피: 테러, 안보 그리고 거짓말』, 책보세, 2009.
허버트 쉴러(Herbert I. Schiller), 강현두 역, 『현대 자본주의와 정보지배논리』, 나남, 1990.
허버트 실러(Herbert I. Schiller), 김동춘 옮김, 『정보 불평등』, 민음사, 2001.
앤드류 슈무클러(Andrew Schmookler), 박상철 옮김, 『시장경제의 환상』, 매일경제신문사, 1998.
Allan Sloan, 「'소유권 사회' 비용은 고스란히 국민 몫」, 『뉴스위크 한국판』, 2004년 9월 15일, 47면.
제임스 A. 스미스(James A. Smith), 손영미 옮김, 『미국을 움직이는 두뇌집단들』, 세종연구원, 1996.
수잔 손탁(Susan Sontag), 이병용·안재연 옮김, 『급진적 의지의 스타일』, 현대미학사, 2004a.
조지 소로스(George Soros), 형선호 옮김, 『세계 자본주의의 위기: 열린 사회를 향하여』, 김영사, 1998.
조지 소로스(George Soros), 최종옥 옮김, 『미국 패권주의의 거품』, 세종연구원, 2004.
레오 스트라우스(Leo Strauss), 양승태 옮김, 『정치철학이란 무엇인가』, 아카넷, 2002.
윌리엄 K. 탭(William K. Tabb), 이강국 옮김, 『반세계화의 논리: 21세기의 세계화와 사회정의를 위한 논쟁과 투쟁』, 월간 말, 2001.

마거릿 대처(Margaret Thatcher), 김승욱 옮김, 『국가경영』, 경영정신, 2003.
헬렌 토머스(Helen Thomas), 한국여성언론인연합 공역, 『백악관의 맨 앞에서』, 답게, 2000.
엠마뉴엘 토드(Emmanuel Todd), 주경철 옮김, 『제국의 몰락』, 까치, 2004.
데이비드 트렌드(David Trend), 고동현·양지현 옮김, 『문화민주주의: 정치, 미디어, 뉴테크놀로지』, 한울, 2001.
Peg Tyre, 「뉴스의 대명사 CNN 토크쇼로 승부」, 『뉴스위크 한국판』, 2001년 1월 17일, 54면.
밥 우드워드(Bob Woodward), 김창영 옮김, 『부시는 전쟁중』, 따뜻한손, 2003.
밥 우드워드(Bob Woodward), 김창영 옮김, 『공격 시나리오』, 따뜻한손, 2004.
제프리 영(Jeffrey S. Young) & 윌리엄 사이먼(William L. Simon), 임재서 옮김, 『iCon 스티브 잡스』, 민음사, 2005.
하워드 진(Howard Zinn), 이재원 옮김, 『불복종의 이유』, 이후, 2003.
하워드 진(Howard Zinn), 유강은 옮김, 『전쟁에 반대한다』, 이후, 2003a.
하워드 진(Howard Zinn), 문강형준 옮김, 『권력을 이긴 사람들』, 난장, 2008.
하워드 진(Howard Zinn) & 도날도 마세도(Donaldo Macedo), 김종승 옮김, 『하워드 진, 교육을 말하다』, 궁리, 2008.
슬라보예 지젝(Slavoj Zizek), 「아메리카 하위문화의 사막에 오신 것을 환영합니다, 또는 럼스펠드가 아부 그라이브에 관해 알고 있는 모르는 것」, 슬라보예 지젝·도정일 외, 『아부 그라이브에서 김선일까지』, 생각의나무, 2004, 18~28쪽.
슬라보예 지젝(Slavoj Zizek), 박대진·박제철·이성민 옮김, 『이라크』, 도서출판 b, 2004a.
마빈 조니스(Marvin Zonis) 외, 김덕중 옮김, 『빅맥이냐 김치냐』, 지식의날개, 2004.
서지오 지먼(Sergio Zyman) 외, 이승봉 옮김, 『마케팅 종말: 팔리지 않는 광고가 마케팅을 죽이고 있다』, 청림출판, 2003.
강문성, 「[미국을 다시 본다] 제1부(7)미국과 국제경제질서」, 『한국일보』, 2002년 4월 30일, 9면.
강인규, 『나는 스타벅스에서 불온한 상상을 한다: 미국, 미국문화 읽기』, 인물과사상사, 2008.
강인선, 「미국인, 9·11이후 총기구입 급증」, 『조선일보』, 2001년 12월 17일, 11면.
강인선, 「미국 이민 100년(3) 한인사회의 위상: 아직도 '셋방살이 의식' … 주류사회에 동화 더뎌」, 『조선일보』, 2002년 1월 16일, 21면.
강인선, 「미국 이민 100년(4)이방인 설움에… 안믿던 사람도 교회로」, 『조선일보』, 2002a년 1월 26일, 22면.
강인선, 「미국 이민 100년 (5)뉴욕의 한인 소매상 '유태인 텃세' 뚫고… 뉴욕 청과90%·수산물 70% 장악」, 『조선일보』, 2002b년 2월 4일, 21면.
강인선, 「"CIA요원들 기자사칭 말라"미 신문편집인협 요청 "펄, CIA로 오해돼 피살"」, 『조선일보』, 2002c년 3월 25일, 13면.
강인선, 「상상력의 허를 찌르는 테러가 진짜 위협」, 『조선일보』, 2010년 5월 19일자.
강정구, 「미국 패권주의의 동아시아적 대안, 베트남」, 『황해문화』, 제36호(2002년 가을), 70~90쪽.
강준만, 『세계의 대중매체 1: 미국편』, 인물과사상사, 2001.
강준만, 『한국인을 위한 교양사전』, 인물과사상사, 2004.

강준만, 『나의 정치학 사전』, 인물과사상사, 2005.
강준만, 『세계문화사전』, 인물과사상사, 2005a.
강준만 외, 『시사인물사전(전20권)』, 인물과사상사, 1999~2003.
강효상, 『부시대통령을 알아야 미국이 보인다』, YBM Si-sa, 2002.
경향신문, 「"자사이익 위해 보도회피" 40%」, 『경향신문』, 2000년 5월 2일, 13면.
경향신문, 「미 대사를 총독으로 생각하나(사설)」, 『경향신문』, 2004a년 10월 20일자.
경향신문, 「한국인 세탁소 미(美) 주름잡는다」, 『경향신문』, 2005년 8월 18일, 8면.
고승욱, 「영어못해 서러운 미 한국교민들」, 『국민일보』, 2005년 4월 23일, 1면.
고종석, 「네오콘? 터미네이터!」, 『한국일보』, 2003년 10월 2일자.
구정은, 「[어제의 오늘] 2001년 미국 아프간 칸다하르 공격」, 『경향신문』, 2009a년 10월 7일자.
구춘권, 「미국 헤게모니 이후의 세계질서: 문명의 충돌과 공존을 중심으로」, 『진보평론』, 8(2001년 여름), 37~59쪽.
구춘권, 『메가테러리즘과 미국의 세계질서전쟁』, 책세상, 2005.
국기연, 「중동—아시아, 세계무기 84% 사들여」, 『세계일보』, 2003년 10월 2일, 8면.
국기연, 「도마위 오른 미(美)정부 '비밀주의'」, 『세계일보』, 2003a년 9월 30일, 9면.
국기연, 「美 종교—정치성향 연관성 높다」, 『세계일보』, 2004년 8월 6일자.
국기연, 「미(美) 네오콘 유엔 흔들기」, 『세계일보』, 2004a년 12월 2일, 11면.
국기연, 「미국내 한국출신 근로자 40만명…대부분 고학력 소지자」, 『세계일보』, 2005년 11월 30일자.
국기연, 「정치신인 의회입성 '바늘구멍'」, 『세계일보』, 2005a년 2월 2일자.
국기연, 「늘어나는 혼혈인구」, 『세계일보』, 2005b년 5월 3일, A14면.
국민일보, 「'부시 마약소지로 체포된 적 있다'」, 『국민일보』, 1999년 10월 20일, 8면.
권용립, 『미국의 정치문명』, 삼인, 2003.
권용립, 「북·미 대결은 끝날 수 있는가?」, 『황해문화』, 제52호(2006년 가을), 195~218쪽.
권용선, 「미디어와 스펙터클」, 이진경 편저, 『문화정치학의 영토들: 현대문화론 강의』, 그린비, 2007, 87~113쪽.
권재현, 「[집중추적]美 장기호황 속 韓人사회는 '그늘'」, 『동아일보』, 2000a년 8월 14일, 21면.
권화섭, 「노벨경제학자들의 충고」, 『내일신문』, 2004년 10월 12일, 23면.
김경, 「가장 멋진 여자, 미애」, 『한겨레 21』, 2004년 10월 21일, 96면.
김경홍, 「부시즘」, 『서울신문』, 2002년 11월 18일, 6면.
김광덕, 「노대통령 '북핵 평화해결' 지지 얻기」, 『한국일보』, 2004년 10월 8일, A5면.
김광호, 「유럽 새안보전략 '인간보호독트린' 추구」, 『내일신문』, 2004년 9월 23일, 7면.
김남균, 「외교정책의 전통: 예외주의 역사의식」, 김형인 외, 『미국학』, 살림, 2003, 155~178쪽.
김대영, 「부시 '덤벼봐' 발언으로 비난받아」, 『연합뉴스』, 2003년 7월 8일자.
김도연, 「"美잡지들은 '금세기 최고'에 환장"」, 『문화일보』, 1999년 12월 30일, 10면.
김동석, 「2% 유대인, 미국을 쥐락펴락」, 『동아일보』, 2007년 12월 15일자.
김동원, 「EU "2010년까지 미 추월하자"」, 『동아일보』, 2004년 10월 12일, A12면.
김동춘, 『미국의 엔진, 전쟁과 시장』, 창비, 2004.

김민웅, 『보이지 않는 식민지』, 삼인, 2001.
김민웅, 「위기의 패권주의: 부시 정권하의 미국」, 『황해문화』, 제32호(2001a년 가을), 12~31쪽.
김민웅, 『밀실의 제국: 전쟁국가 미국의 제국 수호 메커니즘』, 한겨레신문사, 2003.
김민호, 「'80년대 학생운동의 전개과정」, 『역사비평』, 창간호(1988년 여름).
김범수, 「아메리카 핸드북/10년새 60%증가 유권자 라틴파워」, 『한국일보』, 2002년 7월 9일, 10면.
김병찬, 「부시 대선모금 5,000만불 돌파」, 『한국일보』, 1999년 9월 23일, 17면.
김병희, 「'당신도 보보스족(族)이 될 수 있다' 은근한 유혹: 김병희 교수의 광고칵테일」, 『문화일보』, 2002년 10월 23일, 18면.
김봉중, 『미국은 과연 특별한 나라인가?: 미국의 정체성을 읽는 네 가지 역사적 코드』, 소나무, 2001.
김수정, 「정체성들의 결합: 한인 2세들의 종교적 정체성의 우위성」, 『언론과 사회』, 제11권3·4호(2003년 여름·가을), 144~185쪽.
김순자, 「인물연구/LA경찰 커미셔너 김진형씨」, 『월간조선』, 2002년 4월, 350~353쪽.
김승련, 「"한국은 이탈한 미(美)의 동맹국"」, 『동아일보』, 2004년 11월 24일, A13면.
김승일, 「아메리카 핸드북/미국의 5대 정보기관」, 『한국일보』, 2002년 4월 16일, 13면.
김승일, 「美 상원 40%는 백만장자」, 『한국일보』, 2003년 6월 16일자.
김연광, 「머리 나쁘면 투표도 어렵다: 미국 대통령선거 참관기」, 『월간조선』, 2001년 1월, 210~216쪽.
김연광, 「하버드대 학생회장 이수진양 부모가 말하는 '한국식 자녀교육' 성공기」, 『월간조선』, 2002년 4월, 78~93쪽.
김옥조, 『미디어 윤리』 개정증보판(커뮤니케이션북스, 2004).
김용삼, 「지구촌을 바꿔놓고 있는 한국 선교사 8200명(세계 제4위)의 대역사」, 『월간조선』, 2000년 9월, 222~248쪽.
김유진, 「"미군이 가짜영웅 만들기 주도"」, 『경향신문』, 2007년 4월 26일, 13면.
김윤성, 「미국 사회와 개신교 근본주의: 사면초가 속의 저력」, 『역사비평』, 통권64호(2003년 가을), 60~81쪽.
김의구, 「LA타임스, 기사 연계 광고 유치 파동」, 『국민일보』, 1999a년 11월 11일, 8면.
김의구, 「기사 연계 광고 유치 관련 LA타임스 1면 톱으로 사과」, 『국민일보』, 1999b년 12월 21일, 8면.
김재두·심경욱, 「이라크전쟁을 둘러싼 미국·신유럽·구유럽의 갈등」, 『월간조선』, 2003년 5월, 652~657쪽.
김재호, 「NYT 기사날조는 '스타만들기' 경쟁탓」, 『조선일보』, 2003년 5월 20일, A14면.
김정안, 「"구금 아랍인은 인권이 없다"…뉴스위크 최신호 특집」, 『동아일보』, 2001년 12월 8일, 10면.
김정안, 「백악관-의회 갈등 깊어져…부시, 이라크정보 등 공개 거부」, 『동아일보』, 2002년 10월 24일자.
김정안, 「NYT, 유대계 압력에 무릎꿇나?」, 『동아일보』, 2002a년 5월 31일, 14면.
김정안, 「9·11테러 관련 용어들 웹스터 사전에 오른다」, 『동아일보』, 2004년 10월 1일, A14면.

김정욱, 「'9 · 11이 사기? … 독극물 같은 생각'」, 『중앙일보』, 2010년 3월 10일자.
김정ون, 「[盧대통령 訪美]"미국이 한국 도와줘야" 다섯차례 반복」, 『동아일보』, 2003년 5월 13일자.
김종목, 「"무능하고 고지식한 부시가 북한을 핵 국가로 만들었다"」, 『경향신문』, 2010년 1월 30일자.
김종수, 「미국의 안방을 점령한 실제 상황 형식의 TV프로」, 『뉴스위크 한국판』, 2000년 8월 2일, 56면.
김종혁, 「TV뉴스 진실성 싸고 美서 논란」, 『중앙일보』, 2003a년 10월 17일자.
김준형, 「미국이 세계 최강이 아니라면?」, 뜨인돌, 2008.
김지석, 『미국을 파국으로 이끄는 세력에 대한 보고서: 부시 정권과 미국 보수파의 모든 것』, 교양인, 2004.
김창균, 「월스트리트의 큰손 소로스 탐구」, 『조선일보』, 1996년 11월 28일, 7면.
김창수, 「김대중과 소로스」, 『주간조선』, 1998a년 1월 15일, 105면.
김창희, 『북한 정치사회의 이해』, 법문사, 2006.
김철웅, 「美 '패거리 자본주의'의 위기」, 『경향신문』, 2002년 7월 29일, 10면.
김충남, 「부시의 이론적 스승은 공산주의자?」, 『문화일보』, 2000년 7월 31일자.
김태윤, 「'무식하다' 수모 부시 '난 지도자 자질 갖췄다' 주장」, 『동아일보』, 1999b년 11월 9일, A25면.
김택환, 「테러전 홍보 균형잃는 미국 언론」, 『중앙일보』, 2002년 11월 28일자.
김학준, 「2002년 지구촌 말 · 말 · 말」, 『한겨레』, 2002년 12월 26일, 11면.
김향미, 「"美가 이스라엘 편들어 9 · 11테러 감행, 오바마는 아프간전쟁 끝낼 힘 없어"」, 『경향신문』, 2009a년 9월 15일자.
김향미, 「9 · 11테러 구조대 암환자 등 잇단 병사」, 『경향신문』, 2009b년 11월 13일자.
김현기 · 김준술, 「인터넷+TV · 영화 · 음악…생활의 혁명 일으킨다: AOL · 타임워너 '꿈의 결합'」, 『중앙일보』, 2000년 1월 12일, 32면.
김호섭, 「ASEM이 던진 경제 · 외교 과제」, 『문화일보』, 2004년 10월 11일, 31면.
김희경, 「9 · 11테러 그후 1년 / 美대중문화 지형도 변화」, 『동아일보』, 2002년 9월 11일, 18면.
김희균, 「美, 로마제국 몰락史 재연? 獨 언론인 '흥망성쇠 닮은 꼴' 주장」, 『세계일보』, 2003a년 8월 7일, 10면.
남경욱, 「아메리카 핸드북/유대인 로비」, 『한국일보』, 2002년 5월 28일, 10면.
남문희, 「라이스의 현실주의, 네오콘 눌렀다」, 『시사저널』, 2004년 12월 2일, 20~24면.
도재기, 「부시 그는 도대체 왜 그럴까」, 『경향신문』, 2005년 9월 10일자.
동아일보, 「'IMF 채권자도 제재해야'」, 『동아일보』, 1998a년 9월 17일, A10면.
리영희 · 권태선, 「한겨레가 만난 사람/리영희 전 한양대 교수: 파병, 한반도 안보 보장? 엄청난 환상이지」, 『한겨레』, 2003년 4월 8일, 37면.
마상윤, 「미국 신보수주의의 역사적 배경: 탈냉전에서 이라크전쟁까지」, 남궁곤 편, 『네오콘 프로젝트: 미국 신보수주의의 이념과 실천』, 사회평론, 2005, 81~101쪽.
마정미, 『광고로 읽는 한국 사회문화사』, 개마고원, 2004.
매일신문, 「부시 "악과 어둠은 척결 대상"」, 『매일신문』, 2002년 2월 19일, 8면.

문태기, 「한인주택 소유비율 인도계 못미쳐」, 『한국일보』, 2002년 5월 28일자.
문향란, 「유럽국민 56% "나는 유럽인"」, 『한국일보』, 2005년 4월 28일, A14면.
문화일보, 「매케인 출마 공식 선언」, 『문화일보』, 1999년 9월 29일, 10면.
민병두, 「워싱턴통신/테러전쟁 '할리우드 동원'」, 『문화일보』, 2001b년 11월 10일, 8면.
민병두, 「미국-캐나다 '감정싸움'」, 『문화일보』, 2002a년 11월 22일, 9면.
민병두, 「캐나다의 당당한 '반미(反美)'」, 『문화일보』, 2002b년 11월 29일, 7면.
민병두, 「USA 투데이 "부시 지지율 82%"」, 『문화일보』, 2002c년 3월 8일, 8면.
민병두, 「FOX 최고의 뉴스채널 우뚝」, 『문화일보』, 2002d년 12월 2일, 8면.
박상숙, 「"미(美)·유럽 신식민주의": 마하티르, 유엔연설서 서방국가 맹비난」, 『대한매일』, 2003년 9월 27일, 8면.
박선이, 「미 테러사건과 비교해 본 '테러영화' 할리우드 영화 속 테러와 꼭 닮았다」, 『조선일보』, 2001년 9월 13일자.
박성휴, 「미 네오콘·전통보수파 균열 조짐」, 『경향신문』, 2003년 9월 24일, 10면.
박소영, 「부시와 복음주의」, 『중앙일보』, 2003년 3월 14일자.
박영환·김재중, 「자이툰부대 1陣 '비공개 출병': "이라크재건 명분 퇴색"」, 『경향신문』, 2004년 8월 4일, 1면.
박인휘, 「신보수주의 싱크탱크의 발전과 이념적 네트워크」, 남궁곤 편, 『네오콘 프로젝트: 미국 신보수주의의 이념과 실천』, 사회평론, 2005, 209~233쪽.
박중언·이상수, 「EU, 중국 최대 무역상대로」, 『한겨레』, 2004년 10월 14일, 12면.
박진빈, 「9·11 기념공간의 탈역사화와 미국의 예외주의 신화」, 전진성·이재원 엮음, 『기억과 전쟁: 미화와 추모 사이에서』, 휴머니스트, 2009, 253~276쪽.
박찬수, 「미 보수진영, 부시행정부 비판」, 『한겨레』, 2003년 10월 10일자.
박찬수, 「"미 MD 요격성공률 20% 불과"」, 『한겨레』, 2004년 10월 1일, 9면.
박찬수, 「"북한 정권교체 추진하라": 미 네오콘, 부시에 촉구」, 『한겨레』, 2004a년 11월 24일, 2면.
박찬수, 「밀리는 네오콘 '더 강경하게'」, 『한겨레』, 2004b년 12월 17일, 13면.
박찬수, 「미 부자들 '진보 살리기'」, 『한겨레』, 2005년 8월 9일, 9면.
박찬수, 「보수로 가는 미국사회(1) 보수의 새 거점-기독교 복음주의」, 『한겨레』, 2005a년 1월 3일자.
박찬수, 「보수로 가는 미국 사회(2) 정책·미디어 무기로 '색깔공세' 선도」, 『한겨레』, 2005b년 1월 5일자.
박찬수, 「보수로 가는 미국 사회(3) 편지로 뿌린 보수씨앗 '뿌리내린 40년'」, 『한겨레』, 2005c년 1월 12일자.
박찬수, 「보수로 가는 미국 사회(4) 미국, 무력 써서라도 민주주의 '강제이식'」, 『한겨레』, 2005d년 1월 19일자.
바찬수, 「프레임이 발등 찍는다」, 『한겨레』, 2010년 5월 20일자.
박태견, 『조지 소로스의 핫머니 전쟁』, 동녘, 1995.
박혜기, 「배신과 우울이 판치는 '닷컴' 시대」, 『월간조선』, 2000년 5월, 584~589쪽.
박혜영, 「과학기술시대와 여성의 꿈」, 『녹색평론』, 제82호(2005년 5~6월), 78~94쪽.

박혜윤, 「"미국은 과대평가됐다"…NYT '올해의 과대-과소평가' 설문조사」, 『동아일보』, 2003년 12월 29일, 12면.
백승찬, 「[어제의 오늘]2003년 미국 북동부 대정전」, 『경향신문』, 2009b년 8월 14일자.
백승찬, 「[어제의 오늘]2003년 여성 3인조 컨트리가수 딕시 칙스 파문」, 『경향신문』, 2010b년 3월 12일자.
백찬홍, 「이라크전은 시온주의자와 기독교우파 대리전쟁」, 『시민의 신문』, 2003년 4월 21일, 7면.
변창섭, 「부시가 마약 스캔들 두려워하랴」, 『시사저널』, 1999a년 9월 30일, 54~56쪽.
변창섭, 「미국 안방 강타한 '너 죽고 나 살기': CBS 프로그램 「서바이버」 올 여름 최고 시청률 기록」, 『시사저널』, 2000년 9월 14일, 80~81쪽.
변창섭, 「'백악관 특별 강사' 로버트 캐플란」, 『시사저널』, 2002년 3월 14일, 68면.
변창섭, 「백악관 점령한 '네오콘 군단'」, 『시사저널』, 2003년 5월 15일, 62~65면.
서정민·강찬호, 「아랍권 명분 없는 침략 입증」, 『중앙일보』, 2004년 6월 18일자.
세계일보, 「독신남녀, 예비부부 유혹 과정과정 여과없이 방영: 미 폭스 TV '유혹의 섬' 물의」, 『세계일보』, 2001년 1월 10일, 10면.
세계일보, 「부시 가장 잘 쓰는 단어는 'fabulous'(굉장한)」, 『세계일보』, 2002년 3월 20일, 9면.
손세호, 『하룻밤에 읽는 미국사』, 랜덤하우스, 2007.
손현덕, 「비밀 못 지키면 옷 벗어라: 부시 철저한 비밀주의로 조직관리」, 『매일경제』, 2002년 3월 16일, 7면.
손현덕, 「돼지에게 립스틱을 칠하라」, 『매일경제』, 2002a년 11월 26일자.
손형국, 『디지털 라이프: 아날로그 인생에서 e-라이프로』, 황금가지, 2001.
송기도, 『콜럼버스에서 룰라까지: 중남미의 재발견』, 개마고원, 2003.
송은아, 「대중 무기 금수조치 해제추진 EU '없던 일로'」, 『세계일보』, 2004년 10월 13일, 12면.
신보영, 「시중은 '싱크탱크 키우기'」, 『문화일보』, 2005년 8월 10일, 13면.
신정선, 「못 믿을 세상… 끈질긴 음모론 5선(選)」, 『조선일보』, 2009a년 9월 14일자.
신중돈, 「미국 인터넷 이용률 신문구독률 앞질러」, 『중앙일보』, 2002년 2월 24일자.
신중돈·이현상, 「미 폭스 TV 부도덕 상술 도마에 올라」, 『중앙일보』, 2000년 2월 23일, 9면.
안병진, 「미국 신보수주의 집권의 아이러니」, 『역사비평』, 통권64호(2003년 가을), 18~38쪽.
안준현, 「"대통령 방미 때 발언과 행동 노 변한 건 없고 무식한 탓"」, 『한국일보』, 2003년 5월 24일, A2면.
안준현, 「9·11 테러 3주년: '빅 브라더 사회' 용인…안전은 되레 후퇴」, 『한국일보』, 2004년 9월 10일, A15면.
안준현, 「美 네오콘 '내우외환'」, 『한국일보』, 2004a년 8월 26일자.
안치용, 「'반전의 날' 2차대전 후 최대인원 시위」, 『경향신문』, 2003년 2월 17일, 10면.
양준희, 「미 신보수주의와 한반도」, 『세계일보』, 2004년 9월 2일, 26면.
엄기영, 「[오바마 시대 변화의 미국] "내 자리를 뺏다니"… 미 정권인수 잔혹사」, 『국민일보』, 2008a년 11월 10일자.
연합뉴스, 「美 파산대기업 경영진, 주식매도로 33억弗 챙겨」, 『연합뉴스』, 2002년 7월 31일.
오경택, 「미국 신보수주의 정치이념의 구성과 주장」, 남궁곤 편, 『네오콘 프로젝트: 미국 신보수주의의 이념과 실천」, 사회평론, 2005, 133~156쪽.
오애리, 「유럽인들 美 거부감확대」, 『문화일보』, 2003년 9월 5일자.
오카 마리, 「오오, 아프가니스탄, 오오, 카불, 오오, 칸다하르…여!: 우리는 누구의 시선으로 세계를 보는 걸까?」, 『당대비평』, 제17호(2001년 겨울), 179~188쪽.
오타 류, 민혜홍 옮김, 『네오콘의 음모』, 아이필드, 2004.
우성규, 「"네오콘 대항마 키우자"…소로스 등 '진보 싱크탱크' 설립나서」, 『국민일보』, 2005a년 1월 13일자.
우태현, 「억만장자 사회주의자들」, 이그나시오 라모네(Ignacio Ramonet) 외, 최병권·이정옥 엮음, 『아메리카: 미국, 그 마지막 제국』, 휴머니스트, 2002, 212~217쪽.
유숙렬, 「존 매케인 상원의원 회고록 베스트셀러로」, 『문화일보』, 1999년 10월 13일, 23면.
유숙렬, 「'하이퍼 자본주의' 시대 왔다」, 『문화일보』, 2000년 7월 26일, 9면.
유승우, 「[미국을 다시 본다] 제1부 미국 일방주의의 뿌리(1)」, 『한국일보』, 2002년 3월 19일, 9면.
유승우, 「[미국을 다시 본다] 제1부 팍스 아메리카나(2)」, 『한국일보』, 2002a년 3월 26일, 12면.
유승우, 「[미국을 다시 본다] 제1부 팍스 아메리카나(3)」, 『한국일보』, 2002b년 4월 2일, 9면.
유승우, 「아메리카 핸드북/대통령과 경기」, 『한국일보』, 2002c년 4월 30일, 9면.
유신모, 「[어제의 오늘]2000년 미 연방대법원 부시 승리 인정」, 『경향신문』, 2008a년 12월 12일자.
유재건, 「미국 패권의 위기와 세계사적 전환」, 『창작과 비평』, 제127호(2005년 봄), 122~138쪽.
유재식, 「독일·프랑스 지식인들 일제히 미국 성토」, 『중앙일보』, 2003년 1월 25일자.
윤국한, 「선거인단제 다시 도마에」, 『한겨레』, 2000년 11월 10일, 8면.
윤국한, 「[미국 패권의 명암]제1부 새 제국 건설을 꿈꾼다」, 『한겨레』, 2002년 1월 1일, 10~11면.
윤인진, 『코리안 디아스포라: 재외한인의 이주, 적응, 정체성』, 고려대학교 출판부, 2004.
이광석, 「연쇄저격 부추긴 '테러' 언론」, 『미디어오늘』, 2002년 11월 27일자.
이광엽, 「방송뉴스 시장의 '보수층 대반란'」, 『신문과 방송』, 제420호(2005년 12월), 127쪽.
이기동, 「40살에 '제2인생' –활발한 성품」, 『뉴스피플』, 1999년 8월 12일, 46면.
이동준, 「미연방법원, 애국자법 제동: "법원 승인없는 개인정보 조회 위헌"」, 『한국일보』, 2004년 10월 1일, A11면.
이미숙, 「美 보복전쟁 더 큰 테러공포 불러」, 『문화일보』, 2003년 9월 9일자.
이미숙, 「소로스 '부시 낙선 운동' 1000만弗 기부」, 『문화일보』, 2003a년 8월 10일자.
이미숙, 「네오콘 "북(北)정권 교체하라" 압박」, 『문화일보』, 2004년 11월 24일, 6면.
이미숙, 「'큰손' 소로스 부시 때리기」, 『문화일보』, 2004a년 10월 30일자.
이미숙, 「부시의 신앙심이 세계를 긴장시킨다」, 『문화일보』, 2004b년 5월 2일자.
이삼성, 『20세기의 문명과 야만: 전쟁과 평화, 인간의 비극에 관한 정치적 성찰』, 한길사, 1998.
이삼성, 『세계와 미국: 20세기의 반성과 21세기의 전망』, 한길사, 2001.
이석우, 「"미국상품 사기 싫다"」, 『서울신문』, 2004년 12월 31일, 8면.
이수범, 「파월 "네오콘은 미친 XX"」, 『한겨레』, 2004년 9월 13일, 11면.
이숭철, 「클린턴 美 대통령 결산」, 『경향신문』, 2001년 1월 15일, 13면.
이승철, 「9·11테러 3개월…떠오른 '신제국주의' –위세등등한 美」, 『경향신문』, 2001a년 12월 11일, 3면.

이승철, 「'유대인 신문' NYT의 한계」, 『경향신문』, 2001b년 5월 9일, 6면.
이승호, 「후세인 가짜 섹스 비디오 나올 뻔: 2003년 미 CIA서 공작 검토」, 『중앙일보』, 2010년 5월 28일자.
이의란, 「불(佛) · 네덜란드 비준 '빨간불' …통합 무산위기: 기로에 선 'EU헌법'」, 『세계일보』, 2005년 4월 25일, A14면.
이장훈, 『네오콘: 팍스 아메리카나의 전사들』, 미래M&B, 2003.
이장훈, 「행정부 자리싸움 네오콘 KO승」, 『주간동아』, 2004년 12월 2일, 32~33면.
이정민, 「[미국을 다시 본다] 제1부 팍스 아메리카나(4)군사력 우선주의인가」, 『한국일보』, 2002년 4월 9일, 10면.
이정희, 「[미국을 다시 본다] 「11」제2부(4)로비의 사슬」, 『한국일보』, 2002년 5월 28일, 10면.
이종훈, 「미 휩쓴 '생존게임' 열풍…CBS 마지막회 4천만 명 시청」, 『동아일보』, 2000년 8월 25일, 11면.
이주영, 『미국의 좌파와 우파』, 살림, 2003.
이지은, 「"왜 쫓기듯 이라크 보냈냐" 청와대앞 분노/파병규탄 격렬시위」, 『한겨레』, 2004년 8월 4일, 8면.
이진, 「'퀴즈 쇼' 나가 돈벼락 맞아볼까?」, 『주간동아』, 2000년 2월 10일, 85면.
이진, 「미(美)이민 한국 중산층 닭공장 막일 감수」, 『동아일보』, 2005년 4월 27일, A9면.
이태희, 「미국인들 '심리적 공황상태'」, 『문화일보』, 2003년 2월 19일자.
이해영, 「죽거나 혹은 망하거나」, 『경향신문』, 2004년 10월 26일자.
이현상, 「"부시, 좀더 배워라": 클린턴 '한수 지도'」, 『중앙일보』, 1999년 11월 8일, 12면.
이혜운, 「르윈스키 탄핵소동에 지친 클린턴 백악관에서는 사고 안 치겠다 결심"」, 『조선일보』, 2009년 9월 23일자.
이호갑, 「캐나다인 행세 미국인 는다」, 『동아일보』, 2004년 12월 10일, A14면.
이호갑 · 박형준, 「[9 · 11참사 3주년]「1」장소-대상-방법 가리지 않는다」, 『동아일보』, 2004년 9월 7일자.
이호갑 · 박형준, 「[9 · 11참사 3주년]「2」미국인 삶의 태도가 변했다」, 『동아일보』, 2004a년 9월 8일자.
이훈범, 「미국 싫지만 미국문화는 좋아」, 『중앙일보』, 2002년 10월 26일, 12면.
임항, 「타임지 '유명인사' 장사로 폐돈」, 『국민일보』, 1999년 12월 30일, 9면.
장영준, 「서문: 9.11」, 노엄 촘스키, 박행웅 · 이종삼 옮김, 『촘스키, 9-11: 뉴욕테러와 미국의 무력대응에 대한 비판과 분석』, 김영사, 2001.
장정일, 「합리적 의심 낳는 비이성적 '천안함 정국'」, 『한겨레』, 2010년 5월 22일자.
장학만, 「빈 라덴 제거계획 4차례 거부했다"」, 『한국일보』, 2004년 7월 26일자.
장학만, 「미, 신분 세습사회 변질」, 『한국일보』, 2005a년 1월 27일, A13면.
전경하, 「美 키드산업 번창/9 · 11이후 "아이들 보호" 공감 불황 불구 아동의류 매출 늘어」, 『서울신문』, 2003년 7월 8일, 25면.
전여옥, 『대한민국은 있다』, 중앙M&B, 2002.
정동식, 「9.11 2주년 맞는 미국: 사라지지 않는 악몽 '제2테러' 촉각 곤두」, 『경향신문』, 2003년

9월 8일, 10면.
정동식, 「'미국에 등돌리고 있다'」, 『경향신문』, 2003a년 9월 15일자.
정서환, 『세계를 움직이는 미국의 싱크탱크』, 모색, 1997.
정연주, 「미 기자 계속 첩자활용/정보국장, 언론계 반발불구 방침 재확인」, 『한겨레』, 1996년 2월 24일, 7면.
정용환, 「인도계 '아메리칸 드림' 1위」, 『중앙일보』, 2004년 12월 18일, 14면.
정우량, 「팍스 아메리카를 꿈꾸는 민주적 제국주의자: 아메리카의 전사 네오콘의 정체」, 『월간중앙』, 2003년 11월, 326~335쪽.
정우량, 「다시 주목받는 美 신보수주의」, 『중앙일보』, 2003a년 5월 12일자.
정우량, 「자유와 민주주의 십자군 원정에 나선 부시」, 월간 『인물과 사상』, 2005년 3월, 98~110쪽.
정욱식, 「9.11 테러이후 1년, 테러와의 전쟁과 미국의 군산복합체」, 『문화과학』, 제31호(2002년 가을).
정윤희, 「사이버 천하의 '백가쟁명' 신인류」, 『시사저널』, 2003년 4월 24일, 62면.
정은령, 「근본주의자 부시」, 『동아일보』, 2003년 3월 14일자.
정의길, 「[21세기 한민족 네트워크](3)로스앤젤레스 동포경제권」, 『한겨레』, 2001년 3월 23일, 9면.
정제원, 「1초=9,000만원: 슈퍼보울 TV광고료 지난해보다 38%올라」, 『중앙일보』, 2000년 1월 29일, 13면.
정태익, 「美 大選제도 무엇이 문제인가」, 『서울신문』, 2000년 11월 10일, 8면.
정항석, 『미국패권의 이해』, 평민사, 2001.
정항석, 『왜 21세기 화두는 미국과 테러인가』, 평민사, 2002.
정혜승, 「신자유주의도 터키 가입도 'Non': 불(佛) 유럽헌법 부결 파장」, 『문화일보』, 2005년 5월 30일, 21면.
조갑제, 「테러업계의 진정한 마왕은 빈 라덴이 아니라 김정일」, 『월간조선』, 2001년 10월, 660~662쪽.
조준상, 「미 신문 보도담합 말썽」, 『한겨레』, 2000a년 6월 22일, 11면.
조찬제, 「9.11 당일 라이스, 부시에게 "백악관 오지 마세요"」, 『경향신문』, 2010d년 9월 8일자.
조화유, 「2000년 미국대선 연장전 대소동…요절복통 조크모음」, 『월간조선』, 2001년 1월, 217~223쪽.
조화유, 「'영어도사' 조화유의 '시사조크로 전하는 미국소식'」, 『월간조선』, 2002년 3월, 398~405쪽.
주용중, 「미 대선후보의 대북정책과 승패의 포인트」, 『월간조선』, 2000년 9월, 655~660쪽.
주용중, 「정말 재미있는 사나이 부시의 신념과 배짱」, 『월간조선』, 2003년 6월, 186~199쪽.
중앙일보, 「부시 "람보가 좋아"」, 『중앙일보』, 2002년 3월 20일, 12면.
중앙일보 특별취재팀, 「'신제국' 미국은 어디로 ⑨빅 브라더의 눈: 9·11 예보실패…정보예산 대폭 늘려」, 『중앙일보』, 2003년 10월 15일, 6면.
중앙일보 특별취재팀, 「[新제국 미국은 어디로] 1. 고독한 거인의 마이 웨이」, 『중앙일보』, 2003a년 9월 22일자.
중앙일보 특별취재팀, 「[新제국 미국은 어디로] 3. 다시 그리는 동맹 지도」, 『중앙일보』, 2003b년

9월 26일자.

중앙일보 특별취재팀, 「[新제국 미국은 어디로] 4. 왼쪽 날개 잃은 독수리」, 『중앙일보』, 2003c년 9월 29일자.

중앙일보 특별취재팀, 「[新제국 미국은 어디로] 5. 외국인은 싫다」, 『중앙일보』, 2003d년 10월 1일자.

중앙일보 특별취재팀, 「[新제국 미국은 어디로] 12. 오일 커넥션」, 『중앙일보』, 2003e년 10월 23일자.

중앙일보 특별취재팀, 「[新제국 미국은 어디로] 6. 이념의 공장 싱크탱크」, 『중앙일보』, 2003f년 10월 6일자.

중앙일보 특별취재팀, 「[新제국 미국은 어디로] 13. 신보수주의」, 『중앙일보』, 2003g년 10월 25일자.

중앙일보 특별취재팀, 「[新제국 미국은 어디로] 15. 제국의 반항아들」, 『중앙일보』, 2003h년 10월 30일자.

중앙일보 특별취재팀, 「[新제국 미국은 어디로] 슬라보이 지젝 철학자」, 『중앙일보』, 2003i년 10월 31일자.

진창욱, 「미국 CIA 해외 첩보원 기자 · 목사로 위장 많았다"」, 『중앙일보』, 1996년 2월 6일, 9면.

최규장, 「'떠오르는 아들' W. 부시 돌풍의 신비를 벗긴다」, 『월간중앙』, 1999년 10월호.

최기수, 「반전에 반전…35일간의 법정드라마 종영」, 『한국일보』, 2000년 12월 14일자.

최문선, 「미 '매트릭스' 시스템 논란: 미국인 2억 8,000만 명 개인정보 3초 안에 검색」, 『한국일보』, 2003년 8월 8일, A11면.

최병권, 「부시 독트린」, 이그나시오 라모네(Ignacio Ramonet) 외, 최병권 · 이정옥 엮음, 『아메리카: 미국, 그 마지막 제국』, 휴머니스트, 2002, 103~107쪽.

최병두, 「세계화와 초테러리즘의 지정학」, 『당대비평』, 제18호(2002년 봄), 183~216쪽.

최상진, 「흑인과 갈등 한인사망 연 70명」, 『세계일보』, 2005년 9월 1일, 34면.

최승현, 「미, 케이블 시청률 지상파 눌렀다」, 『조선일보』, 2002년 12월 20일, C5면.

최우석, 「다큐멘터리/독재자 후세인의 몰락, 3주간의 기록」, 『월간조선』, 2003년 5월, 630~650쪽.

최원기, 「[新제국 미국은 어디로] 존 페퍼 FPIF 선임연구원」, 『중앙일보』, 2003년 10월 30일자.

최진환, 「'法選대통령' 상처투성이 USA」, 『한국일보』, 2000년 12월 14일자.

최철호, 「美 취업이민 '현대판 노예'로」, 『서울신문』, 1999a년 12월 2일, 22면.

최형두, 「미 명문대 '무전유죄'?」, 『문화일보』, 2004년 9월 21일, 22면.

태원준, 「美 정치 완전 '우향우'」, 『국민일보』, 2002년 11월 7일자.

태원준, 「"수정주의 비판 부시 독재자 기질 보인다"」, 『국민일보』, 2003년 6월 26일, 10면.

한겨레, 「미 '언론인 첩자활용' 금지」, 『한겨레』, 1996년 5월 24일, 7면.

한겨레, 「타임워너-EMI 합병」, 『한겨레』, 2000a년 1월 25일, 7면.

한겨레, 「라프산자니 "부시는 새대가리"」, 『한겨레』, 2002년 2월 25일, 29면.

한겨레, 「"옐리네크는 좌파광신자": 미 네오콘, 노벨문학상 수상자 원색 비난」, 『한겨레』, 2004년 10월 25일, 11면.

한국일보, 「"부시가 부끄럽다" 설화 미(美) 그룹 '딕시 칙스' 곤욕」, 『한국일보』, 2003년 4월 25일,

A26면.
한기욱, 「9 · 11 사태와 미국 고전문학의 통찰」, 『안과밖(영미문학연구)』, 제12호(2002년 상반기), 140~157쪽.
한기흥, 「USA 선택2000 / 부시, NYT기자에 험담 '곤혹'」, 『동아일보』, 2000년 9월 6일, 11면.
한기흥, "고어패배 주원인은 혼란스런 투표지"」, 『동아일보』, 2001a년 1월 29일자.
한승동, 「소중화 사대주의자들의 계보」, 『녹색평론』, 제107호(2009년 7~8월), 210~226쪽.
한종호, 「'실질협력체'로 변신 국제영향력: 막오른 아시아 · 유럽 정상회의(ASEM)」, 『문화일보』, 2004년 10월 8일, 6면.
허광, 「미국의 종말 멀지 않았다?」, 『시사저널』, 2003년 5월 15일, 78~79면.
허엽, 「[해외미디어]미국의 TV뉴스는 오락의 일부로 변질」, 『동아일보』, 1999년 11월 29일, 15면.
허용범, 「미(美) 정치지도 '진보→보수'로 바꾼 첨병: 미(美) '리더십 인스티튜트'를 가다」, 『조선일보』, 2005년 8월 26일, A20면.
홍규덕, 「[미국을 다시 본다] (6)소프트 파워 전략」, 『한국일보』, 2002년 4월 23일, 9면.
홍성철, 「9 · 11 죽음의 낙하 왜?」, 『문화일보』, 2004년 9월 12일자.
홍은택, 「美 "지식사회 대비" 대학진학 열풍」, 『동아일보』, 1999a년 6월 15일, 10면.
홍은택, 「또 궁지 몰린 부시」, 『동아일보』, 1999b년 9월 23일, 10면.
홍은택, 「NYT 부시 부자 비교」, 『동아일보』, 1999c년 10월 19일, A11면.
홍은택, 「美 학자 'NYT 60년대까지 反유태주의 경향'」, 『동아일보』, 1999d년 4월 16일, 9면.
홍은택, 「부시, 대통령인가 성직자인가」, 『동아일보』, 2003년 3월 5일, 10면.
황상철, 「2002 미 중간선거/이모저모」, 『한겨레』, 2002년 11월 7일, 7면.
황유석, 「인도인 미(美)에서 가장 성공」, 『한국일보』, 2004년 12월 18일, 10면.

찾아보기

3W 시대 283, 284
4M 316
9·11테러 119, 120, 124, 127, 128, 131, 134, 136, 138, 140, 144~147, 149~153, 156, 158~160, 162, 166, 168, 171, 173, 174, 176~178, 182, 191, 241, 254, 256, 259, 261~264, 266, 273, 274, 276, 278, 279, 282, 286~288, 293, 295, 301, 345

ABC 법칙 163, 165
AOL 69~75, 77, 80, 85
carpetbagger 18
EMI 71~73
MAGIC 195
『USA 투데이』 89, 90, 171

고어, 앨 10, 46~51, 53~58, 64, 65, 108, 139, 168, 201, 284
곤살레스 사건 54
국가안보국(NSA) 255
군산복합체 150, 194, 295, 299
그린스펀, 앨런 62, 63
김정일 166, 168, 169

나이, 조지프 162, 303
네오콘 180, 253, 287, 290, 293~296, 298~301, 303~305, 309, 310, 312~314, 318, 337
네이더, 랠프 10, 12, 13, 56, 175

노무현 187, 243, 248, 307, 308, 312, 325
늙은 유럽 231~234, 327

다운시프팅 340
닷컴 광풍 69, 70
당디 103
대량살상무기(WMD) 229, 230, 250, 251, 259, 268, 275, 279, 280, 330
동시 테러 177, 284
딕시 칙스 248, 250

라덴, 오사마 빈 120, 134, 141, 149, 190, 241, 286, 287
라이스, 콘돌리자 125, 126, 132, 163, 197, 241, 242, 313, 314
라이시, 로버트 95~97, 99, 341
럼스펠드, 도널드 181, 232~234, 252, 295, 304, 305, 318, 327, 342
레드오션 전략 326
로브, 칼 266
로스앤젤레스 폭동 211
르윈스키 스캔들 47, 64, 180
리무진 진보주의자 100
리스트 저널리즘 89, 90
리얼리티 쇼 79, 81, 86
리치, 프랭크 87
리프킨, 제러미 73~76

362 미국사 산책 15

마드리드 열차 테러 284
마르크스, 카를 107, 298
매케인, 존 9, 13~26, 28, 46
매케인-페인골드 선거자금 개혁법 13
매트릭스 254
맥나마라, 로버트 279
미국·이스라엘공공문제위원회(AIPAC) 198, 199, 203
미(국)기업연구소(AEI) 240, 295, 312, 317~319
미디어톤 87, 88
미사일방어체제(MD) 119, 151

반미주의 152, 153, 184, 342, 344
베슬란 인질극 284
벨, 대니얼 74
보보스 95, 101, 104~107, 109, 113, 114
보헤미안 101~104, 107, 108, 114
복음주의 241, 242, 321, 323
『부끄러운, 그러나 미워할 수 없는 우리, 한국인에게』 223, 225
부르주아 101~104, 107, 108, 114
부시 독트린 132, 178, 180, 294
부시, 조지 H. W. 10, 29, 33, 42, 43, 167, 177, 199, 232, 242
부시, 조지 W. 10, 25~47, 49~53, 56, 58~62, 64, 119, 124~126, 131~134, 136~139, 143, 144, 149~152, 160, 162, 163, 165~173, 175, 177, 178, 180~184, 189~192, 196, 197, 199, 206, 230~232, 235, 238~243, 247~253, 260, 261, 266, 276, 280~283, 287, 293, 294, 296, 302, 304, 305, 312~315, 318, 323, 324, 342
부시즘 44, 46
부의 예선 10
북대서양조약기구(NATO) 169, 183
불량국가 163, 167, 169, 177
브래들리 재단 316, 317
브룩스, 데이비드 101, 102, 106~109
블레어, 토니 175
블로우백 130, 131
블룸, 앨런 297
〈빅 브라더〉 84, 85

사무엘슨, 폴 60
새파이어, 윌리엄 76, 78
생물무기금지협정(BWC) 163

세계무역센터 120, 121, 124, 129, 156, 158, 177, 286
소로스, 조지 109~113, 324
소프트 파워 162, 186, 315, 345
소프트머니 12, 13
수정주의 250, 251
슈왑, 찰스 R. 193, 194
스카이프 재단 316~318
스트라우스, 레오 296~299, 305
싱크탱크 167, 190, 240, 295, 312, 315, 316, 318~321, 323~326

아메리카 제국론 300, 301
아부 그라이브 279, 280, 282
아시아유럽정상회의(ASEM) 327, 329, 330
아시아태평양경제협력체(APEC) 329
아이비리그 33, 98, 99, 199, 218
악의 축 152, 162, 163, 165, 167, 169, 171, 172, 191, 230, 318
알카에다 120, 147, 150, 246, 271, 275, 282, 283, 286, 287
애국자법 146, 285, 303
앨터, 조너선 15, 25, 27
엔론 사태 158, 188, 192, 193, 203
여피 101
연쇄 저격 사건 270, 271
오버클래스 101
온정적 보수주의 59, 60, 62
올라스키, 마빈 60
옴부즈맨 276, 277
외환위기 189, 211
요페, 요제프 334, 335
울포위츠, 폴 166, 293, 297, 314
유럽연합(EU) 77, 327~332, 333, 340
이라크전(쟁) 183, 191, 196, 197, 229, 231, 232, 234, 238, 243, 247, 249~251, 259, 260, 275, 280, 282~284, 295, 305, 309, 310, 327, 344

자이툰 부대 306, 307
잡스, 스티브 70, 71
전략방위계획(SDI) 119
정실 자본주의 98, 189
존 올린 재단 316~318
종교 격차 57
지먼, 서지오 145

지젝, 슬라보예 113, 124, 280, 336
진, 하워드 10, 13, 138, 139

철의 삼각구조 188, 195, 196, 203
체니, 딕 45, 125, 147, 181, 183, 191, 196, 197, 293, 295, 305, 314, 318, 319
촘스키, 노엄 139~143, 177

케네디, 폴 261, 302, 339
케리, 존 196, 283, 312
케이건, 로버트 176, 337~339
케이플런, 로버트 172~174, 301
코리안 아메리칸 203, 204, 207, 213, 214, 216, 217, 220, 225
크롱카이트, 월터 19, 20, 268
크리스톨, 어빙 293, 295, 309
크리스톨, 윌리엄 190, 295, 296, 300, 301, 304, 313
클린턴, 빌 38, 41, 44, 46, 47, 59, 60, 62~64, 87, 142, 163, 165, 180, 206, 241, 314

타임워너 69~75, 77, 80
탈레반 121, 134, 190, 266, 303
테러와의 전쟁 131, 133, 151, 191, 252, 260, 261, 263, 266, 282
텍사스 레인저스 35~37

파월, 콜린 77, 88, 166, 242, 304, 310, 313
포괄적핵실험금지조약(CTBT) 162
포커스 온 더 패밀리 321~323
폭스 TV 81, 85
폭스 뉴스 250, 273~276

하드 파워 186
하드머니 12
하이퍼 자본주의 73, 74
핵확산금지조약(NPT) 230
햇볕정책 166
헤리티지 재단 176, 315~319, 323
화학무기금지협정(CWC) 163
회전문 318, 319
후세인, 사담 140, 141, 183, 230, 231, 240~243, 251, 275, 279~281
후쿠야마, 프랜시스 171, 309, 310
히스패닉 204~207, 209, 220

히친스, 크리스토퍼 141~143, 262
히피 101